中国发展报告2017

资源的可持续利用

Sustainable Utilization Of Resources

中国发展研究基金会

中国发展出版社
CHINA DEVELOPMENT PRESS

CDRF
中国发展研究基金会
China Development Research Foundation

图书在版编目（CIP）数据

中国发展报告 2017：资源的可持续利用 / 中国发展研究基金会著 .— 北京：中国发展出版社，2017.12
ISBN 978-7-5177-0817-9

Ⅰ . ①中… Ⅱ . ①中… Ⅲ . ①中国经济—经济发展—研究报告②资源利用—研究报告—中国— 2017 Ⅳ . ① F124

中国版本图书馆 CIP 数据核字（2017）第 298247 号

书　　名： 中国发展报告 2017：资源的可持续利用
著作责任者： 中国发展研究基金会
出 版 发 行： 中国发展出版社
（北京市西城区百万庄大街 16 号 8 层 100037）
标 准 书 号： ISBN 978-7-5177-0817-9
经　销　者： 各地新华书店
印　刷　者： 北京市密东印刷有限公司
开　　本： 890mm × 1230mm 1/16
印　　张： 17
字　　数： 240 千字
版　　次： 2017 年 12 月第 1 版
印　　次： 2017 年 12 月第 1 次印刷
定　　价： 79.00 元

联 系 电 话：（010）88919581 68990692
购 书 热 线：（010）68990682 68990686
网 络 订 购： http ://zgfzcbs.tmall.com
网 购 电 话：（010）88333349 68990639
本 社 网 址： http ://www.develpress.com.cn
电 子 邮 件： 370118561@qq.com

“中国发展报告 2017”
课题组

顾　问

王梦奎　国务院发展研究中心原主任，中国发展研究基金会原理事长、学术委员会主任

项目负责人

卢　迈　中国发展研究基金会副理事长兼秘书长，研究员

主报告作者

刘民权　北京大学经济学院教授、中国发展研究基金会高级客座研究员

高世楫　国务院发展研究中心资源与环境政策研究所所长

肖庆文　中国发展研究基金会副秘书长

程会强　国务院发展研究中心资源与环境政策研究所所长助理

俞建拖　中国发展研究基金会秘书长助理，研究一部主任

背景报告作者

戴铁军　北京工业大学循环经济研究院研究室主任、党支部书记

李永峰　中国矿业大学环境与环测学院教授

张　伟　装甲兵工程学院再制造工程系主任

温宗国　清华大学教授、中国循环经济产业研究中心主任

宣晓伟　国务院发展研究中心发展部研究员

梁书民　中国农业科学院农业经济与发展研究所研究员

夏　光　环保部环境与经济政策研究中心主任

张建平　国家发改委对外经济研究所国际合作室主任

李金惠　清华大学教授、联合国环境署巴塞尔公约亚太区域中心执行主任

赵睿新　山西财经大学环境经济学院副教授

曾现来　清华大学环境学院副研究员

韦正峥　环保部环境与经济政策研究中心副研究员

黄炳昭　环保部环境与经济政策研究中心助理研究员

都　静　中国发展研究基金会研究三部主任

李　帆　中国发展研究基金会公共关系与培训部副主任

陈　诚　中国发展研究基金会研究一部项目主任

朱美丽　中国发展研究基金会研究三部项目主任

张玲玉　北京大学经济学院产业经济学系博士

致　谢

经过两年多的努力，《中国发展报告 2017：资源的可持续利用》终于呈现给读者了。本次报告选择“资源的可持续利用”作为主题，是因为它对中国未来经济社会的可持续发展、对生态文明的构建具有重大意义。不仅如此，作为有近 14 亿人口的发展中大国、世界第二大经济体，中国探索资源可持续利用，对全球的可持续发展都具有深远的影响。

资源是经济社会发展的物质基础。改革开放以来，中国的经济取得了长足的发展，人民生活水平不断提高，数以亿计的人摆脱了贫困。在这些巨大成就的背后，离不开物质资源的开发和投入。今天，中国资源利用的规模、范围和深度已经是改革开放初期所不能同日而语的。目前，就物质投入量来说，中国已经是世界最大资源投入国，人均物质资源投入量也超过了世界平均水平。

巨大的物质资源利用规模带来了多重挑战。从总量上看，中国是资源大国，但我们许多资源的人均拥有量远低于世界平均水平。随着资源利用规模和范围的扩大，如何确保充分的资源和能源投入，将是中国面临的巨大挑战。不仅如此，在资源利用过程中，不可避免地产生污染的排放，导致环境的污染和生态的破坏，对经济和社会的可持续发展，对人民生活质量的持续改善，都造成不利的影响。这就需要我们回归发展的本质，更全面系统地思考和解决资源的可持续利用问题。

尽管任务艰巨，我们也充分认识到，中国经济社会的发展为实现资源的可持续利用创造了良好的条件和机遇。中国在提高资源利用效率上，已经取得了令人瞩目的进步。党的十八大以来，中国大力倡导和践行生态文明建设，形成了有利于资源可持续利用的政策框架和行动指南。中国对资源可持续利用的探索，在应对气候变化、新能源、绿色金融领域的引领作用，为其他发展中国家提供了有益的借鉴。中国切实推动“联合国 2030 可持续发展议程”，彰显出对人类命运共同体的承诺和责任。

在此背景下，经过一年多的慎重选题，中国发展研究基金会于 2016 年启动这项大型综合研究，历时两年完成这份报告。报告通过对中国资源禀赋和资源开发利用现状的分析，对当前资源利用面临的主要挑战和潜在机遇进行分析。在此基础上，报告讨论了如何在资源利用的全生命周期提高利用效率，分析了影响资源利用的关键因素和重点领域，总结了中国资源环境相关的制度和政策演变，并研究在开放经济条件下中国参与全球资源配置和全球资源治理的进展以及挑战。基于这些分析，报告提出了资源利用的双总量管理目标，并从资源市场化配置、环境监管与标准、资源环境综合治理体系、提升资源综合产出率、产品合理使用与维护、产业升级与再制造、资源回收利用、技术创新、统筹城乡发展、资源全球配置与全球治理、生态文明消费理念等方面提出了政策建议。

本报告的完成，得益于全体课题组成员的辛勤投入以及众多专家学者的鼎力支持。国务院发展研究中心原主任、中国发展研究基金会原理事长王梦奎教授全程指导报告的撰写，对报告的框架结构和各章内容提出了重要的指导意见。他先后五次对报告进行了仔细的阅读和细致的修改，为报告的整体写作定下了基调。

报告的完成是多学科专家学者共同努力的结果。北京大学经济学院教授刘民权，国务院发展研究中心资源与环境研究所所长高世楫、所长助理程会强，中国发展研究基金会副秘书长肖庆文、秘书长助理俞建拖，共同担纲了主报告的写作任务，为报告的顺利完成奠定了坚实的基础。

为了使报告的分析具有坚实的基础和广阔的视角，中国发展研究基金会先后组织召开了多次专家座谈会和主报告讨论会，并委托了高校和部委研究机构的学者以及政府相关部门的政策实践者撰写了14份背景报告。这些座谈会和背景报告中的很多建议及资料已经为本报告所采纳。这些背景报告及作者分别是:《资源利用方式转变：减量化生产》(戴铁军)、《资源的综合利用》(李永峰)、《产品与设施的良好使用与维护》(张伟)、《资源的回收与再利用》(温宗国)、《技术进步、创新与资源利用》(宣晓伟)、《新型城镇化与资源可持续利用》(梁书民)、《生态环境制约下的资源利用》(夏光、韦正峥、黄炳昭)、《中国资源利用的全球责任》(张建平)、《全球视角下的资源开发和利用》(李金惠、曾现来)、《资源型城市的转型：山西案例》(赵睿新)、《中国的资源环境制度与政策》(都静、朱美丽)、《自然资源市场化配置改革》(李帆)、《全球资源贸易与投资》(陈诚)、《全球资源治理转型》(俞建拖)。

中国发展研究基金会为报告的完成投入了大量的人力物力。肖庆文、俞建拖、李奇文、都静、李帆、陈诚、朱美丽、陈浩等同志出色地完成了项目的具体组织工作，同时还承担了资料搜集整理以及背景研究工作。

自2008年起，中国发展研究基金会设立了“中国政策研究基金”，以支持年度性的《中国发展报告》以及其他研究项目的进行。弘毅投资、中信银行为中国政策研究基金提供了慷慨的资助。美国环保协会北京代表处为报告的研究工作提供了热心的资助。

值此报告付梓之际，仅代表中国发展研究基金会，对全体课题组成员以及为报告的顺利完成提供支持与帮助的单位和个人表示诚挚的感谢！

中国发展研究基金会副理事长兼秘书长 卢迈

2017年10月12日

摘　要

资源可持续利用是全球性的挑战，也是中国现代化建设中的关键问题。实现资源的可持续利用，意味着资源供给有保障，生态环境可持续，生活质量和水平稳步提高。资源是经济社会发展的物质基础，中国已经是世界第二大经济体，同时也是一个发展中国家，人均 GDP 只有美国的七分之一。要实现十四亿人的现代化，使全体人民过上高水平高质量的美好生活，资源挑战十分艰巨，必须实施可持续的资源利用战略。

一、对中国资源利用状况的总体判断

报告认为，中国资源供求形势将长期处于紧平衡状态，生态环境对资源开发利用形成了硬约束。但是从长远看，只要坚持推进发展方式转变，提高资源利用效率，完善资源环境综合治理，到 2030 年左右有望实现初次资源投入总量和污染物排放总量到达峰值后持续下降。

中国的自然资源禀赋有几个特点：总量大、种类丰富、许多关键资源人均拥有量低、高品质资源少、区域分布不平均、经济活动与资源分布不匹配。随着经济的发展和资源需求的增加，资源安全和生态环境压力越来越大，资源对外依存度不断增加，资源的品质和空间错配也制约了资源利用效率的提高。

如果从物质消耗的重量看，中国已经是世界上资源投入规模最大的国家，而且还在较快地增长，迫切需要引起重视。根据课题组的研究，1992~2014

年，中国的物质消耗量从83.63亿吨增加到304.82亿吨，增加了2.64倍。根据OECD的研究，2011年中国的物质消耗总规模是美国的3倍。大规模的资源利用带来人民生活福祉的改善，也带来了较为严峻的环境污染和生态破坏问题。资源利用还带来气候变化的挑战，目前中国已经是全球最大的温室气体排放国。

同时，也要认识到，中国资源利用规模及其变化和当前城市化和经济结构转型的特定阶段有关，也和中国在全球产业链分工中“世界工厂”的地位有关。从物质资源投入结构看，2014年本地开采的资源中70%属于非金属矿产，14.5%为化石燃料，这和石灰石以及煤炭的大量使用密切相关。此外，随着制造业的发展，中国对金属矿产的需求也快速增加，1992~2014年年均增加5.91%。

中国的资源利用效率总体还比较低，但在快速提升。按2005年不变美元价格测算，2014年中国资源产出率为349.23美元/吨，只有美国和德国的1/5，在全球有数据的146个国家中居第75位。但同时，1992~2014年中国资源产出率从640.81元/吨增加到1398.08元/吨，年均增长3.77%，累计节约资源投入达102.51亿吨，经济增长和物质资源投入呈现出“脱钩”的趋势，显示出发展质量不断改善。我国在能源效率领域的提高尤其显著，仅在“十二五”期间，单位GDP能耗下降了16%，节约了6.7亿吨标准煤。

虽然挑战巨大，报告认为中国未来资源可持续利用的前景总体乐观，主要原因是：①中国已经建立了规模庞大的生产体系，在资源利用上具有规模经济和范围经济；②中国的科技水平加速发展，研发创新及应用快于主要发达国家；③中国经济对外开放程度不断提升，全球化配置资源，有助于进一步提高资源利用效率；④中国经济社会结构出现了深刻的转型，第三产业和消费成为国民经济增长的主要贡献力量，城镇化中期阶段之后建设需求增幅趋缓，人口的老龄化和少子化问题日益严重；⑤随着经济发展水平的提高，社会对良好生态环境的需求越来越迫切，环保意识显著提升；⑥中国特色的社会主义市场经济体制，有助于引导和突出资源利用的公共性，减少资源利用中的负外部性。

二、将提高资源利用效率贯穿资源的全生命周期

报告认为，需要将效率原则贯穿资源利用的全生命周期。物质资源从自然界中被开采，到进入生产环节、消费环节以及重新被排放到自然界中，每个环节都有巨大的提高效率的空间，而且前面环节的利用方式又影响到后面的利用，因此必须从全生命周期角度来考虑资源的可持续利用。不同资源参与人类经济社会生活的方式不同，在不同环节提高利用效率的方式也不一样。本报告关注了其中的一些领域。在资源初次开发的时候，要善于利用多种资源，伴生矿、煤层气有很大的开发潜力。很多资源具有多功能，以水为例，既可以灌溉，又可以水力发电和航运，综合开发资源功能，可以替代其他资源投入。在产品生产环节，可以利用热能等副产品，整体煤气化联合循环发电系统（IGCC）就是重要的应用案例。进入消费环节，合理地使用和维护、维修，可以延长产品使用寿命，起到节约资源的效果，家电、汽车、建筑和基础设施，都可以通过良好的维护维修体系节约巨大的资源。产品部分或全部报废后，或者丧失使用经济性后，可以通过再制造或资源回收再利用，废水、废旧家电、纸张、玻璃、报废汽车都有巨大的再开发利用前景。

建筑是资源和能源利用的重点领域。中国建筑面积存量大、增长快，但是设计水平低、质量差、维护落后，导致建筑物的寿命过短，在节能减排上还有很大的提升空间。目前中国既有建筑面积超过 560 亿平方米，30%~50% 的建筑物出现安全性失效或进入功能退化期，90% 以上是高能耗建筑。中国物业管理发展滞后，导致维护不足，主要原因是物业管理起步晚，制度建设严重滞后，

法律法规体系不健全，物业公司和房产管理部门缺乏对建筑物维修档案的建立和管理，责任主体不明。

随着社会的发展，中国的家用电器、汽车、设备的存量迅速增长，良好的维护维修可以延长这些产品的使用寿命，减少资源的消耗。不合理的使用和缺乏有效维修渠道，是很多家电和汽车使用寿命缩短的原因。在家电和汽车维修业，存在的突出问题是：从业人员严重不足（以汽车维修业最为突出），人才技能水平普遍偏低，行业标准缺乏，政策上缺乏引导和协调。

再制造是提高资源利用效率的重要手段。再制造是以旧的机器设备为毛坯，采用专门的工艺和技术，在原有制造的基础上进行新的制造。再制造产品的性能和质量都不亚于原先制造的新品，但却可以大幅度节约能源。譬如，汽车旧发电机的再制造需要的能源和材料只有新品制造的 16% 和 12%。全球每年通过再制造节省的材料达 1400 万吨，可以装满 23 万个火车车厢，可以节省 1600 万桶原油。中国再制造业起步较晚，目前再制造产业产值已经达 500 亿元，发展较快。但是也存在不少制约因素，主要是社会对再制造业缺乏足够的认识，配套的政策法规不完善，再制造的共性和关键技术落后，没有形成规范的市场和技术体系，行业准入标准和技术标准缺乏。

中国再生资源的回收利用潜力巨大。到 2015 年底，废钢铁、废有色金属、废塑料等十大类别的再生资源回收总量约为 2.46 亿吨，同比增长 0.3%。尽管再生资源的产生量快速增长，但是回收率始终在 50% 左右，仍然偏低。随着中国经济结构的转型和消费的升级，未来将有大量产品和设备设施进入报废状态，资源回收再利用潜力巨大。分析表明，2030 年中国钢铁的报废量将达到 5.4 亿吨，建筑废弃物的累计产生量将达到 1100 亿吨，汽车报废量将达到 4500 万辆，电器电子产品总废弃量将达到 1516.2 万吨，农村生活废弃物将达到 0.68 亿吨（相当于 920 万吨标准煤），农作物废弃量将达到 10.5 亿吨（相当于 5.46 亿吨标准煤）。

三、抓住提高资源利用可持续性的关键因素

技术创新可以从多个方面和环节促进资源的可持续利用。一是在生产领域，各种技术创新提高了资源生产率；二是在循环经济领域，技术创新促进资源的循环利用，减少污染物的危害；三是在产品流通领域，物联网等提高了物流效率，减少浪费；四是在产品使用领域，促进产品的共享和使用效率的提高；五是发现新的资源，实现技术的替代，利用原来难以利用的资源，如页岩气；六是在适用性创新与诱致性技术创新领域实现突破，发展出适合自身的最佳实用技术和最佳环境实践。

新型城市化可以为实现资源可持续利用提供空间基础。城市化对资源利用的影响是双向的：一方面，城市化促进经济发展和人民生活水平的提高，会带动资源需求的增加；另一方面，城市是一种资源集约利用的方式，通过使资源要素在城市中集聚，带来了规模经济、范围经济和活跃的创新，可以大幅度提高资源利用的效率。人民过上美好生活是发展的应有之义，应通过完善城市化，在提高生活水平和质量的同时提高资源的利用效率。当前，中国已经进入城市化的中后期，应积极推进以人为中心、以大城市群为主体型态的新型城市化战略，既享有城市资源要素集聚带来的好处，又避免各类大城市病问题。

占有和利用资源的最终目的是提高生活质量。这和资源可持续利用并不矛盾。报告认为，实现资源可持续利用，需要同时从生产方式和生活方式两方面入手。生活质量归根结底取决于商品和服务所提供的功能，而不是简单的物质投入。实现同样的功能，如便利的出行、充裕的生活空间、充分的营养，对物质需求的弹性很大。新西兰和加拿大的人类发展指数均达到 0.913，但是前者人均能源需求仅为后者的一半。因此，报告倡议，新的资源利用战略要直接瞄准生活质量的改善，而不是物质产出数量的简单增加。

资源利用效率的提高，需要有效的资源治理，包括宏观层面和具体资源环

境领域的治理。中国资源利用效率的提高，在宏观层面得益于社会主义市场经济体制改革的深化。改革开放以来，中国资源环境的治理总体上与社会主义市场化经济体制改革相调适。资源开发利用制度的演变，总体上是向个人和家庭、市场、各类所有制企业、地方政府逐步放权赋权的过程。在此过程中，也产生了大量的资源浪费、过度开发、生态环境破坏等负外部性问题。在资源环境具体领域的治理上，政府逐步提升了对负外部性问题以及社会公平问题的认识，强化管理举措，形成了目前的多元治理格局。目前的资源环境治理发展符合现代治理的内在要求，体现出治理能力现代化的进步，但在实际操作中，还存在不同程度的赋权不足、社会参与不足、决策和绩效不透明、沟通协同不足等问题。

中国通过参与全球资源配置，为自身和全球资源的可持续利用做出了积极贡献，但也有一些挑战需要面对。作为世界上最大的发展中国家、最大的工业国和贸易国，中国的资源利用对全球资源的可持续利用影响巨大。由于中国在全球经济中的比重，中国资源效率的提高直接带动了全球整体资源利用效率的提高。中国参与全球价值链分工，为世界输出物美价廉的中国制造产品，也促进了全球资源利用效率的提升。此外，中国作为后发的发展中大国，在资源可持续利用方面的探索，对其他发展中国家具有重要的启示意义。中国参与全球资源配置并非一帆风顺，还面临不少误解和利益冲突，需要更好地管理这一进程。

作为全球资源治理体系日益重要的参与者，中国正承担起人类命运共同体成员的责任。当今世界正从原来“少数人的现代化”向“多数人的现代化”转型，对全球资源治理构成了挑战。中国正在疾步走向现代化过程，但只是诸多经济快速崛起的发展中国家之一，印度等其他发展中大国也在快速走向现代化。“多数人的现代化”将深刻地改变全球资源开发利用的格局，原有的适合少数人现代化的资源治理格局将面临调整。但是，尽管发展中国家影响力在上升，他们普遍缺乏全球治理的经验，也缺乏综合的实力和运用实力的能力，这可能会给全球资源治理带来更大的不确定性。新中国成立以来，特别是改革开放后，中国积极参与全球治理体系，在资源环境领域加入了诸多重要的国际公约，参与推动和落实包括 21 世纪议程、联合国千年发展计划（MDG）在内的国际发展议程。近年来，中国更是积极履行人类命运共同体成员的义务，承担与自身能力相适应的责任，推动联合国可持续发展议程、《巴黎气候变化协定》和 G20 机制的完善，发起成立亚洲基础设施投资银行以及“一带一路”倡议等新兴治理平台，积极为全球的资源配置提供公共物品。作为负责任的发展中大国，中国的这些举措将有助于推动更加公平合理的全球资源治理秩序。

四、促进资源可持续利用的政策建议

本报告认为，中国需要新的资源可持续利用战略。新战略的基本内涵可以表述为：以持续提升人民生活水平和质量为导向，以提高资源利用效率为主线，以控制资源投入总量和污染排放总量为重点，依靠科技发展，完善体制机制，在推动实现多数人现代化的进程中实现资源的可持续利用。为实施这一战略，报告建议：

◎ 确立资源可持续利用的战略定位和控制目标。按照中国现代化建设“五位一体”总体布局，统筹推进经济建设、政治建设、文化建设、社会建设和生态文明建设。将资源可持续利用作为生态文明建设的关键战略抓手，统筹制定资源开发利用总体战略并组织实施，尽快推动建立节约资源和保护环境的空间格局、产业结构、生产方式、生活方式。建议成立中央生态文明建设指导委员会。制定 2030 年初级资源投入和污染减排“双总量”控制目标。力争在

2030年左右使关键的初级资源投入总量达到历史峰值并下降。制定到2030年各类排放物总量管理目标，力争到2030年前包括温室气体在内的各种排放物总量达到峰值并开始下降；

◎ 完善资源可持续利用的机制、标准、监管和治理体系。加快建立和完善资源市场机制，提高资源配置效率，加快完善自然资源产权制度，完善资源有偿使用的市场机制，扩大市场准入，破除各种形式的行政垄断。不断提升资源环境标准，提高资源效率和保护环境。强化节能、节地、节水、环境、技术、安全等市场准入标准，关键领域要与国际标准接轨看齐。加快修订一批能耗、水耗、地耗、污染物排放、产品质量、环境质量等方面的标准，实施能效和排污"领跑者"制度，加快标准升级步伐。鼓励各地区依法制定更加严格的地方标准，建立与国际接轨、适应我国国情的能效和环保标识认证制度。提高政府监管效能，强化环境监管，加快建设和完善现代环境监管体系，近期要强调政府依法监管，保证监管的公开公平公正。完善可持续发展导向的资源与环境综合治理体系，积极推动资源环境信息公开，完善双向沟通机制，提高治理的法制化水平，完善发展成果考核评价体系，完善资源环境问责机制；

◎ 按照全生命周期规律构建全链条绿色产业。提高资源的综合产出率和资源综合利用率，重点加大矿产的综合开发利用力度，充分利用资源的多重功能和用途，积极开发和推广多产联产技术，提高产出的经济价值和效率，减少环境污染。提高基础设施与资源密集型产品的使用与维护水平，切实扭转建筑和基础设施领域重建设、轻维护的观念和做法，延长建筑和基础设施的使用寿命；利用现代信息手段，普及家电、汽车等资源密集型耐用消费品的合理使用与维护，完善产品维修维护体系。加快产业结构绿色转型升级，大力发展再制造业；发展循环经济，提高再生资源回收利用产业贡献率，强化循环经济理念，加强再生资源回收利用产业的顶层设计，完善资源回收再利用的制度与政策体系，提升行业规范化和规模化运作水平，充分发挥市场机制的作用，提高技术研发和应用转化水平；

◎ 推进资源开发和利用技术创新以及商业模式创新。政府加大技术前沿创新投入，特别是支持新材料、生物工程、非常规能源、新能源汽车、人工智能领域的基础理论研究、关键技术开发和人才培育；支持企业优化整体系统设计，创新商业模式；实施绿色产业政策，推进绿色发展，支持和诱导企业创新绿色技术、改进生产流程、提高管理水平，推动资源环境领域的政府、企业、研究机构的深度协同合作，重视产业政策与环境政策的协调；

◎ 统筹国内和国际“两大空间”和“两大市场”。统筹和优化人与自然和谐共生的城乡发展空间格局，以城市群为未来城镇化的主体型态，使资源要素利用“大集中，小分散”，形成城市间、城乡间的良好分工协同；以城市群为依托，完善“生态城市”“智慧城市”“宜居城市”的相关标准制定，提高可持续导向的城市规划水平，为资源可持续利用提供良好的空间基础；根据人口流动趋势，提高城市特别是大中城市的公共服务水平，促进农业转移人口的市民化，提高城市资源要素的集聚集约利用；深入推进农村宅基地、商业性集体建设用地以及承包地三权分置改革，减少土地资源的浪费和闲置；推进农业供给侧结构性改革，加大生态敏感地区退耕还林、退牧还草，扩大环境保护领域的公共就业机会。积极参与全球资源与环境治理，扩大资源配置的国际渠道；落实中国对联合国2030年可持续发展目标的承诺，积极与多边、双边的资源治理实体展开深度对话与合作；完善多元治理模式，积极开展与企业、社会组织在全球资源治理上的合作。根据中国资源禀赋特征和比较优势扩大资源进口；完善国内大宗商品期货市场建设，积极发挥行业协会的作用，提高对资源产品的议价定价能力；提高关键贸易通道的安全保障能力与水平。积极推进贸易和投资的自由化便利化，扩大国际经贸合作，反对贸易保护主义；积极倡导和践行“人类命运共同体”的理念，充分利用G20、上合组织、金砖机制以及“一带一路”倡议等新兴的平台和机制，推进区域及双边的经贸合作，扩大资源配置国际渠道，促进各国共享发展成果；

◎ 弘扬符合生态文明要求的绿色消费理念与共享模式。充分发挥新闻媒体的作用，树立理性、积极的舆论导向，加强资源环境国情宣传，提高公众的节约意识、环保意识和生态意识，形成崇尚生态文明的社会氛围；普及绿色消费理念，倡导新的生活观，鼓励绿色消费。鼓励和发展资源共享型的新商业模式和业态，倡导公共出行和共享生活方式；依托互联网和移动信息技术的发展，规范发展共享单车、共享住房等商业模式，探索推广共享汽车模式，提高交通体系的效率和减少尾气排放，减少建筑资源和能源消耗。

目　录

第一章

◇ ◇ ◇ ◇ ◇ ◇

中国资源利用的现状和面临的挑战

本报告所讨论的资源仅限于各类物质资源，包括自然资源（初始资源）及其经过人为加工转化后存在的物质形态（派生资源），不包括人力资源以及社会、政治和其他泛指的资源。物质资源是经济社会发展的物质基础。中国资源利用的可持续性存在巨大的挑战，也存在诸多有利的条件。立足于现阶段中国的国情，充分理解资源禀赋以及资源利用的特征，是制定资源可持续利用战略的前提。

一、中国的自然资源禀赋及开发利用

资源可以根据其来源和使用特性分为不同的种类。对于初始资源或自然资源，可以分为“不可耗竭资源”与“可耗竭资源”，前者如太阳能，在我们所关注的将来不会枯竭，后者则为大部分初始资源。可耗竭资源又可分为“不可再生资源”与“可再生资源”，前者包括各种矿物质、煤炭和石油等，后者如森林、海洋和江湖中的鱼类[①]。无论是不可再生资源还是可再生资源，其中有些资源是可循环或可再使用的，而另一些则是不可循环或不可再使用的。这些资源类型之间的关系如图 1.1 所示。

① 在其他条件相同的情况下，只要砍伐和捕捞有度，这些资源可以不断重生，所以说是可再生的。从一定意义上说，这些资源也是不可耗竭的。之所以把它们归为可耗竭资源是因为如果砍伐和捕捞过度，则滋生这些资源的生态环境就会不可挽回地遭到破坏，也就不可能再“生产”出这些资源了

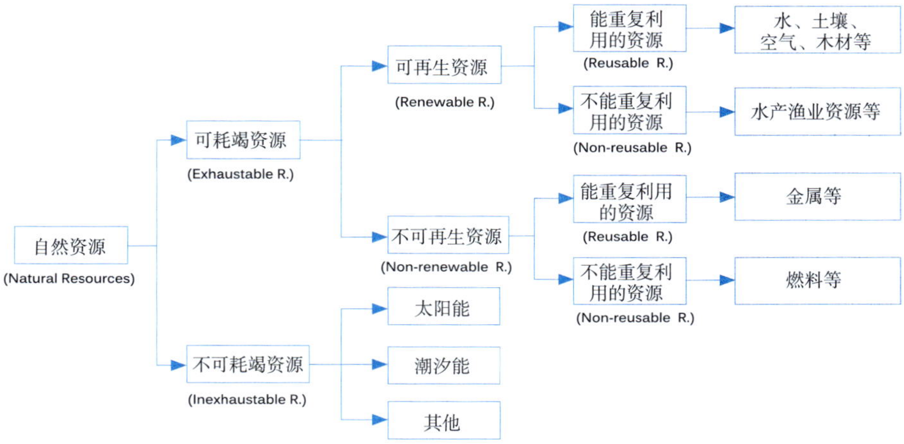

图 1.1　资源分类

（一）土地资源开发利用

中国陆地国土总面积达 960 多万平方公里。虽然疆域辽阔，但沙漠、戈壁、石质裸岩以及永久积雪地较多，全国不能供农林牧业利用的土地占全国土地总面积 26.9%。根据《2015 中国国土资源公报》，截至 2014 年底，全国共有农用地 64574.11 万公顷，其中耕地 13505.73 万公顷（20.26 亿亩），园地 1437.82 万公顷，林地 25307.13 万公顷，牧草地 21946.60 万公顷；建设用地 3811.42 万公顷，其中城镇村及工矿用地 3105.66 万公顷。中国的土地资源及利用状况总体有如下特征：

土地资源绝对量较大，但人均占有量远低于世界平均水平。中国土地资源的绝对面积居世界前列，耕地面积居世界第四。但中国各类土地资源的人均占有量都比较低，人均耕地面积和森林面积分别不足世界平均水平的 1/3 和 1/5。

土地资源空间分布不匀，土地生产能力和承载水平差距明显。在空间分布上，中国东、中、西部的土地资源状况差异很大，土地生产力的区域差异显著。东部地区水热丰富，雨热同季，土壤肥沃，生物种类丰富，土地生产力较高，是重要的农业区和林区。但是东部国土面积仅为全国国土面积的 13.9%，承载着全国 41.2% 的人口。中西部地区光照充足，但干旱少雨，土地生产力较低。中部约占全国国土面积的 29.6%，是粮、棉、油及林业生产基地，开发利用强度已经很大。西部占全国国土面积的 56.5%，但地处干旱、半干旱地带，水源匮乏，生态环境脆弱，土地开发利用程度和潜力相对较低。

土地退化严重，耕地质量不高，保护压力巨大。目前，中国被侵蚀与沙化的土地达到国土总面积的 22%。在现有的耕地中，涝洼地、盐碱地、水土流失地、红壤低产地、次生潜育性水稻土等各类低产地占相当比重，后备土地资源十分有限。全国耕地质量等别年度更新评价显示，当年全国耕地平均质量等别为 9.96，总体偏低 ①。其中优等地面积仅占全国耕地评定总面积的 2.9%。耕地保护和改善的压力很大。统计显示，截至 2015 年末，全国耕地面积为 20.25 亿亩，2015 年全国因建设占用、灾毁、生态退耕、农业结构调整等原因减少耕地面积 450 万亩，通过土地整治、农业结构调整等增加耕地面积 351 万亩，年内净减少耕地面积 99 万亩；全国建设用地总面积为 5.78 亿亩，新增建设用地 760 万亩。

近年来，随着耕地保护力度加大，土地利用快速扩张的势头得到一定的遏制。2015 年，中国开展并验收土地整治项目 9535 个，土地整治总规模为 161.23 万公顷，通过土地整治新增耕地 15.68 万公顷。当年全国共批准建设用地 39.48 万公顷，同比下降 2.2%（图 1.2）。从国有土地实际供应看，2015 年国有建设用地供应 53.36 万公顷，同比减少 17.7%（图 1.3）。

① 全国耕地评定为 15 个等别，1 等耕地质量最好，15 等最差。

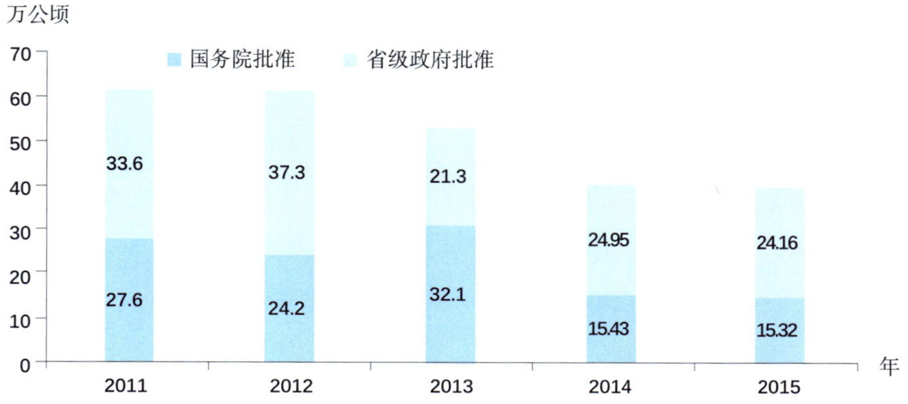

图 1.2　2011 年以来全国批准建设用地情况

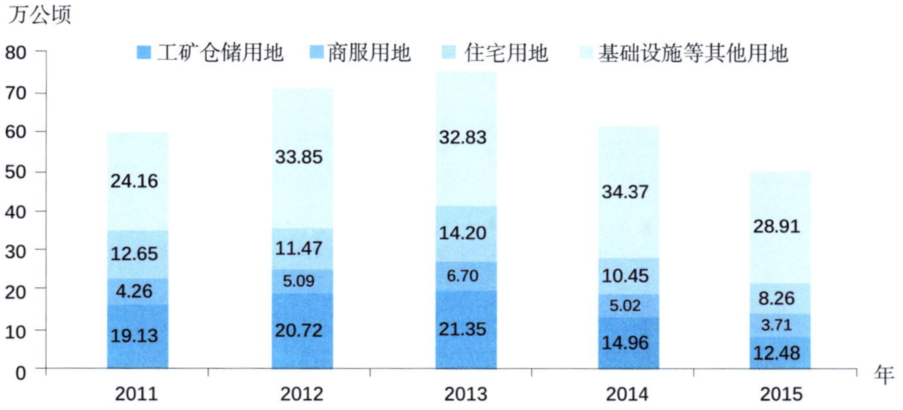

图 1.3　国有建设用地供应变化（2011~2015 年）

资料来源：国土资源部（2016）。

（二）水资源的开发利用

中国水资源总量丰富，但又是世界水资源最为短缺的国家之一。中国水资源总量为 2.81×10^4 亿吨，居世界第六位；中国人均水资源量仅为世界人均水资源量的 28%，居世界第 108 位。

中国的水资源在时空分布上很不平均，水土资源不相匹配。中国位于太平洋西岸，地域辽阔，大陆性季风气候非常显著，降雨主要集中于夏秋季节，大部分地区连续 4 个月降雨量达到全年地表水总量的 70%。受地理影响，水资源主要分布在长江以南地区（见图 1.4）。长江流域和长江以南耕地只占全国的 36%，而水资源量却占全国的 80%；黄河、淮河、海河三大流域的水资源量只占全国的 8%，而耕地却占全国的 40%，水土资源空间上十分不匹配。

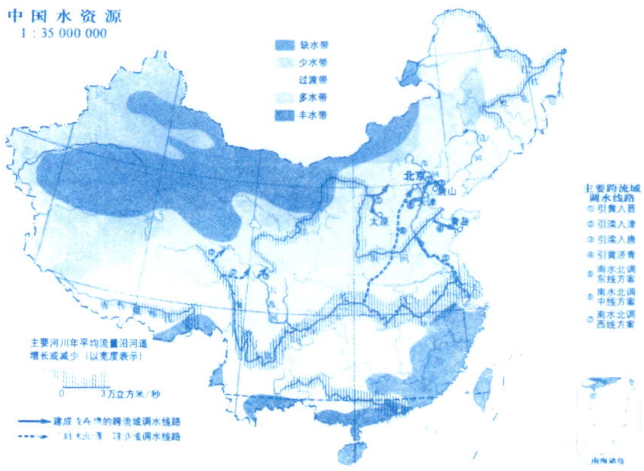

图 1.4　中国的水资源分布

资料来源：人民网资料。

中国水资源开发利用强度已经达到较高水平。2015 年，中国总供水量达到 6103.2 亿立方米，占当年水资源总量的 21.8%，已经超过美国水资源利用峰值时的水平。从水资源来源看，2015 年地表水源供水量 4969.5 亿立方米，占 81.4%；地下水源供水量 1069.2 亿立方米，占 17.5%；其他水源供水量 64.5 亿立方米，占 1.1%。从用水类型看，生活用水占总用水量的 13.0%；工业用水占 21.9%；农业用水占 63.1%；生态环境补水（仅包括人为措施供给的城镇环境用水和部分河湖、湿地补水）占 2.0%。从耗水量看，2014 年全国用水消耗总量 3217.0 亿立方米，耗水率（消耗总量占用水总量的百分比）52.9%。随着城市化和工业化的推进，对水资源的需求还将进一步攀升，供求压力巨大。

严重的水污染加剧了水资源短缺问题。2015 年，全国废污水排放总量

770 亿吨。对全国 23.5 万公里河流的水质评估表明，Ⅰ～Ⅲ类水质河长比例为 74.2%，比 2014 年上升 2.0 个百分点。评价湖泊 116 个，Ⅰ～Ⅲ类水质湖泊个数比例为 25.0%，水质状况总体为中。从行政分区看（不含长江干流、黄河干流），西部地区的河流水质好于中部地区，中部地区好于东部地区，东部地区水质相对较差，东部水资源丰沛地区存在着水质性缺水现象。此外，在全国 116 个评价的湖泊中，78.3% 的湖泊处于富营养状态。

地下水资源的过度开采问题十分突出。在北方水资源短缺地区，地下水超采问题突出，2014 年，北方 16 个省级行政区对 73 万平方公里的平原地下水开采区进行了统计分析，年末浅层地下水储存量比年初减少 72.5 亿立方米。储存量减少的有 8 个省（自治区、直辖市），其中河北、辽宁和山东分别减少 53.1 亿立方米、16.6 亿立方米和 12.5 亿立方米。由于常年的地下水严重超采，在华北平原已经形成巨大的地面沉降区，带来地质和生态灾害风险。

为应对水资源空间配置失衡和短缺，中国采取了一系列举措。新中国成立以来，实施了多个大规模的跨区域调水计划，标志性的项目包括南水北调工程、引滦入津工程等，这些大型的跨区域调水工程在一定程度上改善了区域水资源配置失衡的局面。但是，如何在长期发挥这些工程在经济、社会和生态环境上的效益，仍是有挑战性的课题。

近年来，中国加大了对工业和生活污水排放的控制和处理力度。在城镇地区，随着公共投资力度的加大，污水处理能力和实际处理水平不断提升，截至 2014 年底，城市污水处理率达到 90%。农村污水处理率不到 10%，仍处于较低水平。

利用海水资源以及推广中水回用是缓解水资源短缺的重要手段，但目前开发利用规模还比较小。中国海水直接利用量 714 亿立方米，主要作为火（核）电的冷却用水。海水直接利用主要分布在广东、浙江、福建、江苏和山东，分别为 286.7 亿立方米、155.3 亿立方米、58.4 亿立方米、56.3 亿立方米和 55.7

亿立方米。此外，海水淡化技术近年来得到较快的发展，单位海水淡化的成本已经接近规模化推广的水平。中水回用是弥补水资源短缺的重要渠道，但目前在供水中的比例还不到 1%，未来具有巨大的发展潜力。

（三）矿产资源的开发利用

中国陆域地壳活动强烈，地层发育齐全，沉积类型多样，构造复杂，赋矿地质环境、成矿地质条件和矿化力度自成体系。目前，中国已经发现矿产资源 171 种，发现矿床、矿点 20 多万处。其中探明具有一定资源储量的约 159 种，矿产地 20000 多处。根据《2015 中国国土资源公报》，截至 2014 年底，中国主要矿产查明资源储量如表 1.1。

表 1.1　2014 年底我国主要矿产查明资源储量

矿种	单位	查明资源储量	矿种	单位	查明资源储量
煤炭	10^8t	15317	锌矿	金属 10^4t	1.4
石油	10^8t	34.3	钨矿	WO3 10^4t	720.5
天然气	$10^{12}m^3$	4.9	锡矿	金属 10^4t	418.9
页页气	10^8m^3	254.6	钼矿	金属 10^4t	2826
铁矿	矿石 10^8t	843.4	金矿	金属 t	9816
铜矿	金属 10^4t	9689.6	银矿	金属 10^4t	23.7
铝土矿	矿石 10^8t	41.5	硫铁矿	矿石 10^8t	58.3
铅矿	金属 10^4t	7384.9	磷矿	矿石 10^8t	214.5
钾盐	KCl 10^8t	11.2			

中国的矿产资源禀赋主要呈现出以下特点：一是总量丰富，品种齐全，人均拥有量少；二是部分重要矿产，特别是大宗矿产资源相对不足或短缺，在近年探明和开发利用的矿产资源中，铁、锰、铜、铝、硫、磷等均以贫矿为主；三是经济可利用的资源储量少，但资源潜力大；四是矿产资源地分布不均衡，

产需空间不匹配；五是贫矿多，富矿少；六是共伴生矿床多，单一矿床较少。

从矿产资源开发利用看，中国矿产资源生产和消费均同步增长。2014 年一次能源、粗钢、十种有色金属、黄金产量均已位居全球首位。其中一次能源生产总量 36 亿吨标准煤，一次能源消费总量 42.6 亿吨标准煤，能源自给率为 84.5%。生产粗钢 8.2 亿吨，十种有色金属 4380.1 万吨，黄金 458.1 吨。全年矿产品贸易总额 1.1 万亿美元，同比增长 5.7%。其中，进口煤炭 2.91 亿吨，石油 3.38 亿吨，铁矿石 9.33 亿吨（表 1.2）。

表 1.2　近年来我国主要矿产矿产品生产情况

矿产品	单位	2013 年		2014 年		2015 年	
		产量	增长率（%）	产量	增长率（%）	产量	增长率（%）
原煤	10^8t	36.8	2.4	38.7	−2.5	37.5	−3.3
原油	10^8t	2.09	1.8	2.11	0.7	2.15	1.5
天然气	10^8m^3	1170.5	9.4	1301.6	7.7	1346.1	3.4
粗钢	10^8t	7.8	7.6	8.2	1.2	8.0	−2.2
黄金	t	428.2	6.2	458.1	5.5	453.1	−0.4
10 种有色金属	10^4t	4045.9	9.7	4380.1	7.4	5155.8	6.8
磷矿石	10^4t	10851.0	13.5	12043.8	7.0	14203.7	13.7
原盐	10^4t	6460.3	2.5	6433.8	−2.0	5975.0	−1.7
水泥	10^8t	24.2	9.3	24.8	2.3	23.6	−5.3

资料来源：2013 中国国土资源公报、2014 中国国土资源公报、2015 中国国土资源公报。

中国矿产资源的开发利用也存在诸多问题：一是矿产资源开发利用粗放，资源浪费与破坏现象严重，资源综合开发利用水平低下；二是矿区环境污染、生态破坏加剧，引发各种地质灾害；三是重要矿产资源贫矿多，伴生矿种多，开发利用难度大；四是矿产品深加工不够，附加值低；五是矿产资源勘查工作滞后，后备资源紧张，矿业发展乏力。

（四）能源开发利用

中国能源资源的特点可以概括为“富煤、贫油、少气”，这一能源禀赋状况深刻地影响了能源生产和消费结构。从已探明储量看，中国煤炭资源总量达5.9万亿吨，占一次能源资源总量的94%，石油和天然气资源总计仅占6%，这也决定了中国能源将长期依赖于煤炭。丰裕的煤炭资源在为经济增长提供持续动力的同时，也带来低能源效率和环境污染等问题。

中国的可再生能源储量丰富，页岩气等非传统化石能源开发潜力也很大。中国风能资源储量居世界第一，在10米高度层的风能总储量达3226吉瓦，陆地实际可开发风能储量253吉瓦。我国水能资源理论蕴藏量为676吉瓦，技术可开发的水能资源为380吉瓦。中国的太阳能、地热能资源也相当丰富。除了可再生能源外，非传统能源开发也存在巨大潜力，页岩气储量高达30万亿立方米以上，居世界第一[①]。海底可燃冰（天然气水合物）的开发取得长足的进展，2017年5月，中国首次成功试采海域天然气水合物，成为全球领先掌握该技术的国家，试采量时长和总量创了世界纪录，展示了巨大的开发前景。

中国是世界最大的能源生产国和消费国。2014年能源总产量和总消费分别达到36.18亿吨标准煤和42.58亿吨标准煤，生产和消费缺口从2005年的3.23亿吨扩大到6.39亿吨（图1.5）。总体上看，中国能源的自给率处于较高水平，但是对国际进口能源的需求和依赖程度都在不断扩大，能源安全形势严峻。

过去10年里，中国能源生产和消费结构不断优化，煤炭的比重稳步下降，非化石能源的比重持续上升。2005年至2014年，煤炭在能源生产中的比重由77.4%下降到72.8%，在能源消费中的比重由72.4%下降到66.0%。与此同时，非化石能源在能源生产中的比重由8.4%提高到13.6%，在能源消费中的比重由7.4%提高到11.2%。

① 不过，由于中国页岩气所分布的区域主要在缺水地区，开发成本相对较高。

中国能源利用效率总体还低于国际发达国家水平，但在迅速提高。2010年，我国单位 GDP 的能耗是世界平均水平的 2.2 倍。随着节能减排力度的加大，到 2015 年全国万元国内生产总值能耗下降到 0.869 吨标准煤（按 2005 年价格计算），比 2010 年的 1.034 吨标准煤下降 16%，“十二五”（2011~2015 年）期间，实现节约能源 6.7 亿吨标准煤。

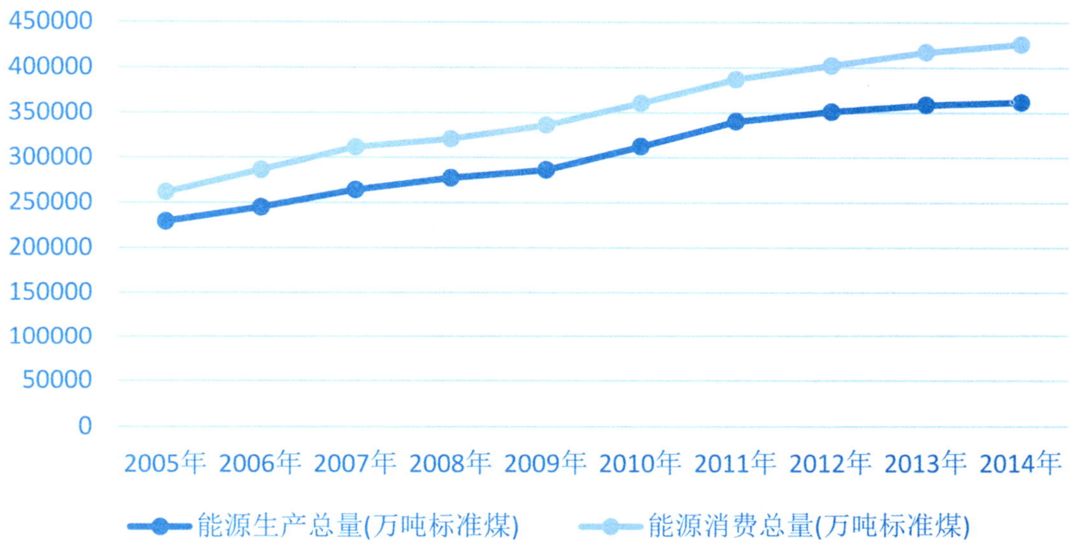

图 1.5　中国的能源生产和消费

资料来源：根据国家统计局数据库计算。

结构性产能过剩成为能源生产中的突出问题。目前，在我国煤炭、光伏行业、风能等领域都存在产能过剩问题。以煤炭行业为例（见图 1.6），2010 年以来产能利用率处于持续下滑状态，2015 年的产能利用率下降到 80% 以下。光伏、风能产业在 2008 年国际金融危机后高歌猛进发展，但在 2013 年前后也迅速陷入产能过剩的窘境。据国家发改委的统计，2013 年光伏利用率只有不到 60%，风电中风机的产能利用率不到 70%，这些产能过剩不仅浪费了资源，也严重制约了行业的发展。

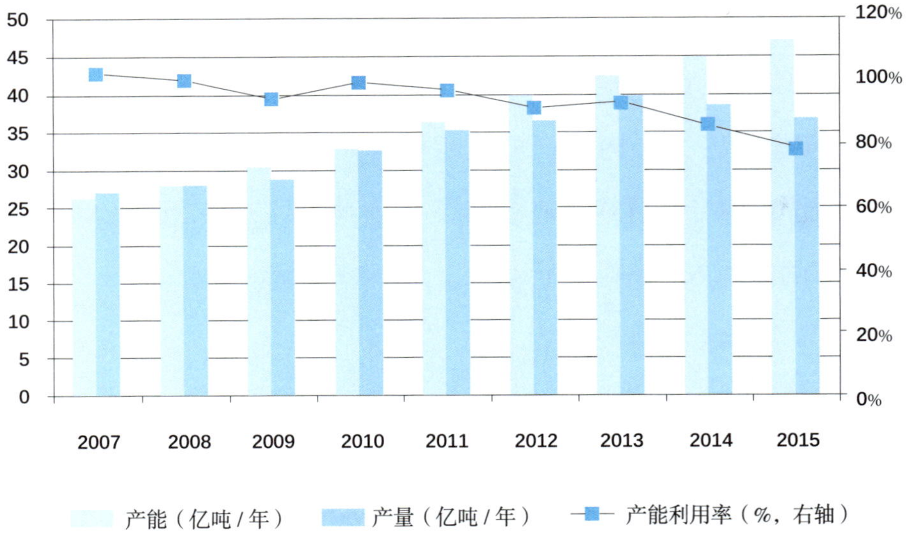

图 1.6　煤炭产业的产能过剩

资料来源：根据国家统计局数据库计算。

环境问题已成为能源开发利用的重要制约条件。目前，中国是世界上最大的温室气体排放国家。中国政府作出承诺，到 2020 年达到煤炭使用的峰值，到 2030 年达到二氧化碳排放的峰值，实现由升转降。除了温室气体排放外，中国大城市的空气污染近年来也非常突出。2014 年，京津冀、长三角、珠三角等重点区域和直辖市、省会城市及计划单列市共 74 个城市中，66 个城市存在不同程度的细颗粒物（PM2.5）、可吸入颗粒物（PM10）、二氧化氮（NO_2）、一氧化碳（CO）和臭氧（O_3）等 6 项污染物超标现象。这意味着未来需要以更大力度转变能源结构，提升天然气和可再生能源的比例。

（五）其他资源的开发利用情况

中国大陆东、南为渤海、黄海、东海和南海所环绕，海洋资源丰富。中国海域辽阔，纵跨 38 个维度，横跨 24 个经度，为海洋资源的开发利用提供了广阔的空间。中国大陆海岸线全长 1.8 万公里，再加上 1.4 万公里的岛屿岸线，海岸线总长 3.2 万公里，衔接着近 300 万平方公里的管辖海域，为海洋资源的开发利用提供了良好的条件。在中国的海底大陆架上，有丰富的油气资源，但探明率仅有 12.3%，远低于世界平均 73% 的水平，极具勘查开发潜力。除此之外，中国在海洋渔业、矿业、盐业、化工、潮汐发电、船舶、海水利用、工程建筑、交通运输等产业方面，开发利用的范围和数量仍极其有限，拥有巨大的开发潜力。

中国现有森林面积 2.07 亿公顷，森林覆盖率为 21.63%，森林蓄积量达到 151.37 亿立方米，其中人工林面积 6933 万公顷，人工林蓄积 24.83 亿立方米。中国森林面积居世界第五位，森林蓄积量居世界第六位，人工林面积居世界第一。2009~2013 年间，中国森林面积由 1.95 亿公顷增加到 2.08 亿公顷；森林覆盖率由 20.36% 提高到 21.63%；森林蓄积由 137.21 亿立方米增加到 151.37 亿立方米，是全世界森林面积增加最多的国家。但是，中国的森林覆盖率比世界平均水平还低约 10 个百分点，人均森林面积不足世界平均水平的 1/4。森林结构不合理不协调的问题也比较突出，成熟林比例小，可采资源少；森林资源质量不高，每公顷乔木林的蓄积量仅为世界平均水平的 69%；森林灾害频发。这些都是中国森林资源开发利用过程中不可忽视的挑战。

中国拥有各类天然草原面积近 4 亿公顷，覆盖着约 2/5 的国土面积，是中国面积最大的陆地生态系统。中国的草原资源主要分布在北部、西部年平均降水量少于 400 毫米的边远地区。据《2014 全国草原监测报告》，西部十二省（区、市）草原面积 3.31 亿公顷，占全国草原面积的 84.2%。据全国草地资源调查，我国草原仅饲用植物就有 6704 种，草原上繁衍的野生动物 2000 多种。但是，由于大规模开发、过度放牧以及对水资源的不合理利用，加上监管措施不力，造成土地沙化，植被和草场退化。根据环保部的统计，全国 90% 左右的草原存在不同程度的退化、沙化，严重退化的在 50% 以上，草原生态系统处于十分脆弱的状态。

二、从物质流看中国资源利用

社会经济发展中出现的资源环境问题，归根结底是物质代谢问题。经济发展需要物质投入，投入的物质量越大，对自然资源的消耗越多，排放的废弃物也越多，因此造成的环境压力就越大。物质流分析是一种基于物质量平衡的核算方法。该方法可以追踪物质从自然界开采进入人类经济体系中，并经过经济活动在不同时段和区域中流动，最后回到自然环境的全过程。通过分析物质在经济系统中的投入、转化、输出的总量和结构，该方法可以从物质量（而非货币量）的角度提供经济体资源利用的总图景。

（一）中国物质流的总图景

对比中国 1992 年和 2014 年的物质代谢全景图（见图 1.7），可以得出如下几个基本结论。

首先，中国经济系统物质代谢规模不断扩大。物质输入量①由 1992 年的 296.62 亿吨升至 2014 年的 911.38 亿吨，增长 2.07 倍。物质输出量由 1992 年的 240.64 亿吨上升至 2014 年的 674.33 亿吨，增长 1.8 倍。其中废弃物排放（DPO）由 1992 年的 28.62 亿吨上升至 2014 年的 100.39 亿吨。这说明中国经济的快速发展所带来的资源投入巨大，自然环境所承担的生态压力非常大。

其次，中国的资源利用效率在快速提高，增长质量持续改善。在同期，经济系统的物质消耗量②和净存量也快速扩张。与 1992 年相比，2014 年中国物质消耗量增加 221.19 亿吨，增长 2.64 倍；净存量增加 181.38 亿吨，增长 3.26 倍。物质净存量的增长速度快于物质消耗量，且高于物质输入和物质输出的增长速度，显示了中国经济发展质量在快速提高。

① 在图 1.7 中，物质输入量 = 进口 + 本地开采 + 本地开采未用流 + 平衡项 + 再生资源回收利用量。

② 物质消耗量（DMC）= 本地物质输入（DMI）– 出口。

1992 年中国物质流全景示意（亿吨）

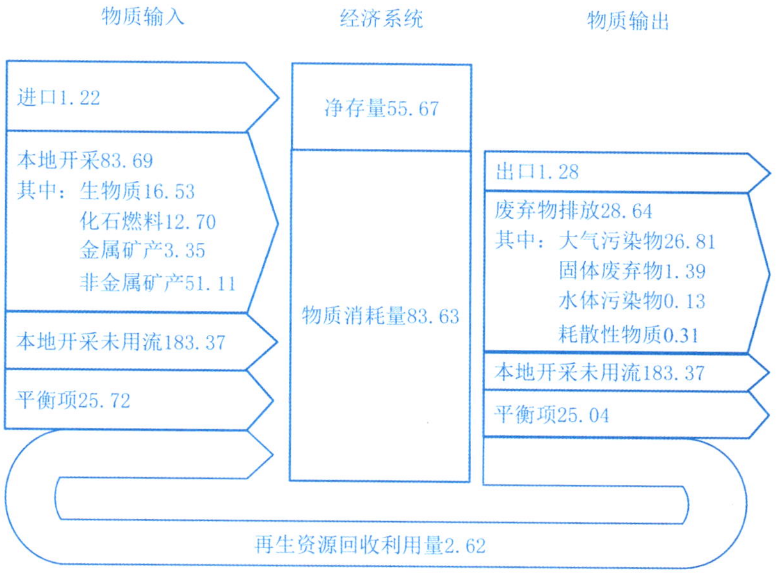

2014 年中国物质流全景示意（亿吨）

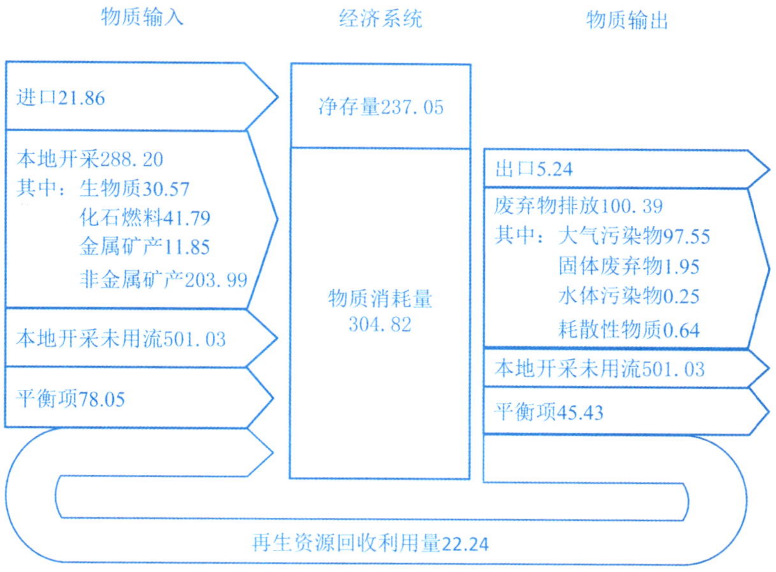

图 1.7　中国物质流全景图①

图片来源：背景报告《资源利用方式转变：减量化路径与对策》。

① 矿产资源种类：金属矿产主要包括：铁矿、锰矿、铬矿、钛矿、钒矿、铜矿、铅矿、锌矿、铝土矿、镁矿、镍矿、钴矿、钨矿、锡矿、铋矿、钼矿、汞矿、锑矿、铌矿、钽矿和锗矿灯 30 余种；非金属矿产主要包括：磷矿、石膏、高岭土、砂石、金刚石、滑石、石棉、叶蜡石、透辉石、蛭石、沸石、玻璃用灰岩等 120 余种。

第三，大气污染物排放是废弃物排放的主要形态，且比重在持续提高。1992 年，大气污染物占总废弃物排放的比重为 93.6%，到 2014 年这一比重上升到 97.2%。

第四，再生资源回收量显著增加，在 12 年间增加了近 10 倍。1992 年，再生资源回收量为 2.62 亿吨，到 2014 年增加到了 22.24 亿吨。再生资源回收量占总物质投入的比重从 0.08% 上升到 2.5%，但比例仍停留在比较低的水平。

在 1992 年到 2014 年间，中国经济系统的物质总需求（TMR）[①] 和直接物质输入（DMI）[②] 均有较大增长（见图 1.8）。其中，2002~2011 年是增长最快的时期，年均增长率分别为 9.39% 和 8.89%，远高于 1992 年至 2002 年间的增长率。2011 年后，随着经济发展速度的降低，物质总需求和直接物质输入的增长速度以及废弃物排放的增长率均持续下降。

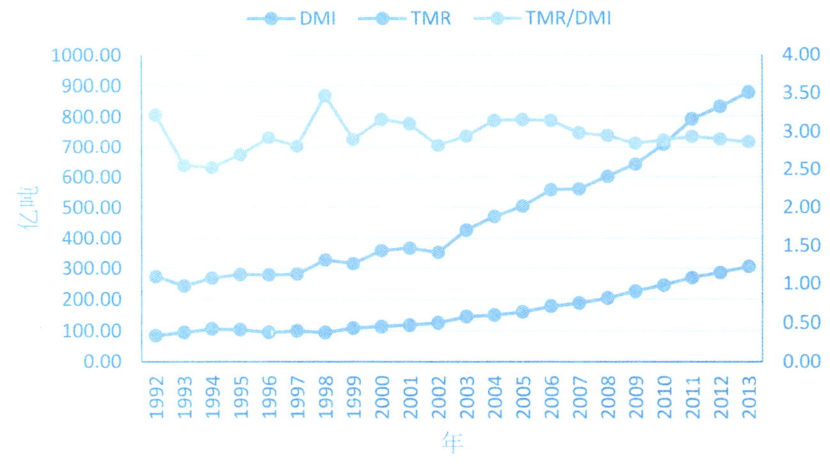

图 1.8　1992~2014 年间 DMI 和 TMR 指标变化情况

图片来源：背景报告《资源利用方式转变：减量化路径与对策》。

总需求与直接物质输入的比值越高，反映出没有直接进入生产过程的物

① 物质总需求（TMR）：本国经济系统运转所需要的全部物质，TMR=DEU+UDE+IF+IFI。

② 直接物质输入（DMI）：进入经济系统的物质总量，DMI=DEU+IMP。

质（隐藏流）[1] 比例越高，意味着生态包袱越重。2005 年以来，总需求和直接物质输入比值呈现波动下降态势，由 2005 年的 3.16 下降至 2014 年的 2.87（见图 1.8），表明中国单位资源的生态包袱逐渐变小 [2]，资源开采的环境压力逐步减弱，这是令人鼓舞的信号。

中国人均直接物质输入也呈持续升高趋势，由 1992 年的 7.29 吨 / 人升至 2014 年的 22.73 吨 / 人，年均增长 3.34%（见图 1.9）。但是，随着中国人口城市化进程过半，基础设施和住房建设存量的上升接近阶段性饱和，人均物质输入有可能在不久的将来保持稳定甚至出现向下的趋势。

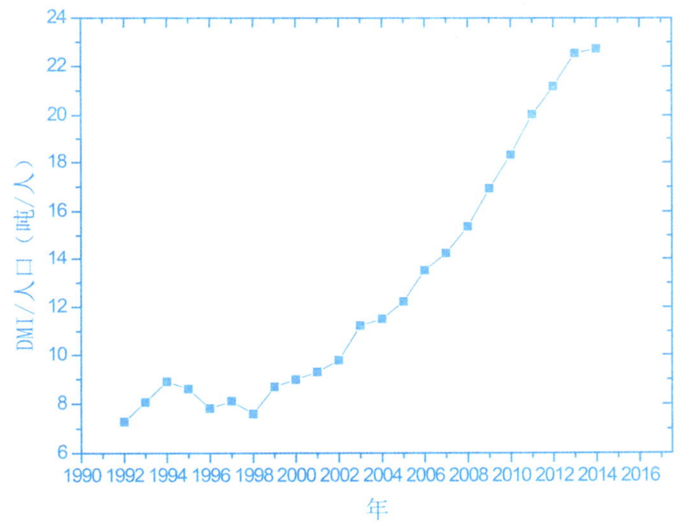

图 1.9　1992~2014 年人均直接物质输入（DMI）变化曲线

图片来源：背景报告《资源利用方式转变：减量化路径与对策》。

（二）中国物质流的结构变化

在中国由农业大国向工业化国家转变的过程中，生物质占直接物质输入的

① 隐藏流是指在资源开采过程中所必须开挖的，但又没有进入市场和产品制造过程的开挖量，又称“非使用开挖量”。

② 生态包袱是指人类为获得有用物质或产品而动用的没有直接进入交易和生产制程的物料，在物质流账户中又成为隐藏流。

比重由 1992 年的 19.47% 降至 2014 年的 9.86%（见图 1.10）。随着制造业的崛起，金属矿产产量增长显著，年均增长 5.91%。而基础设施建设加快以及房地产市场的持续繁荣，进一步推高了以铁矿石为代表的金属矿产投入量。隐藏流系数较小的铁矿石产量占比上升，拉低了单位金属矿产生态包袱。但在 2011 年后，由于铁矿石产量下降，单位金属矿物生态包袱又呈现波动增长趋势，表土开挖量超过金属成为最大的隐藏流来源。另外，建筑业的主要原材料之一——石灰石的需求不断上升，导致非金属投入显著增加。

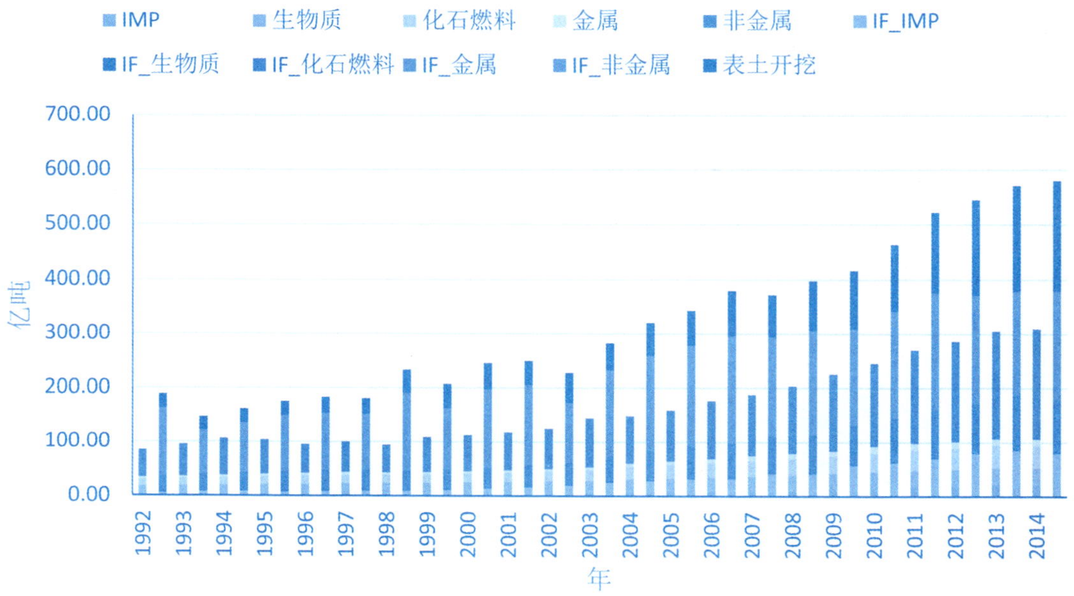

图 1.10　1992~2014 年中国物质输入的构成与变化

图片来源：背景报告《资源利用方式转变：减量化路径与对策》。

化石燃料生态包袱是中国隐藏流的第二大来源。1992~2014 年间，单位化石燃料生态包袱略有上升，主要是由煤炭占比上升引起的。中国是一个“富煤、贫油、少气”的国家。随着能源需求持续提高，煤炭开采量占比升高。而相比于石油和天然气，煤炭的隐藏流系数较大，拉高了单位化石燃料生态包袱。2014 年，中国煤炭产量回落，相应的单位化石燃料生态包袱也略有下降。

可见，金属矿产和化石燃料是支撑目前中国发展最重要的两种资源，也是隐藏流的主要来源。降低发展带来的环境压力，需从金属矿产和化石燃料两方面入手：一方面促进金属矿产的回收利用，降低原生矿的开采量；另一方面发展新能源，减少化石能源使用量。

（三）废弃物排放

我国废弃物排放（DPO）在1992~2014年间快速上升，由28.62亿吨上升至100.39亿吨，年均增长6.08%。图1.11表明，废弃物排放量与资源投入量关系紧密，所以解决环境污染的根本措施在于控制资源投入量，提高资源利用效率。

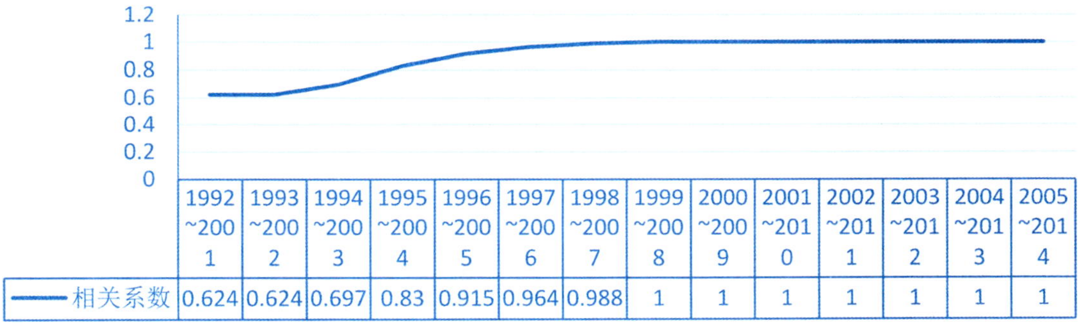

图1.11　DMI与DPO滑动相关系数随时间变化曲线

图片来源：背景报告《资源利用方式转变：减量化路径与对策》。

从结构上看，大气污染物是我国排放的主要污染物（见表1.3）。其中，二氧化碳占比最高，平均占大气污染物排放总量的98.44%。随着能源需求的不断增加，碳排放数量也在快速上升，年均增长率为6.13%。可见，降低碳排放是减少废弃物排放的关键。二氧化硫和工业烟粉尘在2005年后缓慢下降，反映出针对大气污染物的治理在2005年后取得了的进展。

表 1.3　本地废弃物排放（DPO）的规模与构成

（亿吨，1992~2014 年）

DPO	1992	1995	1998	2001	2004	2007	2010	2013	2014
总量	35.32	43.08	46.17	48.36	66.00	84.72	99.34	115.25	115.61
大气排放物	27.04	33.54	35.15	38.21	54.24	70.99	82.54	96.61	97.74
其中：CO_2	26.16	32.59	34.06	37.26	53.21	69.95	81.60	95.69	96.80
固体废弃物	3.95	4.76	6.05	4.82	6.07	7.62	10.36	12.43	11.53
其中：工业固体	0.26	0.22	0.70	0.29	0.18	0.12	0.05	0.01	0.006
其中：建筑垃圾	1.97	2.96	3.75	3.09	4.61	6.14	8.96	11.17	10.33
耗散性物质	4.05	4.48	4.66	5.02	5.39	5.79	6.15	5.93	6.06
水体排放物	0.28	0.30	0.31	0.31	0.30	0.32	0.29	0.28	0.28

数据来源：背景报告《资源利用方式转变：减量化路径与对策》。

固体废弃物是本地废弃物排放的第二大来源。随着环保投入的增加，固体废弃物排放量在达到 1998 年 2.13 亿吨的顶峰后缓慢下降。其中，工业固废排放下降最为明显，也是固体废弃物排放下降的主要原因。值得注意的是，随着居民生活水平的提高，生活垃圾量增长很快，由 1992 年的 0.83 亿吨上升至 2014 年的 1.79 亿吨，2014 年已占到固体废弃物的 91.79%。妥善处理和利用生活垃圾，将是进一步降低固体废弃物排放的关键。

耗散性物质是本地废弃物排放的第三大来源，主要来自农业生产过程中使用的化肥、农药和薄膜，由 1992 年的 0.31 亿吨升至 2014 年的 0.64 亿吨。这些物质施用于农作物后，除少部分被作物吸收和回收利用外，大部分会进入地下水、土壤和空气中，造成面源污染，治理难度大，需要予以重点关注。

水体排放物虽然数量相对较小，2014 年只有 0.24%，但危害极大，一直是环保治理的重点。1992~2007 年间，在 GDP 每年增长的同时，废水排放也逐渐增长。“十一五”期间，国家提出节能减排的目标并采取一系列措施，废水排放量随之于 2007 年开始平缓下降。

高强度的资源开采和资源利用的区域不平衡，加剧了生态环境风险。据统计，2010 年，我国单位国土面积资源开采量（DEU）达到 2396.13 吨 / 平方千米，约为全球平均水平 545.98 吨 / 平方千米的 4 倍多。中国有 93.77% 的人口和 95.70% 的 GDP 聚集于“瑷珲 – 腾冲”线以东，占国土面积 43.18% 的地区。也就是说，对部分地区，单位面积环境压力更大，形势更为严峻。随着经济进一步增长，经济发展与资源环境的矛盾将会越来越突出。

（四）资源利用效率

中国的资源利用效率在逐年稳步提高。资源产出率由 1992 年的 640.81 元 / 吨，上升至 2014 年的 1398.08 元 / 吨（GDP 以 2005 年人民币不变价计算）（见图 1.12），年均递增 3.77 %。资源产出率提高的主要原因是：第一，节能减排的技术措施实施以及绿色、循环、低碳发展战略的落实；第二，再生资源产业发展迅猛。在过去的 23 年中，我国共回收利用再生资源 218.95 亿吨，年回收量由 1992 年的 2.62 亿吨上升至 2014 年的 22.24 亿吨；再生资源占资源投入总量比例由 1992 年的 2.99% 上升至 2014 年的 6.69%，年均递增 4.77%（见图 1.13），替代了大量的自然资源来满足经济发展的需要。

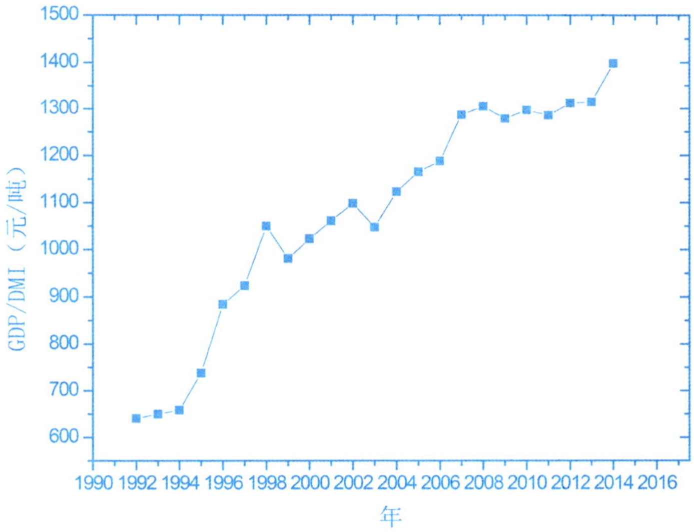

图 1.12 1992~2014 年我国资源产出率

注：GDP 以 2005 年人民币不变价计算。
图片来源：背景报告《资源利用方式转变：减量化路径与对策》。

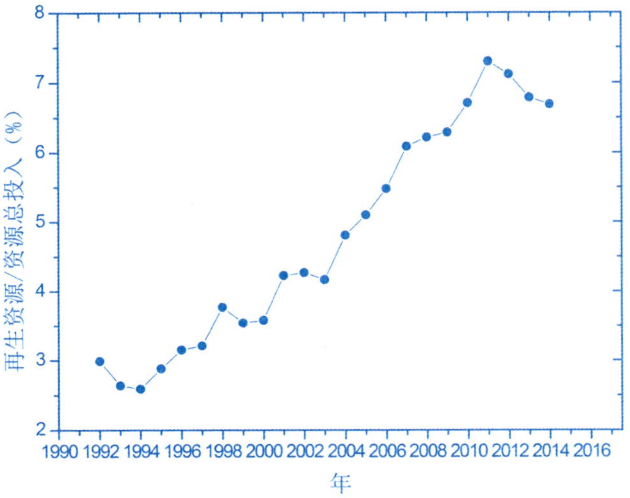

图 1.13　1992~2014 年我国再生资源占资源投入总量比例

图片来源：背景报告《资源利用方式转变：减量化路径与对策》。

（五）资源消耗与污染物排放的影响因素

直接物质输入主要受人口（P）、经济发展（A）、资源使用效率（T）、再生资源使用效率（RG）和再生资源产业发展情况（R）等五个因素影响。其中，经济发展对直接物质输入的贡献最大。1992~2014 年间，经济发展累计贡献值为 309.65 亿吨①，年度贡献值在 1998 年亚洲经济危机和 2008 年美国次贷危机之间呈快速增长态势，由 1997~1998 年的 10.48 亿吨增长至 2006~2007 年的 24.03 亿吨，此后在 20 亿吨上下波动。同期，人口增长因素对物质投入的贡献较弱，累计贡献 22.95 亿吨，年均贡献约 1 亿吨②。资源使用效率的提高使直接物质投入累计减少了 102.51 亿吨，其影响力在逐渐减小。由图 1.12 中可知，在多数情况下，我国直接物质输入的变化率低于 GDP 变化率，展现出明显的“脱钩”

① 若其他条件不变，经济发展将导致直接物质输入累计增加 309.05 亿吨。

② 人口对直接物质输入的影响有两个方面，一是人口规模，二是生活水平。由于实行计划生育，我国人口增长速度持续下降，由人口规模扩大导致的直接物质输入增加量逐年减小；而随着经济发展，人民生活水平持续提高，由生活水平提高带来的直接物质输入增加量逐渐增加。此消彼长之下，人口对直接物质输入的贡献值呈 U 形曲线。

趋势[①]。再生资源产业发展使直接物质投入累计减少 5.86 亿吨，尽管规模还不大，但其影响力总体呈现扩大趋势，年均减少量在考察期间增加 4 倍。可见，发展再生资源产业，提高再生资源占比，有利于降低直接物质输入。

废弃物排放主要受到人口（P）、经济发展（A）、资源使用效率（T）和单位资源的废弃物排放（E）等四个因素的影响。各因素对废弃物排放的逐年贡献值和累计贡献值如图 1.14 和图 1.15 所示。在 1992 年至 2014 年间，经济增长是废弃物排放最大的贡献因素。经济增长带来的废弃物排放量累积增加了 109.76 亿吨，年均排放量在 1998 亚洲金融危机与 2007 年国际金融危机期间快速增长，此后稳定在 7 亿吨左右。人口因素对废弃物排放的影响较少，平均每年带来 0.4 亿吨的废弃物排放，但年均贡献值在 2001 年以来翻了一番。资源使用效率的提高显著地降低了废弃物排放，累计减少排放 38.21 亿吨，废弃物排放的减少主要是通过提高资源使用效率降低直接物质输入实现的。单位资源的废弃物排放也在减少，1992~2014 年累计减少排放 7.86 亿吨，说明末端治理方面取得了有效进展。

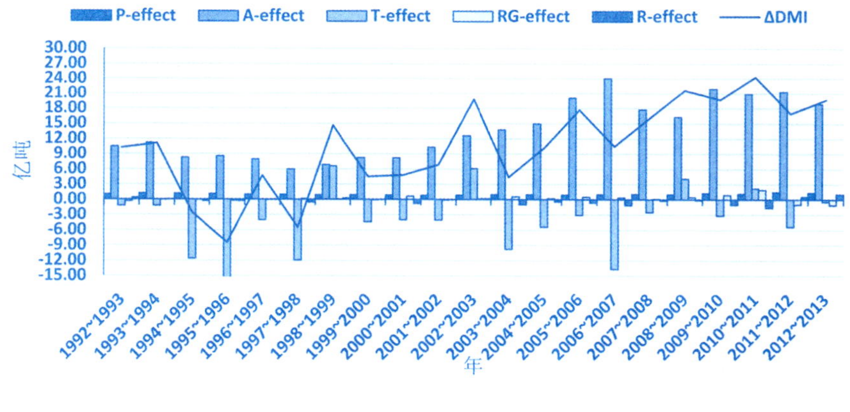

图 1.14　1992~2014 年直接物质输入各影响因素逐年效应贡献值

图片来源：背景报告《资源利用方式转变：减量化路径与对策》。

① 在环境与资源研究中，“脱钩”是指污染排放或资源投入数量不再随着经济增长线性增加，而是以更缓慢速度增长甚至下降的现象。“脱钩”反映出资源利用效率或污染控制水平的提高。

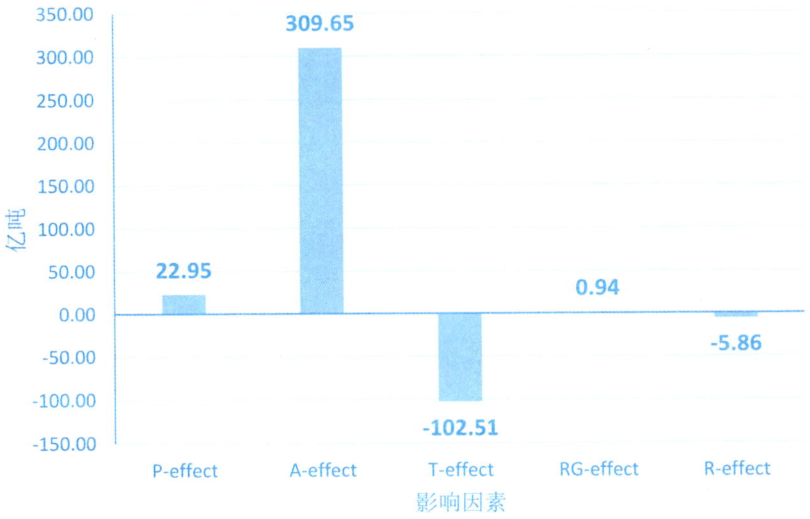

图 1.15　1992~2014 年直接物质输入各影响因素累积效应贡献值

图片来源：背景报告《资源利用方式转变：减量化路径与对策》。

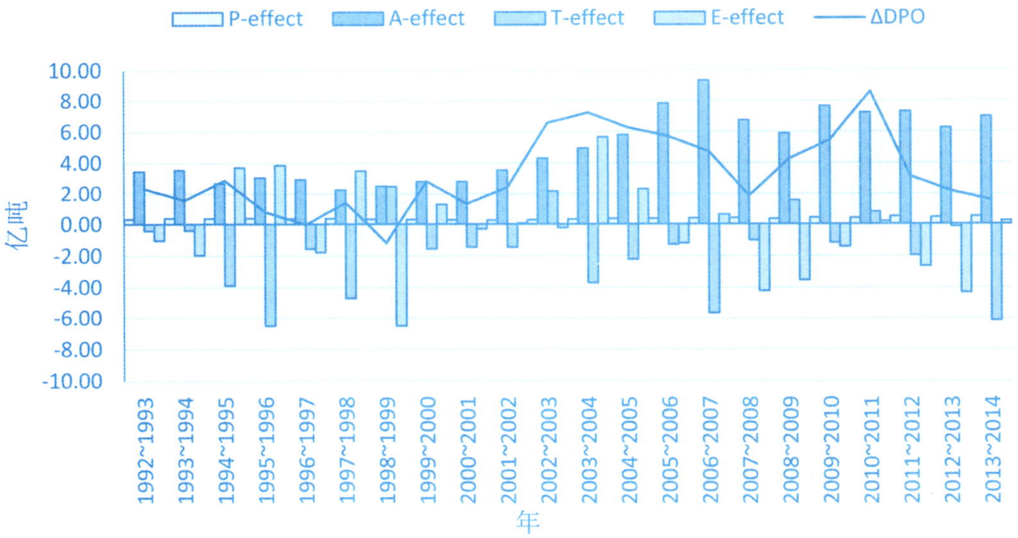

图 1.16　1992~2014 年废弃物排放各影响因素逐年效应贡献值

图片来源：背景报告《资源利用方式转变：减量化路径与对策》。

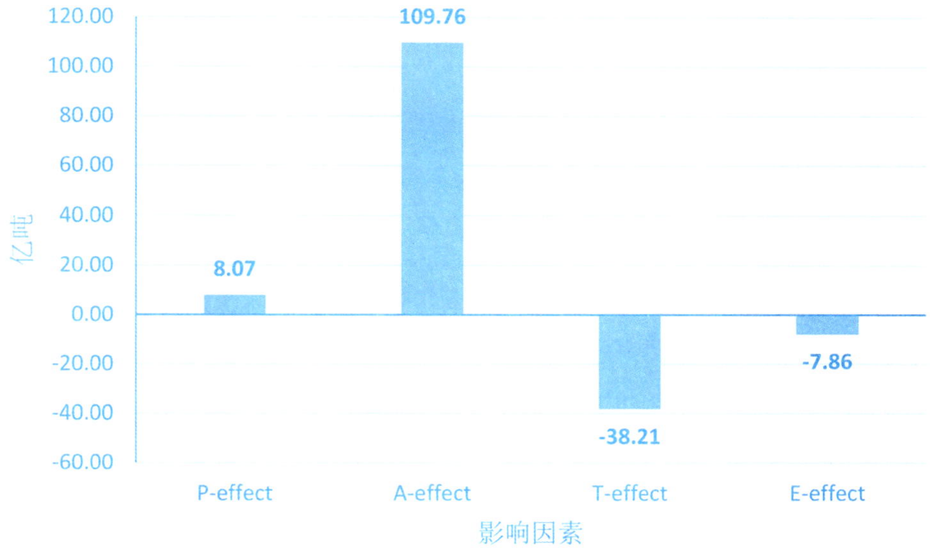

图 1.17　1992~2014 年废弃物排放影响因素累积效应贡献值

图片来源：背景报告《资源利用方式转变：减量化路径与对策》。

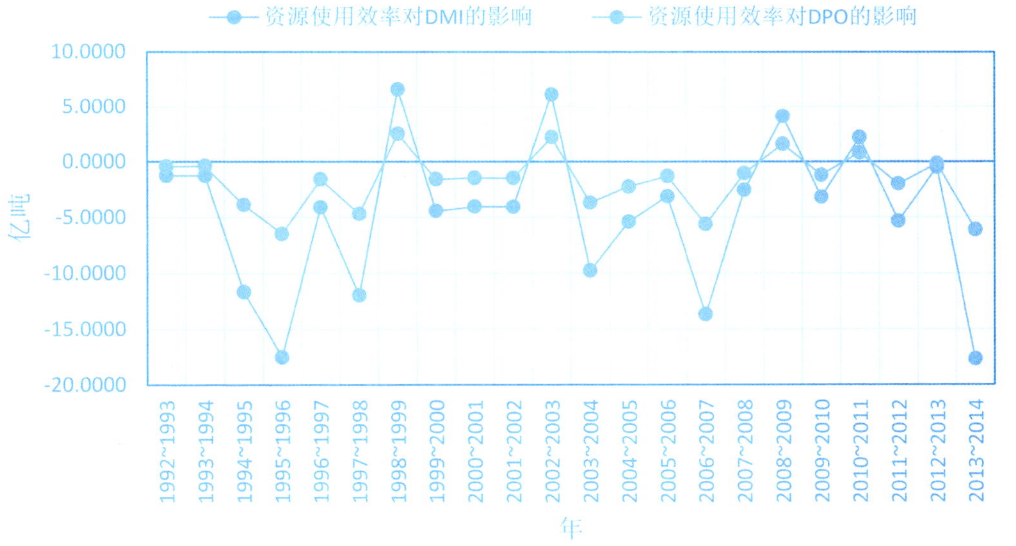

图 1.18　1992~2014 年资源使用效率对废弃物排放和直接物质输入的贡献值

图片来源：背景报告《资源利用方式转变：减量化路径与对策》。

由上可见，降低环境压力实现可持续发展的根本途径，在于减少经济系统运行所需的物质量，包括生产过程的减量和消费过程的去物质化。因此，中国迫切需要转变资源利用方式（包括生产方式和生活方式），实现“减量投入、最佳产出、合理消费”，在追求经济增长和生活质量提高的同时，努力把环境压力降低到最小。

三、中国实现资源可持续利用的潜力和机遇

改革开放以来中国经济实现了快速发展，经济总体实力和科技水平大幅度提升，经济和社会结构出现深刻变化，资源配置的范围和深度远超改革开放之前，为实现资源的可持续利用奠定了良好的基础。

（一）资源利用的规模经济和范围经济

作为全球第二大经济体，2016 年中国 GDP 总量按现价汇率折算合 11.22 万亿美元，是美国经济体量的 60.4%，约是第三大经济体日本的 2.27 倍。按照购买力平价折算，中国经济体量达到 21.29 万亿美元，比美国多 2.7 万亿，是日本的 4 倍。按照现价汇率，中国制造业规模在 2010 年就超过美国位居世界第一。目前在全世界 500 多种工业品中，中国有 220 种产品的产量为世界第一，是全球制造业第一大国。中国超大规模的生产体系，对资源利用有两方面含义：一方面，经济规模越大，特别是制造业所占比重越高，意味着更多的资源消耗；另一方面，超大规模而且多元化的生产体系，意味着不可比拟的规模经济和范围经济，这有助于提高资源利用的效率，降低单位产出对资源的需求。

（二）快速的技术进步

随着在科技和教育上的持续投入，中国在科技进步。2016 年，高校毕业生人数超过 750 万，是 1980 年毕业生人数的 51 倍。在毕业的大学生中，40% 来自科学、技术、工程和数学等专业，总人数是美国的 8 倍。中国不仅在科学研究的数量上快速增加，研究质量也快速提升，根据自然出版集团 2015 年对全球高质量论文指数的分析，中国已经是全球高质量科研论文的第二大贡献国，仅次于美国，而且该指数还在以每年 10% 以上的速度增长。教育水平的提高和大规模科技人才的培养，促进了中国在技术创新上的爆发式增长，对美国、日本等发达国家形成快速追赶态势。据世界知识产权组织（WIPO）的统计，2016 年中国专利申请数达到 4.3 万件，比上年增长 45%，接近排名第二的日本（4.5 万件，比上年增长 3%），有望在短期超越日本。尽管中国教育和科研的水平和质量仍有待提高，科技成果的转化能力还不强，但发展趋势良好，将给资源利用效率的持续提升提供动力。

（三）全球化的资源配置

2013 年，中国货物进出口总额达到 4.16 万亿美元，超越美国成为全球最大的货物贸易国①。如今，中国已经是 120 多个经济体的最大贸易伙伴。近年来，受全球金融危机余波的影响，全球需求低迷，经济全球化遭遇逆风，中国仍然取得了不俗的成绩，占全球贸易的比重持续提升，2016 年达到 14%。作为开放的大国经济，中国的资源需求对全球资源的价格具有举足轻重的影响，以至于经常出现“买啥啥涨、卖啥啥跌”的局面，并通过价格信号影响甚至重塑了某些相关国家的贸易结构和产业结构。另一方面，作为开放经济体，中国

---

① 2016 年，因为汇率价格波动因素，美国重新成为全球第一大货物贸易国。但是考虑到中国货物贸易的增长速度以及人民币汇率渐趋稳定，中国有望在不远的未来持续保持第一大货物贸易国的地位。

通过贸易投资参与全球资源配置，不仅缓解自身的资源约束，也利用自身超大规模的生产体系提高了全球的资源配置效率，促进了全球经济增长，同时，质优价廉的中国制造，为改善贸易对象国居民的福祉作出了贡献。

（四）经济社会结构快速转型

当前，对中国经济具有深远意义的转型包括人口结构变化、城镇化和经济结构调整。中国老龄化在加速，并与少子化相伴随，这将对经济增长方式、消费方式以及资源的利用方式产生深远的影响。2016 年，中国 13.8 亿人口中，60 岁及以上 2.31 亿，占总人口的 16.7%；65 岁及以上 1.50 亿，占总人口的 10.8%。2016 年人口的总和生育率约在 1.8 左右，低于更替水平①。老龄化将带来消费结构和资源需求结构的改变，抑制资源需求的总量。与此同时，少子化将倒逼中国加大对人力资源的投资，促进劳动生产率的提升，这也有利于降低对资源投入的需求。

城镇化是影响资源配置的重要变量。国家统计局的调查显示，2016 年中国常住人口城镇化率达到 57.35%，这离发达国家 70%~80% 的城镇化率还有相当的距离，提升资源配置效率仍存在巨大的结构性机会。但是，随着城镇化进入中后期，城市住房和基础设施建设已经基本到位，未来资源需求的增长与过去十年相比也将有所回落。

中国的经济结构也在经历根本性的转型。近年来，中国经济出现了两个具有根本性意义的结构性变化：一是第三产业在 2012 年后成为经济中占比最大的部门，到 2016 年占 GDP 的 51.6%，高于第二产业 11.8 个百分点；二是消费成为经济增长最重要的贡献者，2014 年贡献率达到 50.1%，2015 年进一步达到 64.6%。这两个关键的结构性变化使中国转向服务型和消费主导型经济，有

① 国家统计局《2014 年国民经济和社会发展统计公报》。我国总和生育率未跌入低生育率陷阱 http://www.dumeiwen.com/news/gundong/2015/0712/90488.html。

助于减少对物质资源投入的依赖。

（五）全社会对良好生态环境的需求不断上升

随着经济社会的发展，中国从政府最高领导层到社会公众，对生态环境的认识不断加深，对良好生态环境的需求持续提升。习近平主席曾多次强调，"绿水青山就是金山银山"，中共十八大决议中将生态文明建设与经济建设、政治建设、文化建设、社会建设作为"五位一体"总体布局的支柱之一。中国社会科学院 2016 年对城市公共服务的全国性调查显示，2011 年以来中国城市居民对城市环境的关注度持续提高，2016 年甚至超过了社保就业和基础教育①。

（六）中国特色的社会主义市场经济体制

中国社会主义市场经济体制已经初步建立，并随着改革开放进程的推进不断完善。社会主义市场经济体制要求市场在资源配置中发挥决定性作用，同时更好地发挥政府的作用。中国经济已经形成了以公有制为主体、多种所有制经济共同发展的基本格局，建立了全国统一的市场，形成了全方位开放的格局，建立并逐步完善了宏观调控的体系，市场在资源配置中发挥着决定性的作用。与此同时，在中国，政府对许多资源（包括矿产、土地、水、森林等）拥有所有权和强大的控制权，形成了有自身特色的资源开发利用模式和管理体制，对资源的配置拥有强大的影响力。这样一种制度特征，有利于在确保通过市场提高资源配置效率的基础上，更好地发挥政府的作用，使资源的利用更好地兼顾公共需求，从而提高资源利用的可持续性，改善人民的福祉。

可以说，中国社会经济已经取得的良好发展基础和新的特征，蕴含着解决资源可持续利用的巨大机遇和光明前景。随着社会经济结构的转型、资源利用

① 中国社会科学院:《公共服务蓝皮书》，2016。

效率的提升和资源结构的优化，物质资源投入的总量以及污染物的排放总量将有望在 2030 年左右达到峰值后出现下降拐点，这将促进中国和全球的可持续发展。

第二章

◇ ◇ ◇ ◇ ◇ ◇

生命周期视角下的资源可持续利用

资源从自然界中被开采，进入人类社会的生产和消费活动，再返回自然界，是一个生命周期过程。从生命周期视角审视资源利用过程，有助于发现传统资源利用中被忽视的环节，进一步理解中国资源可持续利用存在的不足和潜力。

一、资源利用的生命周期

从物质形态看，资源在生命周期中有四种基本形态，涉及四种基本活动：先通过开采活动将资源从自然界中分离出来，再通过生产加工形成可用的产品，经过人类的消费活动产生废弃物，废弃物经过一定的处置回到自然界中。图 2.1 概括了循环的过程。

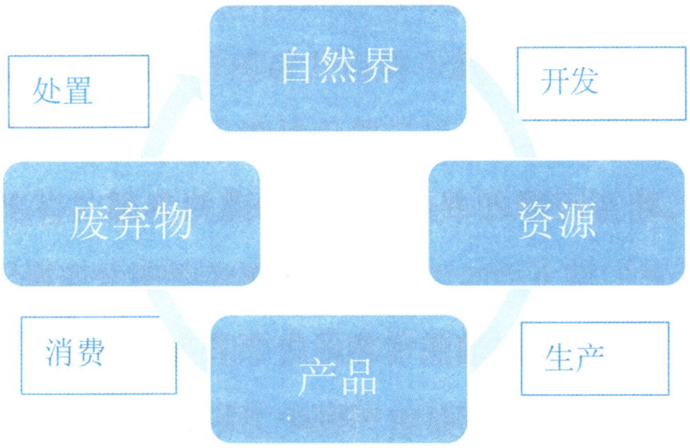

图 2.1　资源利用的生命周期

实际情形要复杂得多，而不是如图 2.1 所示是单向循环的。在资源开采过程中，会产生废弃物的排放和对生态环境的破坏；部分被消费产品会通过再制造恢复至新产品的状态，而不是直接作为废弃物处理；废弃物中只有一部分经过处理（或未经处理）排入自然界，另一部分会通过回收或者资源化被再利用。四种形态之间往往存在双向、交叉的复杂关系。在资源开采和生产过程中，得到的往往不是单一资源和产品，而是存在多种资源和多重产出，每种资源和产品又各有特性，利用方式也不同，这也使资源的形态转换过程变得更加复杂。

这些复杂性提供了进一步提高资源利用效率、减少资源投入总量和生态环境压力的机会。随着资源形态转换关系变得更加复杂，资源被利用的链条延长，资源和产品得到更充分、持久的利用，减少了对资源开采总量的需求，使同样的资源能支撑更多的经济产出，也通过减少废弃物的排放和增加生态环境容量，增加了资源的可获得性。

在整个资源的生命周期中，常规性的开采和利用已经在文献中得到较为充分的关注、研究和讨论，因此本报告主要关注资源利用过程中未受到充分重视、潜力发挥不足的方面，主要包括：①综合开发利用和生产过程中的多种资源、多重功能和多重产出，提升土地和空间的复合利用水平；②产品使用过程中的维护和维修；③再制造；④回收再利用。加强资源利用生命周期的这些薄弱环节，是未来提升中国资源利用可持续水平的方向。

二、资源综合利用

（一）多种资源

在资源开发活动中，虽然目标资源可能只有少数几种，但实际所得到的资源种类要远远超过目标资源。在认识和技术水平有限的情况下，要将这些副产品都利用起来成本很高，因而很多资源被废弃，造成经济和环境的损失。

多种资源问题在矿产资源的开发过程中具有代表性。中国的矿产资源总量丰富，种类繁多，但成矿地质条件影响了矿产资源的禀赋，造成富矿较少、矿石品位较低的局面，而且大多数金属矿产是伴生矿，共、伴生矿床约占已探明矿产储量的 80%。在全国已开发利用的 139 个矿种，有 87 种矿产部分或全部来源于共、伴生矿产资源，占总数的 62.6%，潜在价值超过 30 万亿元，占矿产资源工业储量潜在总价值的 37%[①]。当前，中国的矿业技术与工业发达国家相比仍存在明显差距，矿山的采、选回收率比国际水平要低 10%~20%。在给定技术经济条件下，不仅部分资源难以开采造成资源的浪费，即便开采出来，也无法分选，最终形成尾矿。

对共、伴生矿产的综合开发既可以增加矿产品，避免资源浪费，又可以防止矿山环境污染。比如，煤炭资源中富含的瓦斯气体过去是作为影响煤矿安全生产的有害物质直接抽排到大气中，不仅增加了大气中的温室气体，还浪费了大量优质洁净能源。随着煤层气发电技术的突破，煤层气与煤共采、超前开采生产了大量的洁净燃料。仅 2013 年，我国煤层气（煤矿瓦斯）抽采量就达到 156 亿立方米，利用量 66 亿立方米，利用率 42.31%。截止到 2013 年底，全国累计施工煤层气井 15000 口，形成产能 85 亿立方米，探明地质储量 7000 亿立方米。煤矿瓦斯用户近 300 万户，瓦斯发电装机容量 13000 亿千瓦时，煤层气燃料汽车 10000 余辆。

过去几年，复杂金属矿产资源采选冶关键技术与装备的研发，使中国低品位复杂难选矿处理工艺技术达到了世界先进水平，在贫赤铁矿、褐铁矿、菱铁矿的选矿技术方面已居世界领先水平。2013 年，部分重点大中型露天煤矿、露天铁矿开采回采率达到 95% 以上，部分矿山的铜矿、铅矿、锌矿、镍矿、铝土矿、锑矿、钼矿、钨矿、锡矿等有色金属矿种的选矿回收率均达到 80% 以上，其中大型矿山的选矿回收率达到 85%。大中型矿产共伴生矿产共同开发

① 崔振民等："浅析我国矿产资源综合利用"，载于《中国矿业》，2013 年第 22 卷第 2 期。

利用不断增多，金、银、硫、钼回收率分别达到 66.7%、71.4%、76.7% 和 47.0%。在钒钛磁铁矿资源综合利用，铁 – 稀土多金属共、伴生资源综合利用、镍铜多金属共、伴生资源综合利用，锡和铅、锌、铟等复杂多金属共、伴生资源综合利用，非金属矿资源高效综合利用等方面，都取得了技术创新和产业化突破；红土镍矿生产镍铁技术、中低品位高镁磷矿直接生产高浓度磷复肥及资源化利用关键技术，也取得进展。

（二）资源的多重功能和用途

许多资源都存在多重功能和用途。充分开发利用资源的多重功能和用途，可以通过其他有相似功能的资源的开采，减少社会整体的资源开发强度，提高一体化管理和综合治理水平，减少污染的排放和对生态环境的损害。

水资源就是非常典型的具有多重功能的资源。水是维持动物和植物生命系统的必需品，其浮力和流力特性可以发展航运，水体的位能可以用于水力发电，水还可以广泛用于生产生活中的清洁和冷却。发展航运和水力发电，可以相当程度替代对化石能源的需求，降低经济成本和污染物排放。中国是全球水资源大国，新中国成立以来在水资源的多功能开发利用上取得了巨大的进展，但也还有很大的提升空间。

在水电开发方面，中国目前已经是全球水电第一大国，但可开发潜力仍然巨大。新中国成立以来，中国水电行业发展迅速，兴修了大量的水利工程[①]。截至 2015 年底，全国水电总装机容量已经达到 3.19 亿千瓦，占全球水电装机容量的 1/4。其中常规水电总装机达到 2.97 亿千瓦，发电量占全国的 19.9%，在非化石能源中的比重达到 73.9%。但相对于丰富的水能资源，目前的开发量还不及总量的一半。据统计，全国水能资源可开发装机容量约 6.6 亿千瓦，年发

① 包括新中国第一个大型水利工程——荆江分洪工程、黄河三门峡大坝、丹江口水利枢纽、刘家峡水电站、葛洲坝水电站，黄河小浪底工程、三峡大坝等等。

电量约 3 万亿千瓦时，在能源资源剩余可开采总量中仅次于煤炭，发展潜力巨大。

中国承诺到 2030 年前非化石能源的比重要达到 30%，这无疑给了包括水电在内的可再生能源重大发展机遇。“十三五”（2016~2020 年）期间，水电建设投资需求预计约 5000 亿元，全国新开工常规水电和抽水蓄能电站各 6000 万千瓦，新增投产水电 6000 万千瓦，2020 年水电总装机达到 3.8 亿千瓦；年发电量 1.25 万亿千瓦时，折合标煤约 4 亿吨，在非化石能源消费中的比重维持在 50% 以上，预计“十三五”期间将累计提供约 5.6 万亿千瓦时的清洁电力，相当于节约 17.5 亿吨标煤，减排二氧化碳 45 亿吨、二氧化硫 1300 万吨、氮氧化物 1350 万吨。

内河水运是另一个潜在节能减排领域，具有投资少、能耗低、污染小、占用土地少、运输潜力大等优点①。尽管中国有着发展内河运输的优越自然条件，但内河水运发展水平仍相当滞后。以长江水系（包括苏北、皖北）航道为例，该航道通航里程 64374 公里，占全国内河航道通航里程的 51%，但通航 300 吨级以上船舶航道不足 5000 公里，三级及以上航道 10854 公里。美国内河通航里程只有 4.1 万公里，而内河水深在 2.75 米以上航道达 2.5 万公里，常年可通航 1350~2750 吨驳船组成的万吨船队。相比之下，我国内河航运条件非常落后，航道等级偏低，制约着航运经济的发展。针对这一情况，2011 年《国务院关于加快长江等内河水运发展的意见》中提出，利用 10 年左右的时间，建成畅通、高效、平安、绿色的现代化内河水运体系，建成比较完备的现代化内河水运安全监管和救助体系，显著提高运输效率和节能减排能力，充分发挥水运的优势与潜力，增强对经济发展的带动和促进作用。预计到 2020 年，全国内河水运货运量计划达到 30 亿吨以上，建成 1.9 万公里国家高等级航道。

① 以长江黄金水道为例，水运建设每投资 1 亿元所产生的运能是公路的 17 倍、铁路的 3 倍；吨公里能耗为公路的 1/14、铁路 1/2；污染物单位排放量是公路的 1/15、铁路的 1/1.2。见韩京伟：“低碳经济的内河运输发展对策”，载于《交通发展》，2010 年 05 期。

（三）多重产出

在产品生产过程中除了目标产品之外，还会产生一些副产品和废弃物①。这些副产品和废弃物具有经济价值，但是由于认识和技术的限制很多没有被充分利用。随着对资源认识的加深和技术的进步，副产品的利用越来越具有现实的可能性。

整体煤气化联合循环发电系统（Integrated Gasification Combined Cycle，IGCC）是一项具有巨大潜力的利用多重产出的技术。煤炭是中国的主要能源，占能源消费的 60% 以上，由于传统煤化工的高能耗、高排放特点，造成了严重的环境问题。如何实现煤炭的清洁、高效和综合利用，是一个困扰已久的问题。

IGCC 技术把洁净的煤气化技术与高效的燃气——蒸汽联合循环发电系统结合起来，既提高发电效率，又解决了燃煤污染排放控制的问题，是一种极具潜力的洁净煤发电技术。在 IGCC 系统中，煤经气化产生合成煤气（主要成分为一氧化碳、氢气），经除尘、水洗、脱硫等净化处理后，净煤气到燃气轮机燃烧驱动燃气轮机发电，燃机的高温排气在余热锅炉中产生蒸汽，驱动汽轮机发电。在目前技术水平下，IGCC 发电的净效率可达 43%~45%，今后可望达到更高水平。而污染物的排放量仅为常规燃煤电站的 1/10，脱硫效率可达 99%，二氧化硫排放在 25mg/Nm^3 左右，远低于排放标准 1200 mg/Nm^3，氮氧化物排放只有常规电站的 15%~20%，耗水只有常规电站的 1/2~1/3，对于环境保护具有重大意义。

2011 年，中国首座煤气化联合循环电站——华能天津 IGCC 示范电站正式投产，电站装机容量 265 兆瓦。工程采用华能自主研发的具有我国自主知识产

① 本报告将副产品定义为生产过程中除了目标产品之外的可直接利用的产品，无须经过复杂的化学、物理处置或再生产过程，如余热、余气等。而废弃物则是指生产过程中产生的在现有技术条件下较难直接利用或需要作特殊的去害处理的物质。副产品和废弃物之间不存在绝对的界限，在某种程度上，没有能够被利用的物质都可以称为废弃物。

权的 2000 吨 / 天干煤粉加压气化技术，性能达到国际先进水平。通过高温高压陶瓷过滤器干法除尘，烟气烟尘浓度每标准立方米小于 0.6 毫克，为燃煤电厂最低水平；烟气中二氧化硫的排放浓度小于每标准立方米 0.9 毫克；采用低硝控制技术，每标准立方米的氮氧化物排放浓度低于 50 毫克。

目前 IGCC 的大规模应用仍然受制于成本和技术问题，包括造价高，运行成本高，运行稳定性不足等。在运行的经济环境支持上，欧美国家比中国要宽松得多，比如美国政府对 IGCC 项目的补贴占电站建设成本的 50% 以上，有的甚至是 80%[①]。未来无论是燃煤电厂还是燃气电厂，都要执行严格的环保标准，付出相同的环保成本，那时 IGCC 的潜力才将完全发挥出来。如果在煤炭、电力、石油、化工等领域大力推行多联产技术，其技术成本将进一步降低。

（四）复合利用

复合利用是资源综合利用的重要手段，在土地和空间利用中尤为典型。中国国土虽然辽阔，但人均耕地资源短缺，建设用地扩张很快但是利用效率低下，制约经济社会的可持续发展。通过推广农业复种和立体农业、屋顶光伏发电、发展地下空间，有助于提高土地的利用面积，增加单位土地的产出，同时减少生态环境压力。

1. 农业复种

提高农业复种指数是提高农地综合利用率的重要手段。在热量条件好、无霜期长、总积温高、水分充足地区，有较大提升复种指数的空间。1949 年以来，大力推广以复间套种为中心的多熟制模式，全国的农作物复种指数上升，有效地提高了耕地的综合利用水平。研究表明，通过耕地复种所产生的粮食已

① 中电调查：华能天津 IGCC 技术路在何方。

经占粮食总产量的 1/3，有力地保障了粮食安全[①]。

从全国遥感数据看，复种指数较高的地区主要分布在黄淮海地区、长江中下游地区以及华南地区（复种指数超过 140%），京津冀三省市、西南各省和湖南、江西两省复种指数平均值在 120%~140%（见图 2.2）。从全国来看，复种指数在 100%~150% 的耕地面积占全国的 28.83%，复种指数在 150% 以上的耕地面积占 27.69%[②]。

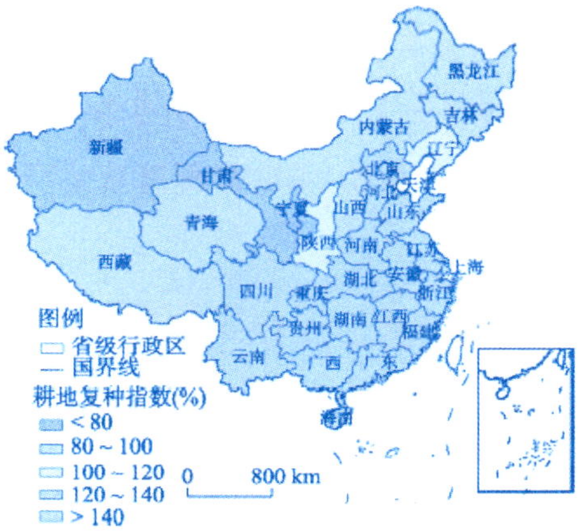

图 2.2　中国各省区复种指数分布（1999~2013 年平均）

资料来源：《1999-2013 年中国耕地复种指数的时空演变格局》（丁明军等）。

随着农业科技的发展，立体种植业成为提高复种指数的重要手段。和传统的主要依靠增加作物种植的季数和轮种提高复种指数不同，立体种植是将现代科学技术应用于传统的间、混、套、带复种，以形成多种作物、多种层次、多种时序的立体种植结构。这种结构扩大了对时间、空间、自然资源和社会经济条件的利用率，提高了农业的综合生产力。对河北省曲周县的一项研究发现，农户通过在冬小麦 - 夏玉米的套种基础上间种西瓜，收益率提高 54%[③]。对玉米 / 大豆间作模式的研究表明，即使考虑了化肥、种子、机械和人力成本后，4 :

① 谢花林："1998-2012 年中国耕地复种指数时空差异及动因"，载于《地理学报》，2015 年第 70 卷第 4 期。

② 丁明军等，1999-2013 年中国耕地复种指数的时空演变格局，地理学报 2015 年 7 月第 7 期。

③ Huang et al. Economic Performance and Sustainability of a Novel Intercropping System on the North China Plain, PLOS ONE (2015).

6 的玉米和大豆间作系统经济效益比玉米单作高 26%①。

2. 分布式光伏发电

建筑屋顶作为城市的“第五面”，正在提高资源利用效率方面发挥其独特的空间优势，在分布式光伏发电上尤其具有潜力②。美国、德国、日本等发达国家在屋顶光伏领域的实践早在 20 世纪末就已展开。比如美国的“千万太阳能屋顶计划”，政府从 2013 年到 2021 年每年将投资 5 亿美元补助用于太阳能屋顶计划，可以补贴 40 吉瓦的新安装容量。英国政府通过税收优惠鼓励居民购买安装太阳能电池板、洗澡水循环处理装置和采用无污染新型住宅等。西班牙、意大利和丹麦等国先后出台高价收购太阳能光伏电力的政策，鼓励居民安装建设光伏屋顶。

我国大规模推动光电建筑一体化市场较晚，但是潜力巨大。根据“十三五”规划，预计未来 5 年，每年将新增 1500 万千瓦到 2000 万千瓦的光伏发电，到 2020 年实现累计 100 吉瓦的光伏装机容量，年发电量将达到 1300 亿千瓦时。按照 2012 年全国城镇人口和人均住房建筑面积，考虑 20% 的屋顶面积具备安装分布式光伏设施条件，城市屋顶可安装面积约 23.42 亿平方米，装机潜力约 7026 万千瓦，发电量潜力约 702.6 亿千瓦时，大约相当于 2300 亿吨标准煤③。近年来，上海、江苏和广东等地均已率先较大规模地建设分布式“光伏屋顶”，实施“屋顶计划”示范。例如，上海计划使 10 万个屋顶安装上太阳能发电装置，每年至少可发电量 4.3 亿千瓦时，减少使用标准煤 16 万吨。若以燃煤发电 1 千瓦时要排放 1 千克 CO_2 计算，每年至少可减少约 40 余万吨

---

① 通过动物、植物和微生物的合理搭配以及三维空间的科学布局，能起到降低化肥和农药用量、减少有害物质残留、提高土壤（水体）生产力、减少水土流失等作用。比如大蒜套种玉米，大蒜分泌的大蒜素能驱散玉米蚜虫，使玉米菌核病发率下降，用药次数相对减少；由玉米和红薯间作形成的作物复合群体可增加对阳光的截取与吸收，减少光能的浪费；合理安排豆科与禾本科间套作有利于补充土壤氮元素的消耗，既用地又养地。

② 建筑光伏发电系统利用太阳能电池将太阳能直接转化为电能，在运行期间能较快回收其制造过程所消耗的能量，并能减少污染物排放。与地面光伏电站相比，分布式屋顶光伏系统在城市环境中具有其特殊优势，例如能够节约用电，减少输电距离降低输电损耗等。

③ http://www.aipv.com.cn/contents/36/10606.html.

CO_2 排放。

虽然在相关政策激励下，中国光伏发电市场呈现出增长态势，但城镇屋顶光伏的发展仍然缺乏足够的动力，成为行业的短腿。据统计，截至 2014 年，中国太阳能发电累计装机总量已增至 2805 万千瓦，其中光伏电站 2338 千瓦，分布式光伏 467 万千瓦，占比仅为 16.67%。而德国达到 80% 以上。在 2014 年能源局最初规划的 14 吉瓦光伏发电装机中，地面电站为 6 吉瓦，分布式为 8 吉瓦，实际装机地面电站 8.55 吉瓦，分布式 2.05 吉瓦，最终只完成了 26%。国家鼓励分布式光伏建设，但投资商、地方政府、银行倾向于支持地面电站建设。分布式电站的融资、补贴效率、商业关系等相关配套产业滞后，竞争力不足，目前还主要集中在东部地区。2014 年分布式光伏、并网容量排名前三的分别为浙江省、广东省和河北省，占全国并网总量的 40%。

3. 地下空间开发

合理开发利用地下空间，实现城市的立体化发展，是推动城市可持续发展的重要途径之一。地下空间的开发利用有助于促进城市土地的集约利用，缓解交通拥挤，促进节能减排。发达国家早在 19 世纪就开始了对地下空间的大规模开发利用，其标志性的事件是 1863 年英国伦敦地铁的建成及运营。从那以后，地下空间开发成为世界性的发展趋势，甚至成为衡量城市现代化的重要指标①。

中国城市地下空间开发潜力巨大。2014 年，城市建设用地总面积为 4.99 万平方公里，按照 40% 的可开发系数和 30 米的开发深度计算，可供合理开发的地下空间资源量达到 5988 亿立方米。

对城市地下空间利用重视不足，起步较晚，开发利用水平低，是导致许多大城市的交通拥堵的重要原因。地下运行为主的城市轨道交通是地下空间开发

---

① 《2014 中国城市地下空间发展报告白皮书》。

的重要领域。1995 年，仅有北京、天津、上海三个直辖市有地铁，总计运营里程不到 150 公里。中国的城市人口规模大，轨道交通发展的滞后，是导致交通拥堵等大城市病的重要原因。城市地下停车位的建设严重不足，落后于汽车拥有量的增长，也加剧了交通拥堵和环境污染问题。以北京为例，2000 年至 2016 年期间，民用汽车保有量从 104 万辆快速上升到 548 万辆，而城市地下停车位的供应严重不足，大量的汽车停靠在道路两旁甚至挤占人行道、绿化带，使交通环境问题变得更加突出。

对地下空间重视不足的问题近年来有所改观，地下空间规模和开发量呈现快速增长的趋势。“十二五”时期，城市地下空间建设量年均增速达到 20% 以上，城市地下空间的开发得到越来越多的重视。以北京和上海为例，截至 2013 年底，两个城市的地下空间总面积都接近 6000 万平方米，北京市地下建筑量以每年 300 万平方米速度增加，中心城区地下建筑占全部建筑总规模的 8% 左右。

2014 年 3 月发布的《国家新型城镇化规划（2014 — 2020 年）》中提出，要“统筹规划地上地下空间开发”，“建立健全城市地下空间开发利用协调机制”，“科学有序推进城市轨道交通建设”和“推行城市综合管廊”等综合开发利用城市地下空间资源的重要举措。住房城乡建设部也编制了《城市地下空间开发利用“十三五”规划》，以促进城市地下空间科学合理开发利用为总体目标，是指导各地开展地下空间开发利用规划、建设和管理的重要依据。

三、产品的维护和维修

在产品使用过程中，必要的维护和维修有助于延长其使用寿命、高效发挥其功能功效，是提升资源利用效率的重要手段。

（一）中国私人和公共部门的资产积累

随着经济的高速成长、人民生活水平的提高和政府公共服务供给能力的增强，中国的私人和公共部门已经积累了大量的耐用消费品和固定资产。这些私人耐用消费品、住房以及公共基础设施，在生产、建设和消费过程中都需要耗费大量的资源能源。仅以能源消费为例，在中国的能源消耗中，工业能源消费占比约 60%；建筑能源消耗占比超过 30%[①]，交通能耗占 10%。通过良好的维修与维护，延长耐用消费品、住房、基础设施的使用寿命，充分发挥其功能，将有力推动地中国的可持续利用。

1. 私人部门的耐用消费品和固定资产

以居民家庭为例，在过去三十多年里，中国家庭拥有的耐用消费品快速增长。在 1985 年至 2015 年的 30 年里，城镇居民每百户的彩电拥有量由 17.2 台增加到 122.3 台，冰箱由 6.6 台增加到 94.0 台。截止到 2015 年底，城镇每百户居民空调的拥有量为 114.6 台、移动电话的拥有量为 223.8 部、微型电子计算机的拥有量为 78.5 台（见图 2.3、2.4）。同期，农村居民每百户彩电拥有量由 0.8 台增加到 116.9 台，冰箱由 0.06 台增加到 82.6 台。2015 年，农村每百户居民空调的拥有量为 38.8 台、移动电话的拥有量为 226.1 部、微型电子计算机的拥有量为 25.7 台。

① 主要指民用建筑运行能耗，即在住宅、办公建筑、学校、商场、宾馆、交通枢纽、文体娱乐设施等非工业建筑内，为居住者或使用者提供采暖、空调、照明、炊事、生活热水等，以及其他为了实现建筑各项服务功能所使用的能源。

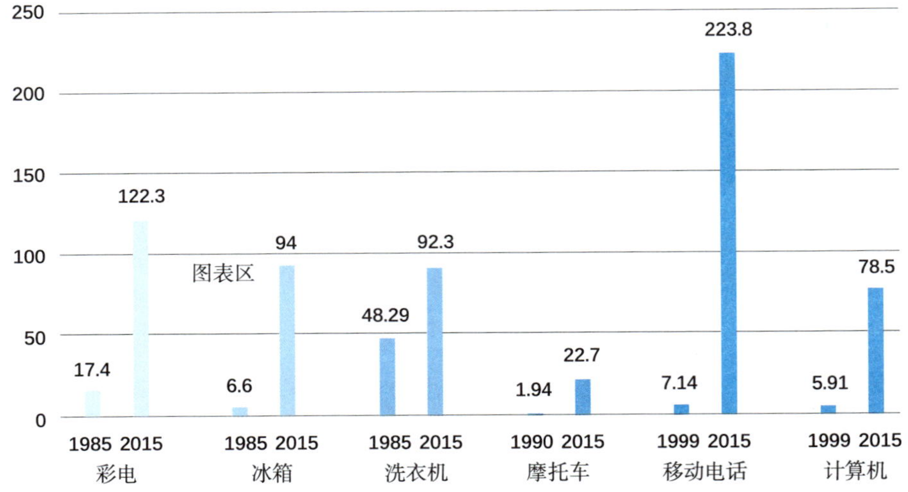

图 2.3　城镇居民每百户拥有耐用消费品变化情况（单位：台、辆、部）

资料来源：根据国家统计局数据库计算。

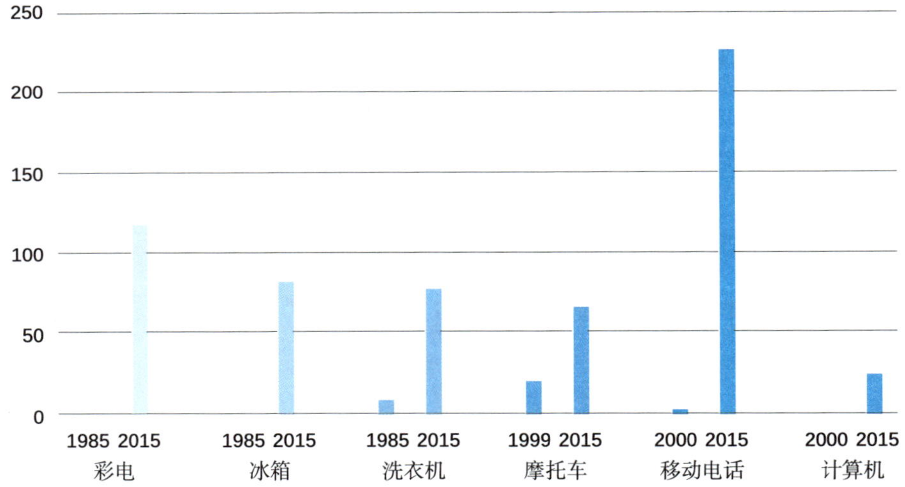

图 2.4　农村居民每百户拥有耐用消费品变化情况（单位：台、辆、部）

资料来源：根据国家统计局数据库计算。

在过去十年里，居民家庭的汽车拥有辆快速增长，成为家庭资产的重要组成部分。2005 年，城镇居民每百户的汽车拥有量为 3.4 辆，2015 年增加到 30.0 辆；同期农村居民每百户汽车的拥有量从几乎可以忽略不计增加到 13.3 辆。

2009 年以来，中国汽车的产销量和保有量快速上升，2015 年总销量达 2459.8 万辆，汽车总保有量达 1.72 亿辆，约为 2009 年的 2.3 倍（图 2.5）。

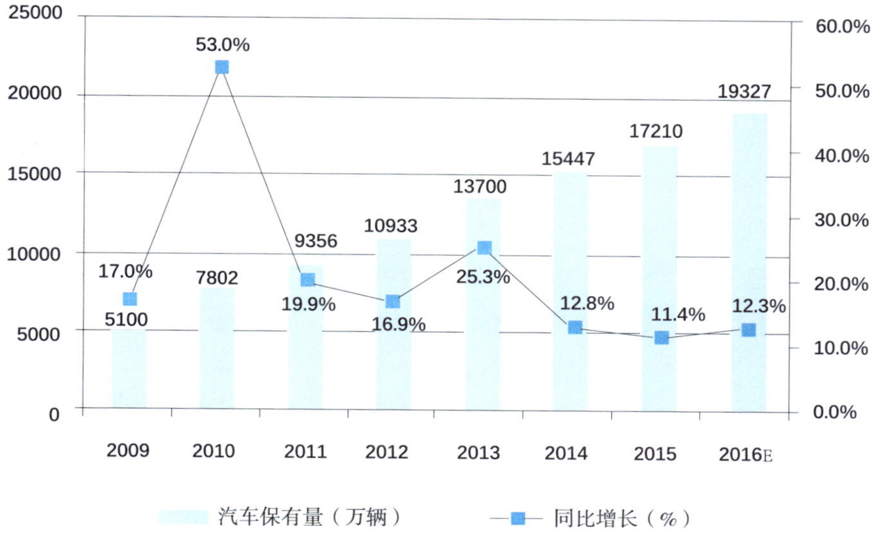

图 2.5 中国市场汽车保有量（2009~2015 年）

资料来源：根据国家统计局数据库计算。

中国城乡居民家庭的固定资产（特别是房产）快速积累。1998 年城市开始住房市场化改革，城镇居民住房自有率迅速提高，2000 年达到 75%[①]，2015 年进一步提高到 87%[②]。1998 年到 2015 年，城镇住宅竣工面积从 1.25 亿平方米增加至 7.4 亿平方米，年均增长 11%，累计竣工面积达 85 亿平方米[③]。城市居民人均住宅建筑面积也大幅度增加，从 1995 年的 16.29 平米增加到 2015 年的 33 平方米，增幅达 102%。

商业建筑面积也大幅度的增加。有研究估计，中国现有商业建筑存量面积达到 18 亿平方米，城镇居民人均商业建筑面积为 2~3 平方米。从国际上看，人均占有商业面积 1.2 平方米是一个合理的参考值，城市发展水平越低人均

① 余秋梅、孙伟增、郑思齐等，住房自有率与经济发展水平——基于中国 31 个省和地区的经验分析，http://www.fzzx.cn/S/BookPages/966/149435.shtml。

② 2013 年我国家庭自有住房率达九成。http://www.chinairn.com/news/20140611/084613669.shtml。

③ 资料来源：统计局。

商业面积也越少。由此来看，中国商业建筑面积已经呈饱和趋势。

2. 公共基础设施发展

中国的公共基础设施建设取得巨大成就。到 2015 年末，中国铁路营业里程达到 12.1 万公里，比上年末增长 8.2%，其中高铁营业里程超过 1.9 万公里；全国公路总里程 457.73 万公里。城市其他基础设施状况也不断得到改善，城市水管道长度 71.0 万公里，人工煤气供气管道长度 2.1 万公里，天然气供气管道长度 49.8 万公里，液化石油气供气管道长度 0.9 万公里；城市供热管道 20.4 万公里。此外，全国城市共有污水处理厂 1943 座，排水管道长度 54.0 万公里。

（二）建筑物与基础设施的维护

1. 建筑物

中国建筑面积存量大、增长快，但是设计水平低，质量差，维护落后，导致建筑物寿命过短，资源能源利用效率低，是节能减排的重点领域。中国目前既有建筑面积超过 560 亿平方米，30%~50% 的建筑物出现安全性失效或进入功能退化期[①]，90% 以上是高能耗建筑，城镇节能建筑占既有建筑面积的比例仅为 23.1%。由于规划不合理、设计和施工标准落后、质量差、更新换代快等原因，建筑的平均寿命短，远远落后于发达国家的平均水平，造成大量的资源和能源浪费。据住房与城乡建设部 2010 年的统计，中国建筑平均寿命仅 25~30 年，而美国平均为 74 年，英国为 132 年。

良好的物业管理和维护是延长建筑寿命的首要手段。英国住房平均寿命长，与其物业管理体制密不可分（见专栏 2.1）。在中国，物业管理起步晚，制度建设严重滞后，法律法规体系不健全，物业公司和房产管理部门对建筑物维

① 《2013—2017 年中国智能建筑行业市场前景与投资战略规划分析报告》。

修档案的建立和管理缺乏，责任主体不明，业主使用维护不合理，这些都是导致当前中国建筑物维护能力和水平不足的重要原因。

专栏 2.1　英国的物业管理

发达国家中，英国是最早对建筑进行维护管理的国家，也是物业管理的发源地。其物业管理制度诞生于工业革命时期。从发展伊始，物业管理体制中就有建筑维护管理，且是其中重要一环。一方面，英国制定了相关政策法规体系，主要包括物业管理法规和房地产法规。另一方面，英国施行物业税制度，业主向政府部门每年交纳一定的物业税后，别墅之间的道路、绿地以及各种市政管线、设施都由政府部门维护管理。通过税收制度使得维护费用透明公开、公平公正，有助于规避业主之间关于建筑维护费用的纠纷。同时，由政府统一维护物业的公共部分，能提供标准化的大规模服务，有利于节约资源，提高效率，确保维护管理的效果。政府还对维护管理活动进行适当的干预和监督。住户之间遇到难以协商解决的纠纷和矛盾时，可以向政府部门提出诉讼，政府会出面调查协调，并给出意见和建议，责令定期完成。这种政府的干预和监督能高效地处理矛盾纠纷，使得建筑维护管理保持在良性发展的轨道上。

英国有管理房屋的专业机构。其中公营机构有房屋局及地方政府、地方委员会、房屋信托基金及房屋机构，半官方的非营利性组织是英国皇家特许屋宇经理学会。该学会非常重视物业维护管理从业人员的培训和交流，其宗旨在于提高房屋管理的科学性和艺术性，在物业管理行业有权威性。

资料来源：背景报告《产品与设施的良好使用与维护》。

2. 基础设施

基础设施建设和维护对一国未来的发展，维持在全球经济中的竞争地位以及保障子孙后代享有健康环境异常重要。基础设施又是一种典型的公共品，其建设和维护都存在一个谁投资和谁管理的问题。

20 世纪 80 年代以来，中国加快了基础设施建设，加强了领域内的法规建设，逐步推进大型基础设施建设的科学管理。一些大型基础建设工程项目多取得了较好的效果，例如上海浦东国际机场、三峡水利枢纽工程、西气东输工程以及岭澳核电项目等。

中国基础设施建设和使用也存在很多问题。在城市建设中，基础设施作为政府政绩考核的一个重要方面，促使地方政府在建设过程中更多注重数量而忽视质量，导致建设质量不高，经济和环境效益低。随着基础设施建设市场化进程的加快，经营企业与地方政府之间的寻租现象也时常出现，造成基础设施的许多项目成为表面工程。例如，道路拉链式维修，时常发生道路坍塌的情况。不仅如此，长期以来政府部门“重建轻管”，不同层级政府、同级政府部门、企业之间的权责不明确，建设规划缺乏预见等问题，导致后期的维护无法进行。

在高速公路的实际养护过程中，对于养护质量以及养护技术，没有有效的参照依据。高速公路主要是采用事业型的管理模式，且养护费用是由政府部门拨款。有限的资金局限了先进养护技术的应用，限制了公路管理模式改良，无法满足高速公路的养护需求以及保障高速公路的顺利运营。养护技术掌握不足，也严重影响了高速公路的养护质量。

在铁路养护方面，中国已经形成了独特的养护模式。以高铁为例，中国高铁管理实行铁路总公司、铁路局、站段、车间、工区模式。线路养护维修方面，则按周期有计划地进行，分为周期检修、经常保养和临时补修。国外的“检修养分开”与我国在工作组织上存在很大不同。国外铁路公司基层养护维修部门的主要业务是工程发包管理、维修检查等。主要维修设备产权属各铁路公司，租借给承包商。小型维修机具由承包商自行购置（见专栏 2.2）。

专栏 2.2 高速铁路管理国内外比较

国外高速铁路综合维修管理比较成熟的国家有日本、法国和德国，突出特点是把管理、检测、养护、维修严格分开管理，分工明确、专业性强。

日本新干线高速铁路设三级管理机构，分别为铁道公司、铁道事业部、设施部，采用机械化天窗维修。设施部负责新干线的养护维修工作，下设保线课。保线课管理保线所，保线所下设管理室，每个管理室负责双线 20 公里左右线路的养护维修作业。

法国 TGV 高速铁路由法铁总局管理，管理机构纵向分为总局、地区局及基层单位（工务段等）三级。法国高速铁路的维修工作由路外维修公司承担，维修公司配有大型养路机械，按照与工务部门签定的合同进行维修。工务段只负责线路的日常养护管理、检查、巡视和监督工作。工务段下设工区，每个工务段平均管辖双线 150 公里左右线路设备。每个工区管辖双线 70~80 公里线路设备。

德国高速铁路下设铁路局，铁路局下设总代办处、运营处、机务处及新线建设处。其中，运营处下设工务段、房产段及电务段等机构，并负责管理沿线车站。

资料来源：背景报告《产品与设施的良好使用与维护》。

（二）汽车和耐用消费品

1. 汽车维修

2000 年以来，中国汽车保有量爆发式的增长，但汽车维修业规模的增长却相对滞后。2000 年，中国汽车保有量仅 1609 万量，到 2016 年底已经达到 1.94 亿辆，而且每年还以超过 2000 万辆的速度在增加。汽车拥有量的快速增长推动了汽车维修行业的发展。2002 年，机动车维修企业（包括摩托车维修企业）约 32 万家，其中一类、二类维修企业约 5.7 万家。2015 年机动车维修企业增加到 45.9 万家，其中一类、二类维修企业增长到 8.65 万家。2002~2013 年，汽车维修行业从业人员从 225.6 万增加到 282.2 万，行业从业人员缺口超过 100

万[①]。行业服务能力增长严重滞后于汽车保有量的增长[②]。

与美国、日本等发达国家相比（见专栏 2.3），中国汽车维修业还存在以下突出问题：第一，汽车维修从业人员整体技能水平偏低，高等级技能人才、接受专业训练的人才比例低。第二，汽车维修管理的行业标准不完善，汽车配件市场无序经营现象严重，维修行业和汽车管理部门监管力度不够，维修管理技术相对落后，维修管理模式落后。第三，“定期强制保养、计划预防修理”的计划预期检修制度有缺陷，造成维修成本高、效率低。

专栏 2.3　美国和日本的汽车维修业

美国是汽车保有量最多的国家，汽车维修服务业高度发达。目前，美国汽车保有量为 2 亿多辆，维修服务站 12.5 万家，约有 30 万家汽车维修企业，从业人员 350 万人，年产值 1200 亿美元。美国的汽车维修企业对技工要求很高，实施汽车维修技工证书制度，若技工想要在维修的某一领域得到证书，需通过全美争取汽车维修质量优异协会（NIASE）举行的统考。除 NIASE 外，大汽车公司、社区大学等也从事维修技工的专业培训。美国汽车维修企业的设备配置率高，在 20 世纪 90 年代初拥有发动机、底盘和电气系统检测诊断设备的企业即已达 50%。汽车维修企业非常注重信息化管理，72% 以上的维修企业、92% 以上的检测站拥有最新发表的维修资料。此外，美国汽车零部件再制造行业十分活跃，汽车配件再制造协会（APRA）所属的再制造企业有 2000 家左右，每年销售的再制造零部件占配件总销量的 1/4。

日本汽车维修行业严格实行职业资格准入制度。由国土交通省及地方运输局指定专门人员管理。日本政府颁布了专门法令，大力推动提升从事汽车维修人员的职业技能水平，使汽车维修业得到迅速发展。目前，日本已经形成布局合理、适应时代需求的车辆维修和检测体系。据统计，日本全国经认证的汽车维修企业有 8.2 万个，从业人员 52.5 万。大约每 700 辆汽车即有 1 家维修企业，汽车制造厂商和日本

① 我国汽车维修行业从业人员现状分析，http://wenku.baidu.com/link?url=labfBbNof3D07vc5BebTaPZWjITCgZIoA_ZFZDbQxMXzV7s19gRXzd71jVjCbRITWAjZH17z-jq30zSvfiAbK2ozqbu7NzCAurndTvGsgrm。

② 我国汽车维修行业从业人员现状分析，http://wenku.baidu.com/link?url=labfBbNof3D07vc5BebTaPZWjITCgZIoA_ZFZDbQxMXzV7s19gRXzd71jVjCbRITWAjZH17z-jq30zSvfiAbK2ozqbu7NzCAurndTvGsgrm。

汽车维修振兴联合会每年定期向各自的维修企业提供检测诊断与维修技术资料。此外，为保证汽车的使用性能、行驶安全性及防止环境污染，日本规定了汽车检查和维护制度，并建立汽车检验培训中心，开设多种行之有效的培训课程，以提高检验人员的业务能力。

英国有管理房屋的专业机构。其中公营机构有房屋局及地方政府、地方委员会、房屋信托基金及房屋机构，半官方的非盈利性组织是英国皇家特许屋宇经理学会。该学会非常重视物业维护管理从业人员的培训和交流，其宗旨在于提高房屋管理的科学性和艺术性，在物业管理行业有权威性。

资料来源：背景报告《产品与设施的良好使用与维护》。

2. 家电

家电产品具有技术含量高、寿命周期相对较短、更新速度快的特性，在其生命周期的后端，将面临一系列问题。因此，对家电产品实施售后的维护维修以及回收管理具有重要意义。

从发达国家的实践看，家电维修行业的发展中更多注重和维修企业的直接合作，建立快捷的维修网络，将维修服务速度逐步提高。维修行业本着售后服务为本，在维修收费方面，通过专项的法规，设定较为合理的标准。从生产到售后的代理和特约维修等，都有严格的规范制度，将用户体验放在更重要的位置。规范维修行业服务环境，提高维修行业的服务意识在建立产品的维修维护体系中尤其得到重视。

随着居民生活水平的提高，家电制造业的发展和居民服务需求的提升，以及家电下乡、以旧换新、节能补贴等一系列国家促消费政策的推动，家用电器已与人民群众工作生活密切相关，家电维修服务业已成为重要的民生服务行业。

中国家用电器维修服务业从20世纪70年代家电销售部门设立售后维修

部，历经 80 年代家电普及化和 90 年代家电国产化后，进入快速发展期。进入 21 世纪，随着人民生活水平的提高，各类家电产品逐步普及，相关的选购与配套、送货、安装调试、上门服务、维护保养、技术服务、故障修理、使用咨询与培训、用户回访、延期保修等服务业务的不断发展，家用电器维修服务业逐步进入成熟期。据《2017 中国家电服务业蓝皮书》披露的信息，2016 年中国在安装、维修、上门检测等传统家电服务行业的市场总规模达 2166 亿元。

随着信息技术的普及，中国家电维修服务业信息化、连锁化水平不断提高，中大型生产销售企业全部建立综合服务信息系统；地区性服务企业也都自建业务信息系统，作为特约企业终端系统，接受监管。中大型生产和销售企业基本实现全国或地区连锁经营，上门服务人员全部配备了现代信息设备。

目前我国家电维修服务行业仍存在诸多不足，表现在政策法规执行实施力度不足，标准体系不够完善，行业运营信息、行业发展等督察指导办法不多，专业服务企业总体规模小、连锁程度低，企业从业人员数量多、素质低，用户投诉率较高。

四、再制造

再制造（Remanufacture）是以旧的机器设备为毛坯，采用专门的工艺和技术，在原有制造的基础上进行一次新的制造，再制造产品无论是性能还是质量都不亚于原先制造的新品。

再制造充分利用产品原有制造阶段添加到产品中的附加值（材料、费用、技术及劳动力等），是一种高效利用资源的方式。研究表明，汽车旧发电机的再制造仅需要新品制造的 16% 的能量和 12% 的材料，旧起动器的再制造需要的能源和材料分别只有新品制造的 13% 和 11%。每年全世界仅再制造业节省的材料就达到 1400 万吨，可以装满 23 万个火车车厢，排列起来长 1650 英里；节省的能量相当于 1600 万桶原油，能够维持 600 万辆客车 1 年的运行。

废旧产品再制造的环保作用突出。通过有效地延长设备的使用寿命，可减少废物填埋和污染排放。以施乐公司 5100 型复印机为例，再制造相对新品制造减少了 18% 的废液量、38% 的固体废物以及 23% 的 CO_2 等废气；对于专为再制造设计的施乐 DC265 型复印机的再制造，减少了 37% 的排放废液量、47% 的固体废物以及 65% 的 CO_2 等废气排放。

提升产品再制造水平与能力，可获得巨大的经济效益。再制造可保证设备经常处于良好的工作状态，其作用不只是排除故障与恢复性能，还有助于提高公司经济效益。例如，废旧机电产品的再制造可以降低原产品的成本，增加利润，提供优质低价的产品。再制造产品在保证与新品相同质量的前提下，其价格往往为新品的 30%~75%。

再制造在发达国家已有几十年的发展历史，无论在技术标准、生产工艺、旧件回收，还是在再制造产品销售和售后服务等方面都已形成了一整套比较成熟的做法和完整的产业体系。据最新研究报告，全球再制造产业产值已超过 1000 亿美元。就企业数量而言，全球约 50% 的再制造企业在美国，30% 在欧洲。美国和欧洲的再制造产品数量约为 50000 万件，约占世界总量的 80%。

我国再制造产业发展相对较晚，与发达国家相比尚有较大差距。我国再制造起步于 20 世纪 90 年代后期。2005 年 6 月，国务院颁发《国务院关于做好建设节约型社会近期重点工作的通知》和《国务院关于加快发展循环经济若干意见》，指出国家将“支持废旧机电产品再制造”。 2009 年 1 月，《中华人民共和国循环经济促进法》正式生效。该法在第 2、第 40 及第 56 条中六次阐述再制造，标志着再制造已进入国家法律。 2013 年国务院发布《循环经济发展战略及近期行动计划》，要求发展再制造，支持建设再制造产业示范基地，促进产业集聚发展。至 2015 年，再制造产业年产值已达 500 亿元左右。同年颁布的

《中国制造 2025》中进一步提出：“大力发展再制造产业，实施高端再制造、智能再制造、在役再制造，推进产品认定，促进再制造产业持续健康发展。”

目前，我国已有 153 家企业和园区开展再制造试点工作，涉及汽车零部件、工程机械、矿采机械、机床、船舶、电子信息及再制造产业集聚区不同领域。纳米喷涂等多项表面工程技术成功应用于再制造领域，试点工作取得显著成效。

当前我国再制造产业发展也存在一些突出的问题：

（1）对发展再制造缺乏足够认识。再制造作为一个新的理念还没有取得广泛共识，对再制造的重大意义没有引起足够的重视；制造企业对发展再制造产业积极性不高，认为再制造产品会影响其新产品的市场；消费者认知度低，对再制造产品持有疑虑，再制造产业发展的社会环境有待形成。

（2）配套的政策法规不完善，有些政策法规与再制造发展趋势存在抵触。按照汽车报废率（报废量 / 保有量）6% 计算，截至 2015 年我国报废汽车量应为 500 万辆左右，这些报废汽车中大量的零件和设备可用于再制造，这一巨大的再制造市场因缺少政策支持尚未启动。

（3）再制造共性和关键技术研发滞后。再制造技术与传统制造技术有诸多不同之处，为了发展再制造产业，必须坚持技术创新。我国在表面工程技术方面虽已成功应用于再制造，但在面向再制造的产品设计技术以及产品剩余寿命评估技术、无损检测与评价技术等方面，亟须有所突破。

（4）没有形成规范的市场和技术体系。再制造生产和流通体系不健全，市场监管体系尚未建立，产品标识缺失，责任制和付费机制不完善。再制造行业准入标准尚未制定，缺乏相关技术标准，对再制造产品的认证依据无章可循，包括检测、技术性能指标的认定等。规范的市场和技术体系没有形成。

五、资源回收利用

随着经济的发展和人民生活水平的提高，中国工业和居民生活废弃物的排放总量和人均水平也有大幅度增长。在进入城市化和工业化的中后期之后，废弃物的排放模式也出现了结构性变化，工业废弃物的排放呈现稳中有降的趋势，与居民生活相关的废弃物排放保持较快增长，成为未来环境治理和资源回收利用的重点领域。

（一）废弃物排放

1. 固体废弃物

经过多年快速增长后，中国的一般工业废弃物产生量开始稳中有降。一般工业废弃物主要包括矿山企业产生的尾矿、矸石、废石等矿业固体废物，交通运输制造业产生的废旧轮胎、橡胶、印刷企业产生的废纸，服装加工业产生的边角废料、皮革边等，再利用的经济和环境效益高。2015 年一般工业固体废物产生量达到 32.7 亿吨，是 2000 年的四倍，比上一年减少了 0.2 亿吨。这是一个良好的开端。

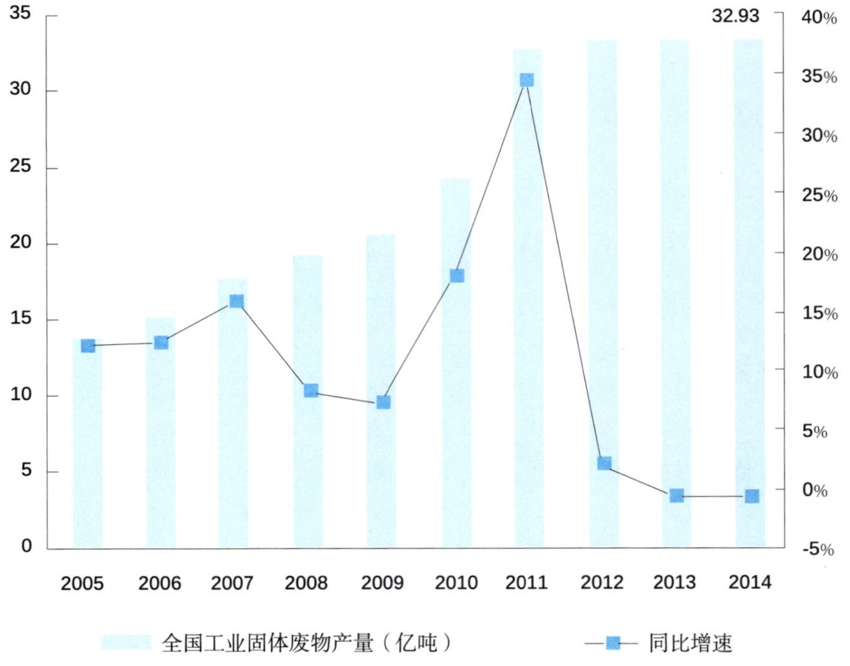

图 2.6　一般工业固体废弃物

资料来源：根据国家统计局数据库计算。

城市生活垃圾产生量仍持续增长，带来巨大的环境压力，也是资源回收的重点领域。生活垃圾一般可分为可回收垃圾、餐厨垃圾、有害垃圾和其他垃圾，通过综合利用、卫生填埋、焚烧和堆肥等方法，可以从生活垃圾中回收大量资源，减少环境污染。2014 年，中国城市垃圾清运量已经达到 17860 万吨，县城垃圾清运量也已达到 6657 万吨，村镇垃圾与城市垃圾总量相当。2016 年，全国城市的生活垃圾清运量突破 2 亿吨，比 2010 年增加 0.42 亿吨。

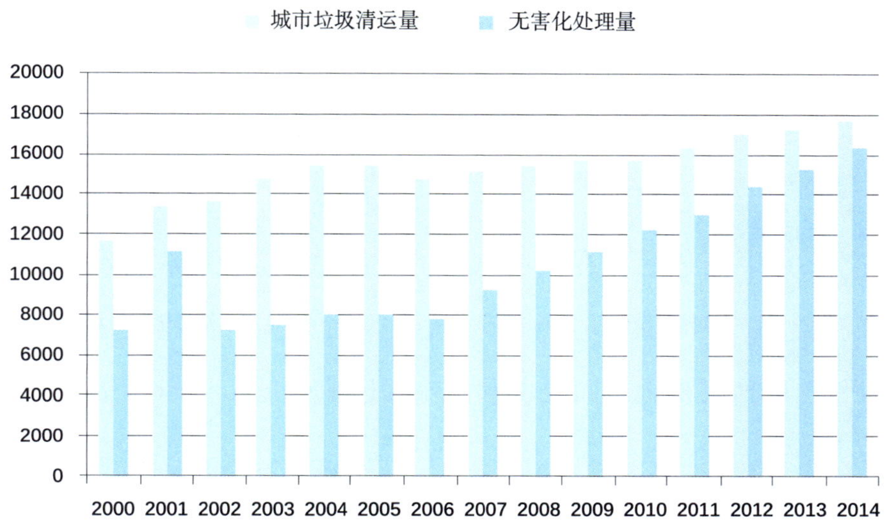

图 2.7 设市城市生活垃圾清运量

资料来源：根据国家统计局数据库计算。

2. 废水排放

与固体废弃物类似，中国工业领域的废水排放在 2005~2007 年达到高点后，开始逐年稳步下降，但是生活污水排放仍保持较快的增长，推动了总污水排放量的增加（图 2.8）。2015 年，废水排放量 735.3 亿吨，比 2000 年增长了 80%。

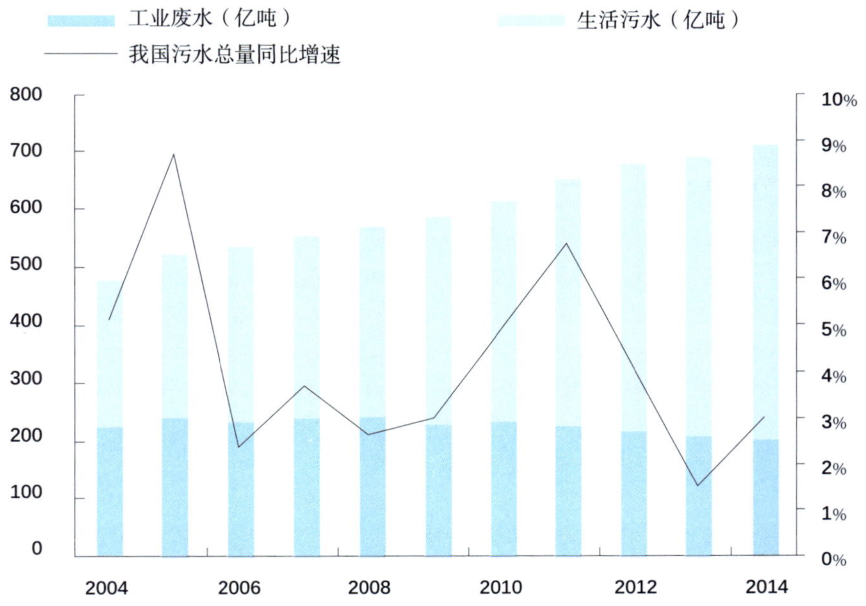

图 2.8　中国的工业废水和生活污水排放（2004~2014 年）

资料来源：根据国家统计局数据库计算。

（二）中国资源回收再利用现状

新中国成立初期，由于工业化水平低，矿产资源开发利用水平不高，虽然很早就开始探索具有自身特色的资源回收利用体系，但回收资源的总体规模和范围都较小。改革开放后，在城市化和工业化中，资源回收再利用水平和规模有了大幅度提高，但还跟不上生产方式和生活方式的快速变化，和日本、德国、美国等发达国家相比，回收再利用水平还比较低（见专栏 2.4）。

专栏 2.4　日本的资源回收再利用

日本是世界上资源回收利用水平较高的国家之一。日本的年废弃物回收量已经达到了 3.8 亿吨左右，其中一般废弃物的回收率达到 30%~35%，产业废弃物的回收率约 45%~50%。据 2010 年日本的《循环型社会白皮书》显示，日本 2010 年共产生废弃物 38975 万吨，其中 96% 被综合利用，只有 3% 被最终处置。日本对包装容器回收利用再次商品化的比率高达 97%~98%，家用电器回收利用再次商品化的比率为 60% 以上。

日本各类金属废弃物循环比例（%）

品种	资源化率	品种	资源化率	品种	资源化率
钢易拉罐	98	空调	60	显像管	66.7
铝易拉罐	97	报废汽车零部件	80	电池	53
冰箱	78	笔记本电脑	43.8	充电器	23
电视	75	台式电脑	75.1	手机	19
洗衣机	61	液晶显示器	63		

据统计，2012 年日本废纸回收量 2175 万吨，同比增长 9.3%；废纸消费量 1676.8 万吨，同比减少 1.1%。全年废纸回收率 79.9%，是全世界废纸回收率最高的国家。

日本汽车每年废弃量约为 550 万辆，废弃汽车零部件回收再利用率达 20%~30%，作为原材料再利用率达 50%~55%，总的再循环利用率达 80%。1985 年成立的日本汽车回收再利用协会以促进健全的机动车回收事业发展为目的，在日本构建由 140 余家公司 220 个网点组成的全国性网络，在汽车循环利用产业发展中发挥了很大作用。

在再生金属产业中，日本的再生铅产量早在 1997 年已超过原生铅的产量。在再生金属产量占该金属总产量的份额中，2008 年铝为 99.5%、铅为 61.8%、锌为 14.5%、铜为 12.8%。日本 2012 年再生铝产量 79 万吨，位于全球第三位，产量仅次于美国和中国，再生铝产量占铝消费量的 40%，其余均为进口。

资料来源：背景报告《产品与设施的良好使用与维护》。

据商务部发布的《中国再生资源回收行业发展报告 2016》，截至 2015 年底，废钢铁、废有色金属、废塑料、废轮胎、废纸、废弃电器电子产品、报废汽车、报废船舶、废玻璃、废电池十大类别的再生资源回收总量约为 2.46 亿吨，同比增长 0.3%。其中，增幅最大的是报废汽车。以工业固体废物为例，随着第二产业的发展，工业固体废物的产生量不断增加（见图 2.9），综合利用量和处置量也随之增长，但综合利用率仍有很大的提升空间（图 2.10）[①]。

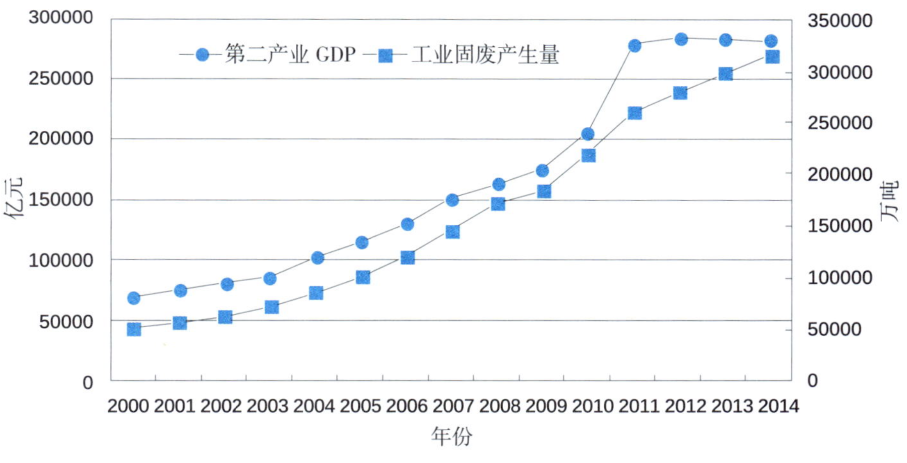

图 2.9　2000~2014 年中国第二产业 GDP 和工业固体废物产生量

资料来源：中国统计年鉴 2001~2015。

① 工业固体废物综合利用率 = 工业固体废物综合利用量 ÷（工业固体废物产生量 + 综合利用往年贮存量）×100%。

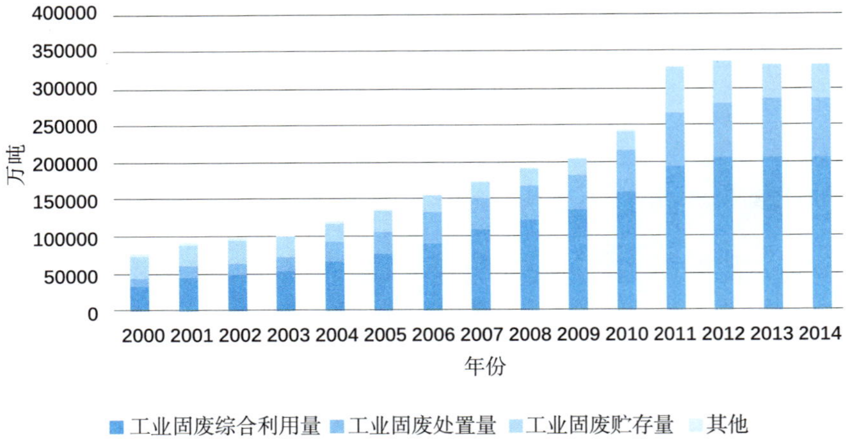

图 2.10　2000~2014 年中国工业固体废物利用情况

资料来源：中国统计年鉴 2001~2015。

生活垃圾的处理处置仍以填埋为主，其能源化利用水平很低（见图 2.11）。

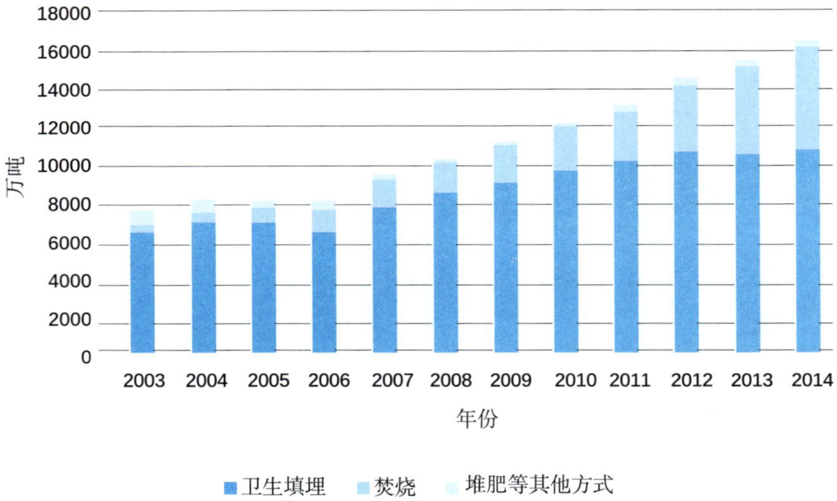

图 2.11　2003~2014 年中国生活垃圾无害化处理情况

资料来源：中国统计年鉴 2004~2015。

总体而言，虽然中国再生资源产生量逐步增长，但回收率始终徘徊在 50% 左右，仍然偏低[①]。中国主要再生资源最近十多年回收利用总体情况见图 2.12。

① 此处所谓“再生资源”，在更一般的文献内，仅指“可回收资源”，这里尊重相关业内的通用用法。再生资源回收率 ＝ 再生资源回收量 ÷（再生资源回收量 ＋ 生活垃圾清运量）×100%。

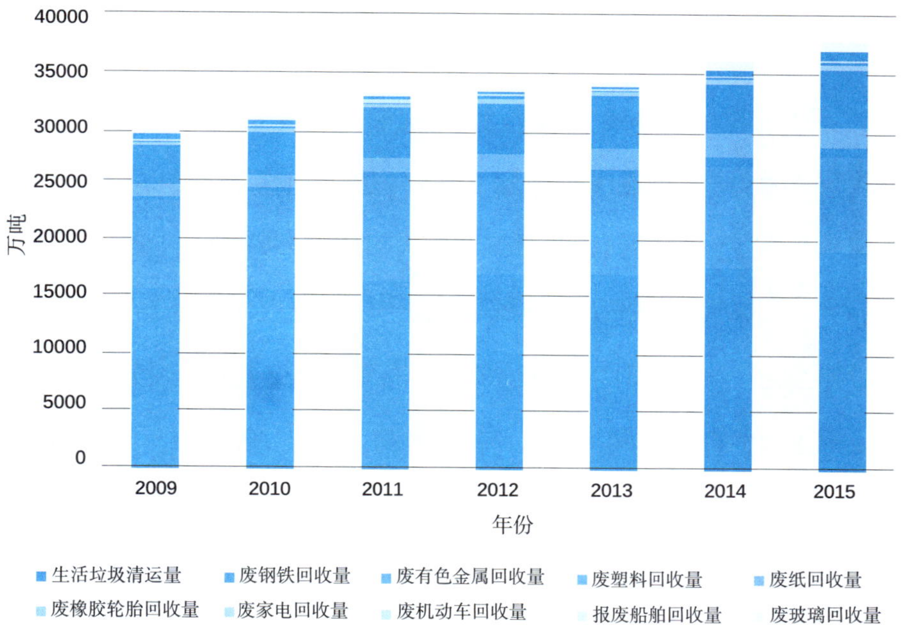

图 2.12　2009~2015 年生活垃圾清运量和八大类再生资源回收量

注：2013 年和 2013 年以前公布的废有色金属回收量中没有统计热镀锌渣、锌灰、烟道灰、瓦斯泥灰中废锌的相关数据；自 2014 年起，已将从热镀锌渣、锌灰、烟道灰、瓦斯泥灰中回收的废锌数量纳入统计范围。

资料来源：2009~2014 年生活垃圾清运量来源于《中国统计年鉴》2010~2015 年；2015 年生活垃圾清运量来源于中商研究院；2009~2015 年八大类再生资源回收量数据来源于《中国再生资源回收行业发展报告》2010~2016 年。

（1）废旧钢铁。2013 年中国废钢铁利用量占当年粗钢产量的 11%。受经济下行的影响，2015 年非重点大型钢铁企业回收废钢铁 8330 万吨，同比下降 5.7%，但仍占粗钢产量的 10% 以上，占主要再生资源总回收量的 45% 左右[①]，是钢铁行业的重要原料来源之一，也在再生资源产业中占有主导地位。2012 年，工信部发布了《废钢铁加工行业准入条件》和《废钢铁加工行业准入公告管理暂行办法》，进一步规范和引导废钢铁利用发展。截止到 2015 年底，准入企业达 153 家。

（2）废有色金属。中国主要回收利用的品种有废铜、废铝、废铅和废锌。

① 《中国再生资源回收行业发展报告 2016》。

2015 年，再生有色金属品种（铜、铝、铅、锌）总产量约 1167 万吨，国内主要废有色金属回收量达 876 万吨，其中废铜回收量约 190 万吨，废铝回收量约 400 万吨，废铅回收量约 150 万吨，锌回收量约 136 万吨。目前，中国已成为全球废金属进口大国。据统计，中国 2015 年废有色金属进口量较 1990 年增长了 200 多倍。废有色金属回收利用产业的集中度稳步提高，截至 2013 年底产能 10 万吨 / 年以上的再生铜企业达到 6 家，30 万吨以上的再生铝企业 5 家。

（3）废塑料。中国废塑料回收利用规模较大。2013 年废塑料国内产生量 5879 万吨，国内回收量 1366 万吨，回收率约 23%。2015 年，虽受国内经济下行和国际石油价格大幅下降的影响，国内废塑料回收量仍约有 1800 万吨，再生利用量约有 2735 万吨①。中国废塑料回收利用基本实现了产业细化和产业链延伸，回收企业大多是中小型企业，在大城市周边及城乡结合部扎堆经营；大中型废塑料加工企业以进口废塑料作为原料居多，主要分布于沿海地区。

（4）废纸。2013 年中国废纸综合利用量为 7301 万吨，其中国内废纸回收利用量 4377 万吨，国内废纸综合利用率约为 44.75%。随着废纸制浆技术和装备的进步和普及，废纸浆已成为中国造纸工业最主要的原料来源。2013 年，废纸浆消耗量已占到总纸浆消耗量的 65% 以上。2015 年，国内废纸回收总量为 4832 万吨，比 2014 年增长 9.3%。受网购消费的带动，废箱板纸需求量和价格一度呈上涨趋势。

（5）废橡胶。废旧轮胎目前已与天然橡胶、合成橡胶并列成为中国橡胶资源的重要来源。旧轮胎用于翻新，废轮胎用于制造再生橡胶、橡胶粉和热裂解。2015 年，废旧轮胎产生量达到 3.3 亿条，重量达到约 1200 万吨；翻新轮胎数量折合 800 万条；再生橡胶产量达到 438 万吨，居世界第一位；橡胶粉产量达到 35 万吨，其中用于生产改性沥青 15 万吨。截至 2013 年，从事废旧轮

---

① 2015 年废塑料再生利用量中包含进口废塑料。

胎资源综合利用企业已达1000余家，初步形成了以旧轮胎翻新、废轮胎生产再生橡胶、橡胶粉等三大业务为主的废旧轮胎综合利用工业体系。

（6）废弃电子电器产品。在相关政策措施的推动下，规模增长迅速。财政部、环保部、国家发展改革委、工信部、海关总署、国家税务总局联合发布了《废弃电器电子产品处理基金征收使用管理办法》《关于完善废弃电器电子产品处理基金等政策的通知》及其他配套措施。基金补贴的“四机一脑”回收和处理规模迅速扩大①，拆解处理量从2012年的1009.5万台增加到2015的15274万台，拆解重量从15.6万吨增加到81.3万吨，拆解产出物资价值从22.4亿元增加到100亿元以上。截止到2015年底，废弃电器电子产品处理企业数达109家，市场竞争日趋激烈。以电视机回收价格为例，2014年，21寸CRT电视机平均回收价为85元/台。2015年，相同尺寸的电视机平均回收价上升为95元/台。

（7）报废汽车。随着汽车保有量的增加，中国报废汽车回收拆解行业稳步发展。2015年，报废汽车回收量为260万辆，同比增长18.18%，拆解再生资源总量合计871.88万吨，同比增长170.8%。全国报废汽车回收拆解企业主要集中在北京、天津、上海、河北、广东等地。年回收量超过1万辆的企业从2012年的3家增加到2013年的12家。截至2015年底，获得拆解资质的企业达603家，同比增加1%；隶属回收网点2358个，已覆盖全国80%以上的县级行政区域。

（8）废稀贵金属。中国已初步形成了一套较为完善的废旧贵金属回收体系，其中以废旧贵金属首饰和制作首饰的废料回收、贵金属矿山尾矿和选冶厂矿渣回收以及电解电镀废渣（液）回收为主。与发达国家相比，中国贵金属回收利用起步较晚，回收渠道杂乱，技术落后，经营粗放，缺乏良好的配套管理

① “四机一脑”是指电视机、电冰箱、洗衣机、房间空调器和微型计算机。

机制。目前，中国回收利用废旧贵金属厂家有 150~200 家，回收单位分散，小作坊占据多数。由于回收设备简陋和技术落后等问题，导致回收率不高，造成资源和能源的浪费，也带来十分严重的环境问题。

（9）废玻璃。中国废玻璃回收利用率与发达国家相比很低。据商务部统计显示，2013 年废玻璃回收量约为 164 万吨，回收率仅为 13%，大量的废玻璃还没有得到有效回收利用。目前虽有不少厂家利用碎玻璃进行生产，也有科研机构正在开展相关研究，但并未真正实现产业化。

（10）建筑垃圾。中国建筑垃圾生产量巨大，但综合利用率低。当前，建筑垃圾已经占城市垃圾总量的 40%。国家发展改革委发布的《中国资源综合利用年度报告（2014）》显示，2013 年，建筑垃圾产生量约为 10 亿吨，其中拆除建筑产生的建筑垃圾约 7.4 亿吨，建筑施工产生的建筑垃圾约为 2.6 亿吨，建筑垃圾综合利用量 5000 万吨，资源化利用率仅为 5%。

（11）中水回用。推广中水回用是节约水资源、缓解水资源约束的重要手段。“中水”是指污水经适当处理后，达到一定的水质指标，满足某种使用要求，可以进行有益使用的水，具有成本低、生态环境影响小的特点，主要用于水质要求不高的场合，如冲洗厕所、冲洗汽车、喷洒道路、绿化等。中国从“六五”“七五”时期开始研究和推广污水处理和中水回用技术，但是由于观念落后以及价格机制、规划以及配套设施等方面的不足，目前中水回用量占总供水量的比例不足 1%。中水回用在少数严重缺水城市得到较好的发展，譬如，北京市中水回用量接近总用水量的 20%，为全国比例最高的城市。

专栏 2.5　推进绿色包装

我国快递业发展迅猛，近年来快递量一直稳居世界第一。但总量庞大、种类繁多的快递业包装年耗材量惊人，过度包装问题突出。有报告显示，2015 年，快递业共消耗快递运单约 207 亿枚、编织袋约 31 亿条、塑料袋约 82.68 亿个、封套约

31.05 亿个、包装箱约 99.22 亿个、胶带约 169.85 亿米、内部缓冲物约 29.77 亿个。按照平均每单快件使用 1 米长胶带计算，全国快递业所使用的胶带可以绕地球赤道 425 圈。庞大耗材的背后是日益增长的原材料需求和废弃物。据统计，生产不超过 50 克的普通纸箱需消耗 2000 克水和木材，制作一吨快递包装箱则需要 20 颗树龄为 20~40 年的树。按照每个包装箱 0.2 公斤计算，2016 年我国 312.8 亿件快递可产生 600 多万吨垃圾，相当于重庆全年的城市生活垃圾。

快递业包装带来的环境问题引起社会各界的高度关注，相关行业和部门开始研究快递包装材料的新标准，减少浪费和污染。在 2016 全球智慧物流峰会上，菜鸟网络宣布联合 32 家物流合作公司启动“绿动计划”，承诺到 2020 年，替换 50% 的包装材料，填充物替换为 100% 可降解的绿色包材。国家邮政局也下发了《推进快递业绿色包装工作实施方案》，要求到 2020 年，基本淘汰有毒有害物质超标的包装物料，基本建成社会化的快件包装物回收体系。“十三五”期间，快递业电子运单的使用率年均将提高 5%，2020 年主要快递企业客户电子运单使用率将达到 90% 以上，面单纸张耗材用量得到大幅降低。在减少不必要的二次包装的同时，《实施方案》还鼓励企业重复利用塑料箱、纸箱和编织袋等封装容器，提升包装物品再利用率。

资料来源：《中国快递领域绿色包装发展现状及趋势报告》。

专栏 2.6　中国拒绝再当“全球垃圾场”

中国是全球主要的垃圾进口国家。从 20 世纪 90 年代开始，中国每年进口大量的西方垃圾，并从这些垃圾中提取铜、铁、纸或塑料等原材料进行再生产，以此简化生产过程，降低成本。1995 年到 2016 年，中国每年进口的固体垃圾从 450 万吨增加至超过 4500 万吨，其中仅塑料垃圾就有 900 万吨，主要来自欧洲和美国，整体业务规模在 2016 年达到 37 亿美元。

鉴于洋垃圾污染危害日益严峻，中国于 1995 年颁行《固体废弃物污染环境防治法》，设置专门章节将洋垃圾进口纳入法制管理范畴，并首次将洋垃圾定义为“固体废物”。1996 年，中国对“固体废物”进口施以行政许可管理并颁行进口目录，每年对进口品种和数量进行总量调控。凭许可证进口的“固体废物”主要集中在废旧塑料、废旧纸张、废旧橡胶制品（譬如汽车轮胎）、稀有金属冶炼矿渣等四个大类。前三类废弃物的适度进口，填补了中国塑料原料、造纸原料、橡胶原料的严重不足；而废弃矿渣的国内再提炼，则在一定程度上打破了西方对中国战略性稀有金属资源的直接禁运。2017 年 7 月，国务院办公厅印发《关于禁止洋垃圾入境推进固体废物进口管理制度改革实施方案》，要求全面禁止洋垃圾入境。中国也于 7 月 18 日正式通知世界贸易组织（WTO），表示 2017 年底开始将不再接收各种进口垃圾——包括废弃塑胶、纸类、废弃炉渣、纺织品以及其他形式的固体垃圾。中国在送交 WTO 中的文件中表示，一般可回收利用的固体垃圾中，常掺杂有为数不少的高污染垃圾与危险性废物，污染中国环境，为了保护环境与人民的健康，中国要调整垃圾进口法规，拒收高污染的固体废弃物。

尽管中国在改善国内垃圾治理方面进展缓慢，但新出台的禁令仍然是中国致力于解决环境问题的强有力信号。对于那些垃圾出口国来说，也是正视无度挥霍带来的的环境挑战的时候。

资料来源：上观新闻《中国正式通知 WTO 不再接收外来垃圾，我们为什么能向洋垃圾说不？》。

（三）中国资源回收再利用的主要问题

资源回收再利用行业的发展是一个逐步规范提升的过程，目前还存在诸多问题。

1. 缺乏统一的顶层设计

将传统生产、生活方式转变为可持续发展方式不仅需要在生产环节的反思，更需要从思想理念、源头设计到生产、消费、使用、废弃、再生的全生命周期整体规划。目前是按照生产环节、生活环节和循环利用环节划分，各自重点考虑自身的发展，未能从可持续发展的角度进行统一设计和执行。

2. 政策标准和行业标准不完善

中国以《固体废物污染环境防治法》为基础，基本建成了固体废物环境管理制度体系。《循环经济促进法》实施又在很大程度推动了资源回收利用产业的发展。但在制度设计和评价标准方面还存在很多不足，如自然资源价值被低估、固体废物处置的责任不明确、激励性政策不足等。评价标准的不完善导致监管无法落实，加之监管机构人员少，对于违法行为的处罚太轻等问题，使许多固体废物的环境问题监管不到位。大部分再生产品的品种缺乏产品技术标准、质量分类标准和检测标准，如废纸、废塑料等品种。统一的国家标准和检测方法的缺失，不仅带来高昂的交易成本，也严重阻碍了资源的高效、高值利用。

3. 规模化和规范化程度低

参与资源回收利用的企业主体多元而且分散，如仅回收行业就有企业 13.7 万家，平均每家年回收量 1000 多吨，中小企业占总数的 80%，占就业总人数的 75% 左右，规模化企业的回收量仅占回收总量的 10%~20%。标准化、规范化的运作流程尚未形成，回收、运输、储存、利用各环节协作配套不够。如无证回收大量存在，酸浸、火烧等野蛮拆解和不具备资质私自拆解现象普遍存在，偷盗销赃行为时有发生，乱堆乱放、乱设摊点现象还比较严重，造成行业秩序混乱，存在环保隐患。

4. 市场机制的作用未充分发挥

再生资源回收利用产业目前资本投入仍以政府为主，如各类试点示范及园区建设，企业主体作用尚未发挥出来。由于企业普遍规模小、资源整合能力差，无法获得明显的规模效益，社会资本进入资源循环利用产业积极性不高。2012 年与固体废物利用和处置相关的上市企业 14 家，仅占 400 家环保上市公司的 3.5%。从事固体废物综合利用的企业以中小型为主，其中大宗工业固体废物综合利用企业平均产值不到 2000 万元。

5. 技术研发转化应用水平不高

中国资源循环利用科技仅达到发达国家 20 世纪 90 年代中期的水平，大部分关键技术与装备仍处于示范阶段[①]。其中，工业固废资源化技术与发达国家差距 5~10 年，缺乏原创性技术体系；资源化产品低端化，利用方式单一，产品标准缺失，经济效益差，利用规模有限。先进的再生利用装备大多依靠进口，循环利用过程资源转化率不高，废旧电器电子等物质综合利用率平均不到 40%，二次污染问题日益突出。生活垃圾、市政污泥、餐厨垃圾等城市生物质废物与发达国家相比情况更为复杂，厌氧消化燃气化整体工艺能源转化率较低，部分核心技术设备对中国生物质废物适应性和稳定性差，总体上仍处于系统集成到工程示范阶段。如热解 / 气化、生物柴油生产、暗发酵产氢产乙醇、微藻能源等，都处于技术示范或技术储备阶段，与发达国家存在较大差距。

（四）资源回收利用潜力

随着中国经济结构的转型和消费的升级，未来将有大量的产品和设备设施进入报废状态，资源回收再利用前景广阔。根据资源代谢模型预测，2030 年中国钢铁的报废量将达到 5.4 亿吨，铜报废量将达到 779 万吨，铝报废量可达 4618 万吨，铅报废量可达 1613 万吨。

建筑物、汽车、电器电子产品的报废将呈快速增长态势，是资源回收利用大有可为的三个领域。根据中国建筑业房屋建筑施工面积和竣工率推算，2030 年建筑废弃物的累计产量将接近 1100 亿吨。随着汽车普遍进入家庭，未来汽车报废也进入快速增长期，预计 2030 年汽车年报废量将达到 4500 万辆左右，

① 根据《循环经济技术竞争力分析报告》。

蕴藏的废钢、废铁、废有色金属、轮胎橡胶、废塑料、废玻璃等资源量达到3800万吨。在电器电子产品方面，预计2030年总废弃量将达到1516.2万吨，其中电视机8278.5万台、冰箱8771.3万台、洗衣机7239.7万台、空调1.3亿台、电脑8666.7万台、手机4.8亿部（见图2.13）。

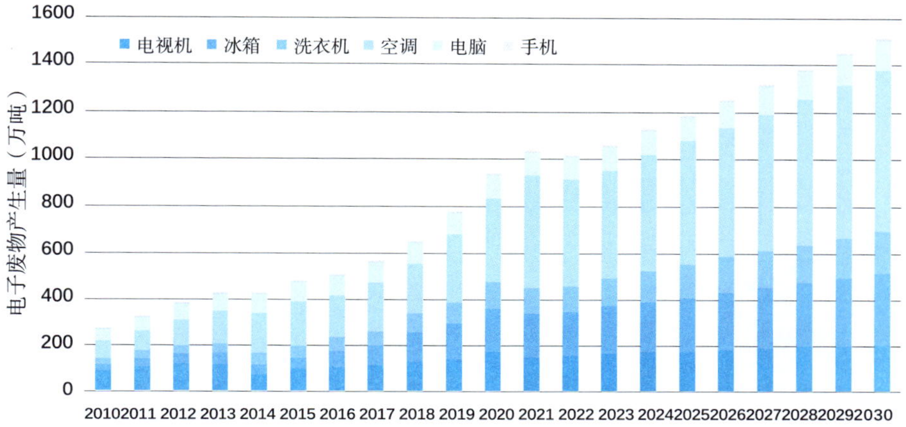

图2.13　中国报废电器电子产品潜力预测

图片来源：背景报告《资源的回收与再利用》。

农林废弃物的回收利用潜力也十分巨大。到2030年，中国农村生活废弃物固废生产量将达0.68亿吨左右，资源量相当于920万吨标煤；农作物废物量将达到10.5亿吨，相当于5.46亿吨标煤；林业废物的资源量可达到8700万吨标煤，畜禽粪便的可用资源量可达到4.34亿吨标煤。

鉴于中国资源和环境问题的紧迫性，大力推进资源的回收再利用，有着巨大的经济和环境价值。根据中国经济结构转型和消费升级的趋势，不仅要特别关注居民生活固体废弃物以及污水的回收再利用，而且要积极倡导新的生活观念和生活方式，从源头上减少各类废弃物的排放。

专栏 2.7 推广农村沼气利用

农村地区长期以来以秸秆、煤炭为主的能源消费模式不仅浪费了资源，还严重破坏了农村的生态环境。为了促进低碳经济发展，优化农民生产生活环境，“十一五”以来，我国不断加大农村沼气推广力度，实施了生态家园富民行动、农村“六小工程”、农村沼气国债项目、沼气民生工程等一系列农村沼气建设项目。农村沼气工程数量逐年递增，尤其是户用沼气池增加明显，已经成为农村沼气产业的主力。截至 2015 年，全国沼气年产能力 158 亿立方米，约占全国天然气消费量的 5%，相当于 1100 万吨标准煤。其中户用沼气 4193.3 万户，沼气消费受益人口达到 2 亿人。

农村沼气的原料主要来自畜禽粪便、秸秆、及其他农业残留，原料获得的方便性是沼气推广的天然优势之一。据估计，我国每年可产生农作物秸秆 10.4 亿吨、畜禽粪便 20.5 亿吨，其中尚有约 1.8 亿吨秸秆和 10.5 亿吨粪便未得到有效利用。为了进一步提高农业废弃物资源利用率，《全国农村沼气发展“十三五”规划》提出，到 2020 年新增秸秆处理能力 864 万吨、畜禽粪便处理能力 7183 万吨，可替代约 3.5 亿吨标准煤，减少 1762 万吨二氧化碳和 372 万吨 COD 排放。

尽管发展前景广阔，农村沼气推广也面临着需求不足、无法盈利等瓶颈。近年来，农村户用沼气使用率普遍下降，中小型沼气工程闲置现象日益突出，关键问题还是缺乏长期可持续运营的能力。仅靠政策扶持无法根本解决这一问题，农村沼气产业应该适当探索多元投入机制，通过市场化路径推动产业可持续发展。

资料来源：根据有关文件和报道整理。

专栏 2.8 金华的农村垃圾分类

我国从 2000 年起就开始针对垃圾分类收集进行各种尝试，但由于公众意识薄弱、配套制度不完善等原因，垃圾分类举步不前。2014 年以来，金华市从农村实际出发，探索出了“两次四分法”的分类方法，依靠群众推动农村垃圾分类和资源化利用，“形成了“农民可接受、财政可承受、面上可推广、发展可持续”的金华模式，效果显著。目前，金华的农村生活垃圾分类已覆盖全市 145 个乡镇、4230 个行政村，覆盖率分别达到 100% 和 94.97%。

金华的农村垃圾分类主要包括农户初分和保洁员再分两个步骤。农户一级按能否腐烂为标准对生活垃圾进行分类，保洁员在此基础上进行二次分类。“能烂”的垃圾送到阳光堆肥房就地堆肥；不能烂的又分为“好卖的”和“不好卖的”。“好卖的”由专业再生资源公司回收，“不好卖的”按“户集、村收、镇运县”模式统一处理。目前金华市已有阳光堆肥房 1937 座、微生物发酵器 77 座，从硬件上保证了“会烂”的垃圾得到就地处理。

金华的“两次四分”分类方法简单易懂，很接地气，被农民们所接受，从而直接促进了垃圾分类的推广。据测算，全面推行分类处理后，金华农村一年可以减少垃圾 13.8 万吨，节约清运处理费用 4100 万元，产出有机肥 2.5 万吨。带来经济效益的同时，从根本上解决了垃圾围城的困局，改善了农村的生态环境。

资料来源：根据有关文件和报道整理。

第三章

◇ ◇ ◇ ◇ ◇ ◇

资源可持续利用战略的关键领域

资源可持续利用战略是中国迈向高收入社会的必然选择。中国正在抓住科技创新和资源革命的重大机遇，坚持走集约高效新型城镇化之路，坚持走绿色发展之路，建设资源节约、环境友好型社会，全面提高资源开发利用效率和效益，提升现代化建设资源保障水平。

一、推进科技进步和创新

科学技术是第一生产力。资源问题的解决，归根到底要靠科技进步和创新。科技进步可以发现和利用新的资源，提高资源使用效率，甚至推动资源革命。在生产、流通、消费各个环节，科技进步都对资源可持续利用发挥着积极影响。需要针对资源利用的不同领域和不同环节，建立和完善鼓励科技创新的制度体系，不断提高资源可持续利用水平。

（一）科技进步推动资源革命

科技进步不断发现新资源，为人类经济社会发展注入新的动力。新资源可以分为两大类。第一类是自然界原本存在的资源，受各种条件限制难以被人类开采和使用，科技进步使这类资源得以大规模经济性利用。人类历史上，从柴薪到煤炭、从石油天然气等化石能源到风能太阳能等可再生能源，都是自然界已存在资源由科技进步发现和被人类利用的过程。近年来水平钻井和压裂技术的突破，使原本在岩石孔隙中不具备开采条件的页岩气具备了大规模经济性开采条件，成为具有革命意义的新资源。第二类是自然界原本不存在，通过科技进步创造出来，或进行加工改造，成为一种全新的资源。各种人造高性能材料，通过人工基因技术产生新的物种，经过人类加工改造后的电、酒精、沼气等二次能源，都是科技创造的全新资源。新资源的发现和使用，带来人类生产和生活方式重大转变，对经济社会发展影响深远。未来新能源、新材料以及深海深地等领域非常规技术的突破，将给资源开发和利用创造新的更大的发展空间。

专栏 3.1　“页岩革命”与“可燃冰”

页岩气和页岩油是指储藏在页岩层岩缝里的天然气和原油。页岩是层状的易碎沉积岩，岩石中的微小空隙中储藏有天然气和原油。以前没有低成本开采页岩气和页岩油的技术，但随着 20 世纪 80 年代以来的技术革新，确立了“水压致裂法”，实现了页岩气的高效开采，加快了页岩气和页岩油的开采步伐。

水压致裂法是开采页岩气和页岩油必需的主要技术，是从地面以高压大量浇注掺杂沙子（支撑剂）和少量化学物质的水，使储藏有天然气和石油的页岩形成微小裂缝的方法。水中的沙子进入页岩的裂缝中防止裂缝崩塌，这样就能从裂缝中稳定地提取天然气和石油。

随着新开采技术的确立，以往开采成本较高的页岩层所含天然气及原油，实现了低成本开采。美国页岩气和页岩油的产量激增，实现了尼克松时代确立的“能源独立”目标。美国由能源进口国转变为能源出口国，深刻改变全球能源供需格局，对全球制造业格局有深远影响。这一由技术革新带来的油气能源和产业重大变革被称为“页岩革命”。值得一提的是，“页岩革命”技术创新和产业突破是由美国众多富有冒险精神的中小企业推动并最终取得成功的。

“可燃冰”即天然气水合物，是分布于深海沉积物或陆域的永久冻土中，由天然气与水在高压低温条件下形成的类冰状的结晶物质。2017 年 5 月至 7 月，由国土资源部中国地质调查局组织实施的南海神狐海域天然气水合物试采取得成功。有关专家表示，可燃冰是未来全球能源发展的战略制高点，中国在全球率先试采成功，实现了在这一领域的领跑而不是跟随；基于中国可燃冰调查研究和技术储备的现状，预计中国在 2030 年左右有望实现可燃冰的商业化开采。

资料来源：根据媒体有关报道整理。

专栏 3.2　河北雄县地热资源的规模利用实践

地热能是一种绿色低碳、可循环利用的可再生能源，具有储量大、分布广、清洁环保、稳定可靠等特点，是一种现实可行且具有竞争力的清洁能源。据国土资源部中国地质调查局 2015 年调查评价结果，全国 336 个地级以上城市浅层地热能年可开采资源量折合 7 亿吨标准煤；全国水热型地热资源量折合 1.25 万亿吨标准煤，年可开采资源量折合 19 亿吨标准煤；埋深在 3000~10000 米的干热岩资源量折合 856 万亿吨标准煤。

2015 年，全国浅层地热能供暖面积达到 3.92 亿平方米，中深层地热供暖面积达到 1.02 亿平方米，合计 4.94 亿平方米，据统计全国地热能供暖实现替代标煤 1450 万吨，年减排二氧化碳 3750 万吨。计划到 2020 年，地热供暖（制冷）面积累计 达到 16 亿平方米，地热发电装机容量约 530 兆瓦。2020 年 地热能年利用量共可实现替代标煤 7000 万吨，减排二氧化碳 1.70 亿吨。

雄县位于河北省中部平原区，距北京市 108 公里，2016 年户籍人口近 40 万，是 2017 年规划的国家级开发区——雄安新区——的重要组成部分。雄县境内有丰富的地热资源，雄县人民政府与中国石化集团新星石油公司于 2009 年 8 月签订战略合作协议，以“保护性开发资源、生态文明建设、绿色低碳经济发展”理念开发雄县的地热资源，并由新星公司所属中石化绿源地热能开发有限公司具体实施。到 2015 年底，累计投资近 4 亿元，拥有地热井 64 口，其中回灌井 22 口，建成供暖能力 385 万平方米，雄县城区基本实现了地热集中供热全覆盖。利用地热的城市供暖，实现 CO_2、SO_2、粉尘“零”排放，可替代标煤 12 万吨 / 年，减排二氧化碳 28 万吨 / 年，环境优美，碧水蓝天，雄安城区成为中国第一个冬季取暖的“无烟城”。雄县的地热项目是全球第一个供暖的清洁发展机制（CDM）项目，于 2013 年 8 月 30 日成功在联合国注册，二氧化碳的核证减排量（简称 CER Certified Emission Reduction）96 万吨。

除了以县城中心城区地热开发利用模式外，雄县还在探索以“零碳示范小镇”为主的乡镇地热开发利用模式、以“地热村”为主的农村地热开发利用模式，使地热资源利用重城区拓展到全县范围。

雄县地热资源开发中实现了“政企合作，统一开发，技术先进，环境保护，百姓受益”，且技术可复制、经验可推广，被称为地热利用的“雄县模式”，得到了能源局、国土部等部委、地方政府、业界的认同，对我国城市利用地热资源替代燃煤供暖具有重要的推广意义。随着相关技术的不断发展，国内还在探索地热 - 燃气互补的热电冷多联供模式，从改进可再生能源的经济性入手，实现更大范围内的能源绿色化和低碳化。

资料来源：国家地热能中心、中国石化集团新星石油有限责任公司、《地热能开发利用"十三五"规划》。

科技进步带动生产模式创新，提高资源利用效率。工业革命实现了生产方式由手工作坊到机械化工厂的转变，带来资源利用方式的根本改变。随着生产流程和管理方式的改进，资源利用效率得到飞跃式的提高。福特式大规模、标准化、流水线生产方式的出现，显著提高资源利用规模和效率。通用性、标准化产品，越来越向超大规模生产迈进。单位产品成本越来越低，资源利用效率越来越高。

未来，随着柔性生产、计算机辅助设计和制造、信息技术、3D 打印及增材制造等技术的不断进步和日益成熟，智能制造将使资源利用效率提升至新的高度。个性化、差异化产品生产规模越来越小，甚至到了每件产品都不同于另一件产品的程度。在传统生产技术下，生产每个都不相同的产品会导致资源极大浪费。然而在互联网、柔性生产等技术帮助下，产品定制已经成为可能，"由生产到销售"逐步转向"由销售到生产"。例如，服装鞋帽过去总是按照少数几个尺码进行大批量生产，但人们的身材体型千差万别，产品与需求的不匹配以及产品库存造成大量资源浪费。借助在线 3D 扫描、3D 打印、虚拟现实等技术能够实现个性定制，可以有效减少产品型号不匹配和大量库存产生的资源浪费。

科技进步带动流通模式创新，提高资源利用效率。与生产领域类似，产品流通领域科技进步促进资源高效利用也主要源于规模经济。适应大规模工厂化生产，伴随科技进步，海陆空运输工具的体量都变得越来越大，速度也越来越快。运输规模和效率不断提高，单位产品运输成本不断降低，资源利用效率不断提高。当前，电子商务、物联网等技术为商品生产销售模式带来变革的同时，也带来产品流通方式的变革和创新。在传统产品流通领域，常常发生的情况是一家物流公司的货车、货船或者货机并没有装满，而另一家物流公司又需要再新增运输设备，由此带来资源投入的极大浪费。利用技术创新，把物流需求聚合起来，充分发挥出规模效应优势，成为产品流通领域技术革新的重要内容。企业可以利用互联网技术，建立开放、透明、共享的数据应用平台，为电子商务企业、物流公司、仓储企业、第三方物流服务商、供应链服务商等各类企业提供服务，以达到资源的合理共享和分配。通过共享技术、共享平台来整合物流需求，可以大幅提高资源利用效率。

科技进步改变生活方式，提高资源利用效率。各类自然资源最终通过产品或服务进入人们生活，进入消费环节。生产环节的技术创新主要是在给定资源和要素条件下，生产出更多的产品和服务。消费环节的技术创新，主要是耗用更少的产品、服务和其他资源去满足人们的实际功能性需要。消费环节中技术创新在资源利用方式上的作用大致可以分为三个层面：首先是利用技术进步和创新提高产品或资源的利用效率，使同量的产品或资源消耗能满足人们的更多需要；其次是用技术创新改变产品及资源的使用方式，实现从一次性使用到循环利用和再利用的转变；再次是推进产品及资源利用模式的创新，从独享走向共享。这三个层面的变化影响人们观念，改变人们生活习惯，节能降耗、循环利用和资源共享越来越成为社会主流生活方式。

——节能降耗已经融入生活习惯。在日常生活中，通过技术创新来提高产品及资源利用效率以节约资源、降低使用成本，可以说是无所不在。人们的衣食住行，大多涉及到对资源的使用，小到电灯，大到汽车以及各种家用电器、家居设施、房屋材料，都存在利用技术进步来提高产品和资源利用效率的空间，潜力非常巨大，所带来资源节约的效果十分显著。在消费环节提高资源利用效率，最为重要的内容之一是提高产品的能源效率，扩大节能产品的使用和消费。随着技术进步，越来越多节能产品进入人们生活，并随着政府大力推广不断扩大市场份额。在未来，随着智能资源能源计量工具的引入和物联网的普及，也有助于大幅度提高资源利用效率。通过将移动终端和家居、汽车以及办公设施远程联结，消费者可以随时监控设备设施的使用状态和资源能源消耗量，并根据实际需要予以优化，提高设备设施的使用寿命，减少了不必要的能源和资源消耗。

专栏 3.3　节能产品惠民工程

运用财政补贴引导节能产品消费，既是节能减排的有效手段，也是扩大内需的重要抓手。“节能产品惠民工程”，即采取财政补贴方式，对达到一定能效标准的照明产品、空调、平板电视、电脑以及电机、风机、水泵、汽车等产品进行推广使用。

2007 年，中央财政从高效照明产品推广入手，支持用高效照明产品替代白炽灯，对大宗用户按中标协议供货价格的 30% 给予补贴，对城乡居民用户按中标协议供货价格的 50% 给予补贴。至 2012 年，累计补贴 41.57 亿元，支持推广 6.55 亿只高效照明产品，直接拉动内需 80 亿元，实现年节电 185 亿千瓦时。

2009 年 6 月到 2011 年 5 月，将能效等级 2 级及以上水平的高效节能定频空调纳入推广补贴范围，中央财政按照不同制冷量和能效等级设定了相应的补助标准，每台节能空调的补贴 150~250 元。两年时间，中央财政累计安排补贴资金 146.43 亿元，推广高效节能定频空调超过 5000 多万台，直接拉动消费 1500 多亿元，实现年节电 100 亿千瓦时，产品寿命期内节电 800 亿至 1000 亿千瓦时，高效节能空调的市场占有率从推广前的 5% 上升到 70% 以上，高效节能空调价格从推广前的 3000~4000 元下降到 2000 元左右。

2012 年，陆续将空调、平板电视、电冰箱、洗衣机、热水器、单元式空调和冷水机组、台式微型计算机等产品纳入节能产品推广范围。

从 2010 年 6 月起，对消费者购买 1.6 升及以下的节能乘用车，中央财政给予每辆车 3000 元的一次性定额补助。从 2011 年 10 月 1 日起，对补贴政策进行调整，将补贴的节能汽车门槛提高，百公里平均油耗从 6.9 升降低到 6.3 升，补贴标准不变。

2010 年 6 月，出台财政补贴支持高效电机推广的办法。2012 年 9 月，高效节能风机、水泵、压缩机、配电变压器等节能工业产品纳入节能产品推广补贴范围。

资料来源：根据财政部网站资料整理。

——从一次性使用到循环利用和再利用，循环经济进入生产和生活。人类对于资源的利用，经历了从一次性使用逐步转向循环利用和再利用的过程。从循环经济的角度来看待资源，是人类资源利用方式的一次重大变革。在循环经济的视角下，资源总是处于特定的和永久的循环中，它们的存在形式在不断地发生变化，不应被视为废物无限期地积累在环境中。资源的循环利用是实现循环经济的最重要内容，就是通过技术创新，做到对资源利用的减量化（Reduce）、再利用（Reuse）和再循环（Recycle），即通常所说的通过 3R 技术以提高资源的利用效率。随着资源价格上升、环境污染加重和产品回收利用技术不断进步，循环经济理念和实践逐步进入人们生活，对产品设计和使用产生深远影响。减量化方面，产品设计小型化和轻型化，产品包装追求简单朴实而不是豪华浪费，以减少废弃物。再使用方面，产品和包装容器能被反复使用，抵制一次性用品的泛滥；延长产品的使用期，避免过快更新换代。再循环方面，产品在完成其使用功能后能重新变成可以利用的资源，而不是不可恢复的垃圾。再循环包括原级再循环和次级再循环两种形式，前者如报纸再生报纸、易拉罐再生易拉罐等，后者是将废物资源转化成其他产品的原料。

——从独享到共享，共享经济崭露头角。在互联网等信息技术的带动下，人类对资源或产品的利用方式，又迎来一次革命性的变化，“共享”资源的模式正在被越来越多的人接受和使用，并将对未来的产品和资源利用产生重大的影响。共享资源的消费模式以互联网信息技术为依托、以协同共享为理念，让消费者开始扮演“生产者”的角色，借助于互联网信息平台和相关的社交网络，使其产品或资源为他人享用，从而将闲置资源更好地利用起来，实现资源的高效利用和社会福利水平的提升。目前共享经济模式已经渗入到租车、住宿、P2P 网络借贷、众筹等各个行业。长远看，以共享资源为核心的共享经济，会对产业环境、就业方式、消费模式、政府监管等各个方面产生巨大影响，也将深刻地改变人类未来的产品和资源利用格局。

人们关于技术创新对资源利用方式的作用的认识是逐渐深入的。最初只是考虑如何在一次性使用过程中尽可能地提高资源利用效率，减少资源使用和相应的污染排放；之后，随着观念的变化和技术的进步，资源就不简单地被看作是一次性投入和消费的物品，而更多地从循环利用和再利用的角度来加以使用。现在，人们不仅仅从资源利用过程本身来考虑如何通过技术进步来节约和循环使用资源，还从资源利用的主体及其模式上进行创新，推动资源利用从独享模式逐步走向共享模式。

发展中国家在资源利用中的技术创新，与发达国家有所不同。在技术领先的发达国家，资源利用中的技术进步更多体现为拓展现有的技术可能性边界，即发明和应用目前没有的技术。发展中国家的技术创新，在一定时期内往往体现为模仿、学习和应用国外的先进技术，并对其进行适应性改造，这同样可以改进资源的利用效率（专栏 3.4）。

专栏 3.4　中国大型水电机组的赶超之路

水电是可再生能源。中国水力资源丰富，大力发展水电是中国在能源领域的重大战略举措，实现大型水电机组的自主创新是发展水电的关键环节。

1993 年三峡工程开工之前，中国独立设计、制造的最大容量机组只有 32 万千瓦机组，而国外首台 70 万千瓦机组早在 1978 年便投产运营。两者相较，设计制造水平相差数十年。

1993 年，国务院长江三峡工程建设委员会批准，三峡机组单机容量由 68 万千瓦增至 70 万千瓦。1996 年，三峡左岸 14 台机组招标时，决策层确立了一条独特的"技术路线"：一方面积极开展国际合作，引进世界上已有的先进技术和产品装备；另一方面对关键技术进行消化、吸收和再创新，最终实现国产。1999 年，在总结左岸电站机组相关参数的基础上，三峡右岸电站机组的技术研发和优化开始。2007 年，右岸电站首台国产机组顺利投产，中国巨型机组设计制造实现跨越式发展。2008 年末，三峡左右两岸 26 台 70 万千瓦机组全部投产发电。从监测情况看，右岸国产电站机组总体性能优于左岸引进机组，国产机组运行状况良好，在稳定性等多方面达到了国际同等水平。

三峡机组取得大型机组模型转轮的水力设计、大型机组制造技术和加工工艺、大容量水轮发电机冷却技术等八项核心技术，标志着中国水电重大装备实现了 30 年的跨越，开启了自主设计、制造、安装特大型水轮发电机组的时代。

中国水电的总装机已经突破 3 亿千瓦，约占全球水电总装机的 27%；装机容量全球排名前 10 位的水电站中国有 5 座；单机容量 70 万千瓦以上的水轮发电机组，超过一半在中国；中国水电形成了包括规划、设计、施工、装备制造、输变电等在内的全产业链整合能力；中国先后与 80 多个国家建立了水电规划、建设和投资的长期合作关系，占有国际水电市场 50% 以上的份额。拥有全产业链竞争优势与国际市场磨练经验的中国水电产业，已逐步成为引领和推动世界水电发展的巨大力量。

资料来源：根据有关报道整理。

技术创新促进资源可持续利用涉及多个领域、多个环节，可以概括为六个方面。一是在生产领域的各种技术创新，提高资源生产率；二是循环经济领域，通过采用清洁生产技术、资源化技术等各种技术组合，将废弃物重新物化为再生资源以及保证污染物的无害化；三是产品流通领域，通过物联网等技术进步与创新以提高物流效率和减少浪费；四是产品使用领域，通过共享平台和共享模式实现对资源的共享利用，实现资源利用方式的根本变革；五是发现新资源领域，通过技术突破和创新，实现资源的替代；六是在适用性创新与诱致性技术创新领域实现突破，以发展出适合自身的最佳实用技术和最佳环境实践。

随着信息技术、互联网技术、纳米技术、材料技术和生物技术的突破，正在迎来一场新的资源革命。麦肯锡 2011 年发布了《资源革命：满足世界对能源、物质、食品和水需求》研究报告，指出资源革命的实质就是以注重提高资源产出率为目标逻辑起点，通过技术和制度创新，尤其是推动新技术如移动互联网、云计算、大数据、生物工程、新能源、新材料等与资源生产和消费行业的深度融合，进而推动资源开发和利用方式变革，提升资源产出率，实现可持续发展。资源革命又被称为是“第三次工业革命”或新一轮产业革命，通过替代（substitution）、优化（optimization）、虚拟（virtualization）、循环（circularity）和消除（elimination）等方式，可大大促进硬件与软件的有效整合、产品的新材料替代和新的商业循环模式，从而大大提高资源的利用效率，实现资源利用方式的根本变革。诚然，未来如何解决人类面临的资源稀缺问题仍然是一场巨大的挑战，但由技术革命、商业模式创新等所引发的资源革命也会创造解决问题的途径，给人们带来新的希望。在资源革命和相关技术创新的影响下，资源的利用效率将会有明显的提高。

专栏 3.5 特高压输电

特高压由 1000 千伏及以上交流和 ±800 千伏及以上直流输电构成，是目前世界上最先进的输电技术。从资源禀赋来看，中国能源资源与人口和经济发展分布极不平衡。中国大多数人口都集中在中东部地区，经济发达，生产生活条件较好，能源消耗量大，但资源匮乏。中国的煤炭储藏主要在西北，如山西、陕西、内蒙古东部、宁夏以及新疆部分地区，中东部省份煤炭储藏量很少。水力资源主要分布在西部地区和长江中上游、黄河上游以及西南的雅砻江、金沙江、澜沧江、雅鲁藏布江等。中国必须解决能源长途输送问题，要么输煤，要么输电。输煤运输成本高，环境污染大，长距离（超过 1000 公里）输电成为必然选择，这是中国特有国情。

输电必须考虑损耗问题。要实现长距离大容量传输电能，特高压输电最有技术经济优势。特高压输送容量大、送电距离长、线路损耗低、占用土地少。1000 千伏交流特高压输电线路输送电能的能力是 500 千伏超高压输电线路的 5 倍。50 万伏超高压输电线路的经济输送距离一般为 600~800 公里，而 1000 千伏特高压输电线路因为电压提高，线路损耗减少，经济输送距离能达到 1000~1500 公里甚至更长。

特高压输电国际上没有先例，发达大国基本没有对特高压远距离、大能量的传输需求，发展中国家缺少技术和资金实力。2004~2005 年，我国有关部门开始论证特高压输电，争论也随之展开。2006 年 8 月，1000 千伏晋东南—南阳—荆门特高压交流试验示范工程获得核准。2009 年 1 月，示范工程成功投入运行。截至 2016 年 6 月，国家电网已建成“三交四直”特高压工程，在建“四交六直”特高压工程，在运在建 17 条特高压输电线路长度超过 2.9 万公里，变电（换流）容量超过 3 亿千伏安（千瓦），累计送电超过 5000 亿千瓦时。

2014 年 2 月和 2015 年 7 月，国家电网公司成功中标巴西美丽山水电特高压直流送出一期与二期项目，实现了我国特高压技术、装备、工程总承包和生产运营成套“走出去”。

“特高压交流输电关键技术、成套设备及工程应用项目”荣获 2012 年度国家科学技术进步奖特等奖。

资料来源：根据国家电网资料和有关报道整理。

通过技术创新实现资源革命，是实现资源可持续利用的必然选择。资源革命包括资源供给革命和资源消费革命，其根本是资源技术革命，其保障是资源体制革命，并受到资源国际合作与资源全球治理的影响。对中国而言，通过技术创新实现资源革命的领域主要包括四个方面：一是在资源消费领域加快技术创新，提高资源产出率，抑制不合理资源消费，促进资源消费转型，形成资源节约型消费模式；二是在资源生产领域加快技术创新，推动新资源开发、替代与应用，有效加强资源供给基础设施建设，建立多元化资源供给体系；三是推进资源价格市场化改革，通过技术创新降低新资源供给成本，提高新资源、新材料的经济性，带动产业创新和商业模式创新，形成市场化价格机制，促进有效竞争；四是扩大国际技术合作，加强国内外资源交流协作，促进国内外资源项目对接，提升资源发展水平，提高资源产业国际竞争力。

（二）为资源革命创造良好制度条件

产品和资源利用上的技术进步和创新的内涵，经历了一个逐步拓展和深化的过程。在提高产品及资源利用效率方面更多的是单纯的技术在起作用，而资源的循环利用和共享利用越来越依赖于相关的管理模式和商业模式的创新。在创新领域，技术、制度和文化（观念）三者是相互作用、密不可分的。技术是创新的根本，然而一项技术被发明、发明后得到大规模的推广应用，需要相应的观念和制度做支撑，其中包括充分发挥市场机制的作用。也就是说，需要同时重视“软性”的技术进步，其中管理模式和商业模式创新正成为带动相关技术进步的关键因素。

在资源利用过程中的技术创新不只是一个技术概念，而是包括从新技术的研究、开发、示范、应用到大规模推广的整体过程，其本质是通过创造和利用知识来增加财富。推动资源利用中的技术创新，也不仅仅是推动相关技术的发明和应用，而需考虑到其背后的一系列体制、机制和政策环境因素。中国在资源利用领域的技术水平和创新能力，正处于快速提高的阶段，目前已经居于发展中国家的前列。但从资源生产和利用效率看，中国资源领域的创新与发达国家、特别是相关领域最领先的国家相比，与支撑中国实现现代化的资源技术创新要求相比，还有较大差距。影响中国资源领域技术创新的因素，主要是在创新机制的运行和管理以及市场环境等方面。推进资源利用领域的技术创新，不断提高相关的技术水平和创新能力，提高创新效率，需要从完善制度和机制建设入手，加强政策协调。

1. 提高国家创新体系效率

改革开放三十多年来，中国以相对不足的资源禀赋，实现了高速增长。但也要清醒地认识到，中国过去那种高投入、高消耗和高排放的增长模式，已经难以持续，必须加以转变。如何走上一条以技术进步和创新驱动经济增长的可持续发展道路，实现对资源的全面节约和高效利用，对于中国实现现代化至关重要。

在资源利用领域加快推进技术进步和创新，建立鼓励技术创新的制度体系，需要采取以下重要措施。

实现更加充分的市场竞争，促进企业技术创新。公平竞争是促进企业创新的重要驱动力。要发挥市场竞争激励创新的根本性作用，营造公平、开放、透明的市场环境，强化产业政策对创新的引导，促进优胜劣汰，增强市场主体创新动力，实现“要企业创新”向“企业要创新”的转变，必须采取以下重要措施。一是建立公平的市场准入规则，创造各种所有制企业公平竞争、平等获得创新资源的市场环境和机制；二是加快重要资源价格和税收改革，建立反映资源稀缺性和环境影响的资源价格体系和税收政策，利用市场机制推动和引导企业创新；三是加强知识产权保护，提高侵权成本和降低维权成本，并提升知识产权价值，激励创新积极性和保护创新者的利益；四是完善各类环境、质量、安全标准，增强实施标准的力度和统一性，形成优胜劣汰的机制；五是发展战略性新兴产业，重点支持关键核心技术研发，公平对待不同的技术路线，通过能耗、安全、环保等标准建立准入门槛，由市场选择技术方向。

改进和完善技术创新中的政府支持方式。为推动政府职能从研发管理向创新服务转变，需要改进政府科技资源配置方式，提高公共资源的利用效率。具体措施应包括：一是制定目标导向的产业技术研究开发计划，加强创新链条上各环节政府科技计划的协调，增加对成果转化环节和产业化示范项目的支持力度；二是突出公共科技资源的社会效益，重点支持市场机制不能有效解决的基础研究、公益性研究和重大关键共性技术研究，加强创新平台建设，特别要加强中小企业的创新服务；三是建立行之有效的成果转移和扩散机制，促进技术利用和推广；四是实行科技项目计划制定、执行和评价分离的管理体制，形成有效的监督和制约机制；五是改进科技计划项目评价体系，实行分类管理，对新技术产业化和推广项目进行全寿命期能源效率和环境效果评价。

加强基础研究的投入。要不断完善基础研究投入机制，提高基础研究占全社会研发投入比例。为此，要充分发挥国家对基础研究投入的主体作用，加大中央财政对基础研究的支持力度，包括对基础学科、基础研究基地和基础科学重大设施的稳定支持。强化政策环境、体制机制、科研布局、评价导向等方面的系统设计，多措并举支持基础研究。积极引导和鼓励地方政府、企业和社会力量加大对基础研究的投入，形成全社会重视和支持基础研究的合力。

推动大学提高人才培养质量和加强基础性、前沿性研究。目前，中国的大学、科研院所和企业之间在创新领域存在功能缺位、错位，大学过于偏向应用研究，对基础研究的投入和能力不足。应加强以重点学科建设为主的基础研究，扩大高等学校与科研机构学术自主权和个人科研选题选择权，支持一批高水平大学和科研院所组建跨学科、综合交叉的科研团队，促进高等学校和科研院所全面参与基础研究，以推进基础性和前沿性研究。大学要促进科教结合，构建创新型科技人才培养模式，强化基础教育兴趣爱好和创造性思维培养，切实提高人才培养质量。

2. 加强全球科技创新合作

资源问题是全球问题，应对资源问题必须加强全球的创新合作。一方面，随着全球化的不断深入，各国之间的联系日益紧密，一国在资源利用领域的技术创新也会对其他国家的资源利用状况带来显著影响。页岩气技术、可再生能源技术的突破和随之而来在各个国家的大规模应用就是很好的例子。另一方面，许多资源性的问题呈现出外部性特征，例如气候变化问题，一个国家的温室气体排放会对全球的气候温度带来影响，任何国家都无法独善其身，也难以凭借一己之力加以解决。《巴黎协定》的签订已经显示出，全球问题需要由各国参与的全球解决方案。

现在已经进入越来越依靠国际合作解决资源利用问题的时代。在国际合作的过程中，各个国家具有不同的资源禀赋、产业基础、技术水平和创新能力，需要互相取长补短、形成合力，为解决问题而共同努力。例如，以美国为代表的发达国家具有较强的技术创新能力，尤其是在基础研究领域优势明显；而以中国为代表的发展中国家在实现大规模产业化、迅速降低应用成本方面具有优势。如何将不同国家的优势聚集，形成共赢局面，将是未来全球解决资源问题的关键。比如，可以考虑在与应对气候变化密切相关的能源技术和低碳技术上加强不同国家尤其是中美之间的合作，以取得突破。为此，要完善政府间科技合作机制，落实双多边科技合作协定及涵盖科技合作的协议，促进发达国家和发展中国家、国际组织和多边机制的科技合作；开展政府间合作，共同资助开展联合研发，支持科技人员交流，改善全球创新治理。

二、实施集约高效的新型城镇化战略

改革开放以来，中国经历了世界历史上规模最大、速度最快的城镇化进程。城镇化既是过去经济快速增长的重要动因，也给今后经济发展提供了广阔空间。城镇化是资源集聚的过程，资源不合理利用导致“城市病”。在以城市群为主体形态推进新型城镇化进程中，应秉持资源可持续利用理念，科学规划城市空间布局，提升城市管理水平，实现紧凑集约、高效绿色发展。

（一）城市发展理念与资源可持续利用

城镇化是伴随工业化发展，非农产业在城镇集聚、农村人口向城镇集中的自然历史过程。资源要素在城市空间集聚，集中进行配置，发挥规模经济和范围经济优势，有利于促进专业化分工和技术创新，提高生产效率和资源利用效率。显然，资源利用效率与城市规模密切相关。随着城市规模扩大，资源集聚效益提升，与之相关联的资源输送成本和外部性成本也随之上升。当资源集聚成本超出资源集聚效益时，“城市病”出现，资源利用的可持续性遇到挑战。需要特别指出的是，城市规模取决于城市管理水平。同等规模的城市，不同的管理水平，城市面貌常见云泥之别。城市管理水平决定了资源集聚和配置效率，“精明增长”“紧凑城市”“绿色城市”“生态城市”“海绵城市”“智慧城市”“宜居城市”等城市发展理念，都聚焦在城市管理能力和管理水平，致力于土地、生态、水、能源等各类自然资源在城市的可持续利用。

“精明增长”的理念和实践源于美国，目标是控制城市蔓延，提高土地可持续利用水平。2000 年，美国规划协会联合 60 家公共团体组成“美国精明增长联盟”（Smart Growth America），确定“精明增长”的核心内容是：①用足城市存量空间，减少盲目扩张；②加强对现有社区的重建，重新开发废弃、污染工业用地，以节约基础设施和公共服务成本；③城市建设相对集中，密集组团，尽量拉近生活和就业距离，减少基础设施、房屋建设和使用成本。中国“土地城镇化”快于人口城镇化，建设用地粗放低效。一些城市“摊大饼”式扩张，过分追求宽马路、大广场，新城新区、开发区和工业园区占地过大，建成区人口密度偏低。“精明增长”理念若能付诸实施，将有助于解决中国城市建设土地粗放利用问题。2015 中央城市工作会议指出，要坚持集约发展，树立“精明增长”“紧凑城市”理念，科学划定城市开发边界，推动城市发展由外延扩张式向内涵提升式转变。

“紧凑城市”的理念和实践源于欧洲，目标也是控制城市蔓延。历史上，欧洲城市紧凑程度远胜于美国，紧凑城市概念源于传统积淀。1990 年欧共体委员会（Commission of the European Communities，CEC）发布《城市环境绿皮书》，提出城市应该紧凑发展，限制小汽车，鼓励步行和公共交通出行；强调功能混合，高密度；保护环境，节约资源和能源，实现城市的可持续发展。“紧凑城市”致力于实现城市经济、环境、文化、资源的可持续发展，是可持续发展理念在城市规划领域的具体体现。

“绿色城市”和“生态城市”都以城市环境为关注点，主张人与自然和谐共处，是对传统工业化带动下的城市化发展模式的反思，强调城市发展不能以破坏生态环境为代价，也不能过度消耗资源。“绿色城市”和“生态城市”追求社会、经济、生态有机融合的发展目标，适应城市可持续发展的内在要求，成为转型时期全球城市发展的主流方向。“生态文明，绿色低碳”是《国家新型城市化规划（2014—2020 年）》坚持的一项基本原则，规划指出“把生态文明理念全面融入城镇化进程，着力推进绿色发展、循环发展、低碳发展，节约集约利用土地、水、能源等资源，强化环境保护和生态修复，减少对自然的干扰和损害，推动形成绿色低碳的生产生活方式和城市建设运营模式”。

“绿色城市”建设就是将生态文明理念全面融入城市发展，构建绿色生产方式、生活方式和消费模式。“绿色城市”建设核心就是资源可持续利用，尤其是能源可持续利用，涉及城市发展方方面面。要严格控制高耗能、高排放行业发展；建设可再生能源体系，推动分布式太阳能、风能、生物质能、地热能多元化、规模化应用，提高新能源和可再生能源利用比例；推行绿色建筑，强化建筑节能；推广新能源汽车，倡导绿色出行。“绿色城市”建设还要求促进资源循环利用，完善废旧商品回收体系和垃圾分类处理系统，加强城市固体废弃物循环利用和无害化处置；合理划定生态保护红线，扩大城市生态空间，合理建设绿色生态廊道。

专栏 3.6　中新天津生态城

中新天津生态城是中国和新加坡两国政府战略性合作项目，显示了中新两国政府应对全球气候变化、加强环境保护、节约资源和能源的决心，为资源节约型、环境友好型社会的建设提供积极的探讨和典型示范。

2007 年 4 月，时任国务院总理温家宝在会见新加坡国务资政吴作栋时，共同提议在中国合作建设一座资源节约型、环境友好型、社会和谐型的城市。11 月，中新两国政府签订建设生态城的框架协议。按照两国协议，中新天津生态城借鉴新加坡的先进经验，在城市规划、环境保护、资源节约、循环经济、生态建设、可再生能源利用、中水回用、可持续发展以及促进社会和谐等方面进行广泛合作。两国政府成立了副总理级的“中新联合协调理事会”和部长级的“中新联合工作委员会”。中新两国企业分别组成投资财团，成立合资公司，共同参与生态城的开发建设。新加坡国家发展部专门设立天津生态城办事处，天津市政府于 2008 年 1 月组建中新天津生态城管理委员会。

中新天津生态城位于中国国家发展的重要的战略区域——天津滨海新区范围内，毗邻天津经济技术开发区、天津港、海滨休闲旅游区，地处塘沽区、汉沽区之间，距天津中心城区 45 公里，距北京 150 公里，总面积约 31.23 平方公里，规划居住人口 35 万。

中新天津生态城选择在资源约束条件下建设生态城市，以生态修复和保护为目标，建设自然环境与人工环境共熔共生的生态系统，实现人与自然的和谐共存。中新天津生态城以绿色交通为支撑形成紧凑型城市布局，以指标体系作为城市规划的依据，指导城市开发和建设的城市；以生态谷（生态廊道）、生态细胞（生态社区）构成城市基本构架；以城市直接饮用水为标志，在水质性缺水地区建立中水回用、雨水收集、水体修复为重点的生态循环水系统；以可再生能源利用为标志，加强节能减排，发展循环经济，构建资源节约型、环境友好型社会。

中新天津生态城作为世界上第一个国家间合作开发建设的生态城市，将为中国乃至世界其他城市可持续发展提供样板；为生态理论创新、节能环保技术使用和展示先进的生态文明提供国际平台；为中国今后开展多种形式的国际合作提供示范。

资料来源：中新天津生态城官方网站（http://www.eco-city.gov.cn/）。

"海绵城市"是指通过加强城市规划建设管理，充分发挥建筑、道路和绿地、水系等生态系统对雨水的吸纳、蓄渗和缓释作用，有效控制雨水径流，实现自然积存、自然渗透、自然净化的城市发展方式。"海绵城市"聚焦城市水资源可持续利用和生态保护，综合采取"渗、滞、蓄、净、用、排"等措施，最大限度地减少城市开发建设对生态环境的影响。2015 年 10 月，国务院办公厅发布《关于推进海绵城市建设的指导意见》，提出"将 70% 的降雨就地消纳和利用"；"到 2020 年，城市建成区 20% 以上的面积达到目标要求；到 2030 年，城市建成区 80% 以上的面积达到目标要求"。

专栏 3.7　海绵城市建设试点

2015 年 4 月，住房城乡建设部联合财政部、水利部公布了首批 16 个海绵城市建设试点，分别是重庆、迁安、白城、镇江、嘉兴、池州、厦门、萍乡、济南、鹤壁、武汉、常德、南宁、遂宁、贵安新区和西咸新区。试点城市具有很强的地域代表性，中部、东部、西部、南部、北部都有，同时包括了不同的城市规模，有直辖市、计划单列市、省会城市、地级市、县级市，基本覆盖了中国所有类型的城市。

16个试点城市三年实施计划试点区域总面积为435平方公里，共设置了建筑与小区、道路与广场、园林绿地、地下管网、水系整治等各类项目3159个，总投资865亿元。部分已经完成的项目在缓解城市内涝、改善城市水环境、创新促进产业发展、社会认可等方面，已经初见成效。

池州市解决了过去政府管网清淤维护投入不足、大型专业设备买不起用不起的问题，大大提升了管网运行维护水平，降雨量比往年高出30%~40%的情况下，试点项目区域无明显积水点。南宁市青秀山森林公园及周边地块区域（约1.3平方公里）实现集中连片，海绵城市的整体效应初步体现。厦门市经历了台风“彩虹”考验，试点区域已建成的项目没有发生积水内涝。常德市、西咸新区试点区域在50~60毫米的短历时强降雨时未出现内涝现象。镇江市、遂宁市试点区域在遭遇100毫米以上的暴雨时没有发生内涝灾害。

资料来源：住房城乡建设部网站：“看‘点’——海绵城市建设的试点进展”，载于《中国建设报》，2016.05.05，记者刘宏伟。

“智慧城市”是信息化在城市发展中的体现，通过物联网、云计算、大数据等新一代信息技术创新应用，着力提升城市管理水平和市民生活质量。“智慧城市”强调物质资源、信息资源和智力资源统筹利用，促进跨部门、跨行业、跨地区的政务信息共享和业务协同，强化信息资源社会化开发利用，推广智慧化信息应用和新型信息服务，促进城市规划管理信息化、基础设施智能化、公共服务便捷化、产业发展现代化、社会治理精细化，体现了先进技术手段对城市发展和资源配置的积极影响，为克服越来越严重的“城市病”提供了技术解决方案。但先进技术的应用需要配套制度和相应的管理水平，“智慧城市”首先是人的智慧，在为城市管理者提供更好工具的同时，也对城市管理者提出了更高的要求。

专栏 3.8 智慧城市试点

2012 年 12 月，住房城乡建设部印发《国家智慧城市试点暂行管理办法》和《国家智慧城市（区、镇）试点指标体系（试行）》，开展国家智慧城市试点工作。首批国家智慧城市试点共 90 个，其中地级市 37 个，区（县）50 个，镇 3 个。2013 年 8 月，住房和城乡建设部又确定 103 个城市（区、县、镇）为试点，包括 83 个市、区，20 个县、镇以及在 2012 年首批试点基础上扩大范围的 9 个市、区。2015 年 4 月，住房城乡建设部确定 84 个城市（区、县、镇）为国家智慧城市 2014 年度新增试点，13 个城市（区、县）为扩大范围试点。三批国家智慧城市试点共 290 个。

除此之外，截至 2016 年 6 月，中国 95% 的副省级城市、76% 的地级城市，总数超过 500 个，都在《政府工作报告》或“十三五”规划中明确提出要建设智慧城市。2016 年 11 月，国家发改委、中央网信办、国家标准委联合发布《新型智慧城市评价指标》，国家发改委表示，将在“十三五”期间推出 100 个新型智慧城市试点。

中国智慧城市建设仍处于探索阶段，存在许多问题。智慧城市建设体验感差，城市需求不明确，市民体验不到位；顶层设计不连贯，半途而废的情况比较常见；标准规范无参照，落地实施难见效；商业模式不清晰，资金供给难持续。

资料来源：住房城乡建设部有关文件；陈晶：“新型智慧城市建设驶入快车道”，载于《经济》，2017（Z1）。

“宜居城市”从居民居住和人的发展的角度评价城市发展，突出人在城市发展中的主体性。“宜居城市”内涵更为广泛，既包含人与自然和谐，也关注社会、文化、经济、公共服务等多方面的内容。正因为如此，评价“宜居城市”的指标体系也多种多样，全球许多政府部门、有影响力的研究机构和行业组织都发布了宜居城市指标体系，并对本国和国际的城市进行宜居性评价和排名。不同的机构对宜居城市的评价各有侧重，指标体系存在很大的区别，这也导致评价结果出现很大的差异。评比可以提升城市知名度和美誉度，对城市管理者改进城市管理有一定的参考价值。

"精明增长"和"紧凑城市"聚焦于城市土地资源可持续利用，"绿色城市"和"生态城市"主要关注城市能源可持续利用，"海绵城市"致力于城市水资源可持续利用，"智慧城市"和"宜居城市"提出了城市资源可持续利用的途径和最终结果。这些发展理念与资源可持续利用是根本一致的，是可持续发展观在城市发展中的具体体现和形象表达。

（二）城市发展的资源约束和"城市病"

中国城镇化进程规模大、速度快。改革开放以来，伴随着工业化进程加速，中国城镇化经历了一个起点低、速度快的发展过程。1978~2013 年，城镇常住人口从 1.7 亿人增加到 7.3 亿人，城镇化率从 17.9% 提升到 53.7%，年均提高 1.02 个百分点；城市数量从 193 个增加到 658 个，建制镇数量从 2173 个增加到 20113 个。根据世界城镇化发展普遍规律，中国仍处于城镇化率 30%~70% 的快速发展区间。《国家新型城镇化规划（2014—2020 年）》确定的城镇化发展目标为，到 2020 年，常住人口城镇化率达到 60% 左右，户籍人口城镇化率达到 45% 左右，户籍人口城镇化率与常住人口城镇化率差距缩小 2 个百分点左右，努力实现 1 亿左右农业转移人口和其他常住人口在城镇落户。今后一段时期，中国城镇化率仍将以年均 1 个百分点左右的速度提高，城镇化进程保持快速推进势头。

中国城镇化进程中资源约束矛盾突出。改革开放前，计划经济体制下布局了许多资源型、工矿型城市，尤其是"三线建设"时期发展了许多偏远闭塞的中西部城市。改革开放以来，东部沿海地区经济高速发展，产业不断集聚，人口大量流入。中国城镇化是在人口众多、资源相对短缺、生态环境比较脆弱、城乡区域发展不平衡的背景下推进的。在城镇化进程中，城镇空间分布和规模结构与资源环境承载能力越来越不匹配。东部一些城镇密集地区资源环境约束趋紧，部分特大城市主城区人口压力偏大，与综合承载能力之间的矛盾加剧；

城市群布局不尽合理，城市群内部分工协作不够、集群效率不高，中小城市集聚产业和人口不足，潜力没有得到充分发挥；小城镇规模小、服务功能弱，这些都增加了经济社会和生态环境成本。随着资源环境瓶颈制约加剧，主要依靠土地等资源粗放消耗推动城镇化快速发展的模式不可持续。

资源不合理利用和城市管理水平低导致“城市病”。“城市病”是指人口及相关发展要素向大城市过度集聚而引起的一系列社会管理和公共服务问题，主要表现为交通拥堵和环境恶化，原因是对城市土地资源的无度开发和不合理利用。中国许多大城市空间无序开发、人口过度集聚，重经济发展、轻环境保护，重城市建设、轻管理服务，交通拥堵问题严重，公共安全事件频发，城市污水和垃圾处理能力不足，大气、水、土壤等环境污染加剧，城市管理运行效率不高，公共服务供给能力不足，城中村和城乡接合部等外来人口集聚区人居环境较差。“城市病”虽然是个全球现象，在许多国家都曾出现或仍在蔓延，但中国许多城市与国外一些相似规模及发展阶段的城市相比，过早出现了“城市病”且有些问题更为严重。

“城市病”是发展的产物①。早期“城市病”主要出现在欧美等发达国家，由于工业生产要求劳动力靠近工厂居住，所以工业都集中在城市，以方便雇佣向城市集中的农村劳动力，这一时期城市的主要特点是工业集聚和居住与工业混杂。城市过度集聚导致城市人口分布过度集中，继而导致住房困难、居住环境恶劣。居住毗邻工厂又造成城市卫生条件恶劣，城市环境污染严重和疾病流行。其后，城市产业、人口不断集聚导致城市用地扩张，私人机动车普及为远距离通勤提供可能，中心区集聚的人口为获得更舒适的居住环境开始向郊区迁移，由此导致发达国家新的“城市病”出现：中心区逐渐衰落，城市快速向郊区蔓延，城市边缘地区环境日益遭到破坏，迁至郊区的居民需要应对通勤中的

① 林家彬，王大伟等：《城市病——中国城市病的制度性根源与对策研究》，中国发展出版社 2012 年版。

交通拥堵。在广大发展中国家，大城市中也普遍存在着住房短缺、交通拥堵等问题，但其产生原因通常与发达国家有所区别。以拉美国家为例，在 20 世纪 60 年代进入工业化快速发展阶段后，城市人口迅速集聚，城市化水平甚至超过发达国家，造成“过度城市化”：工业化与城市化进程不匹配，难以提供足够的就业机会给大量涌入城市的农村居民，城市中的贫民集中区的社会管理和公共服务显著劣于其他区域，贫民窟中几乎集中了所有的城市病表现形式。

中国的“城市病”除了拥有与其他国家的“城市病”相同的成因之外，还具有许多中国特有的体制性成因。一是偏重于经济指标的政绩考核体系导致城市功能的过度集中，重形象工程轻民生工程，公共利益往往让位于商业利益，成为加重“城市病”的一个重要原因。二是财税体制中事权与财力不相匹配的“集权分散型”的中央和地方财政关系、以企业相关税收作为主要收入来源的税制结构、过度依赖“土地财政”的地方财政收入结构，进一步扭曲城市政府行为，造成“城市经营”大行其道而进一步加重“城市病”。三是土地制度为城市政府圈地卖地、实行“土地财政”创造了便利的条件，土地资源配置中非市场化因素过多，造成城市发展方向的随意性和不确定性增大，加剧了内部空间结构的复杂化和碎片化以及公共服务的供给不均衡和用地结构的不合理。大拆大建进一步加剧“城市病”症状。四是城市规划不能成为限制权力的滥用、保障城市沿着科学理性轨道发展的制度工具，相反却成为可以被权力所随意利用的工具，许多片面追求政绩和经济增长、圈地卖地、追求财政收入最大化的举措都假规划之手而堂皇问世，成为助长“城市病”产生和恶化的重要原因。

城市发展必然会遇到资源约束，不顾资源和环境承载能力，盲目扩张城市规模，必然产生“城市病”。过度追求经济增速的制度因素，进一步加剧“城市病”形成。许多大城市在解决“城市病”过程中，并不是从“城市病”根源出发对症下药，而是不断推行“限行”“限购”“限人”。简单粗暴的行政手段不仅不能解决问题，反而充分暴露了低下的管理水平。解决“城市病”需要制度创新、管理创新和技术创新，需要以广大人民群众的需求为核心多策并举、综合施策。城市可持续发展需要支持资源可持续利用的制度保障和管理素质。

（三）构建城市可持续发展的资源保障

中国城镇化蕴含巨大机遇，也面临严峻挑战。随着内外部环境和条件的深刻变化，城镇化必须进入以提升质量为主的转型发展新阶段。走中国特色的新型城镇化道路，就是要以人为本，使城市发展与人的发展相适应，人与环境和谐宜居，城市发展与资源承载相匹配。构建城市可持续发展的资源保障，有三个层面的内容：一是城市宏观布局，要以城市群为主体形态，推动大中小城市和小城镇协调发展，使城市布局与资源环境禀赋和经济社会发展协调适应；二是城市发展要以综合承载能力为支撑，提升城市可持续发展水平，尤其是要提升城市的现代化管理水平，实现资源高效集约利用；三是体制机制，要通过改革和创新，为构建城市可持续发展的资源保障提供必要条件。

中国城市群发展的主要短板是一体化程度低，资源得不到高效利用。京津冀与长江三角洲、珠江三角洲并为三大城市群，是城市群发展失衡的典型。京津冀区域功能布局不合理，城镇体系结构失衡。京津两极过于“肥胖”，周边中小城市过于“瘦弱”。区域发展差距悬殊，特别是河北与京津两市发展水平差距很大，公共服务水平落差明显。河北环北京的诸多城市，虽然地理上与北京邻近，貌似形成了城市群，但并没有形成城市群的内在机理，城市和城市之间功能错配，资源不能得到合理利用。从产业格局看，河北大力发展以钢铁为代表的重化工业，资源密集、环保压力大，与北京高端服务业和先进制造业的发展方向格格不入，加剧了整个地区资源环境超载矛盾。京津冀地区水资源严重短缺，地下水严重超采，环境污染问题突出，已成为中国东部地区人与自然关系最为紧张、生态联防联治要求最为迫切的区域。与京津冀相似，中国其他城市群都或多或少存在功能互补不足问题，需要进一步科学定位各城市功能，增强城市群内中小城市和小城镇的人口经济集聚能力。2015 年出台的《京津冀协同发展规划纲要》明确，推动京津冀协同发展核心是有序疏解北京非首都功能。2017 年 4 月，中共中央、国务院决定设立河北雄安新区，作为北京非首都功能疏解集中承载地。在新的起点上，雄安新区从规划设计到建设发展，都将坚持资源可持续利用。

专栏 3.9　雄安新区与资源可持续利用

2017 年 4 月，中共中央、国务院印发通知，决定设立河北雄安新区。从选址、规划到建设，雄安新区将走一条资源有效利用的可持续发展之路。

从选址看，雄安新区充分考虑了生态和资源环境容量。雄安新区规划范围涉及河北省雄县、容城、安新 3 县及周边部分区域，地处北京、天津、保定腹地，区位优势明显、交通便捷通畅、生态环境优良、资源环境承载能力较强，现有开发程度较低，发展空间充裕，具备高起点高标准开发建设的基本条件。雄安新区规划建设以特定区域为起步区先行开发，起步区面积约 100 平方公里，中期发展区面积约 200 平方公里，远期控制区面积约 2000 平方公里。

从规划看，雄安新区将贯彻资源可持续利用理念。规划建设雄安新区，要坚持世界眼光、国际标准、中国特色、高点定位，坚持生态优先、绿色发展，坚持以人民为中心、注重保障和改善民生，坚持保护弘扬中华优秀传统文化、延续历史文脉，建设绿色生态宜居新城区、创新驱动发展引领区、协调发展示范区、开放发展先行区，努力打造贯彻落实新发展理念的创新发展示范区。

从建设任务看，雄安新区将落实新的城市发展理念，努力避免过去城镇化进程和大城市发展过程中出现的种种弊病。要建设绿色智慧新城，建成国际一流、绿色、现代、智慧城市；打造优美生态环境，构建蓝绿交织、清新明亮、水城共融的生态城市；构建快捷高效交通网，打造绿色交通体系。要坚持先谋后动、规划引领，用最先进的理念和国际一流的水准进行城市设计，建设标杆工程，打造城市建设的典范。要保持历史耐心，尊重城市建设规律，合理把握开发节奏。要加强对雄安新区与周边区域的统一规划管控，避免城市规模过度扩张，促进与周边城市融合发展。

资料来源："中共中央、国务院决定设立河北雄安新区"，载于新华社，2017.4.1。

提高城市可持续发展能力需要以资源可持续利用为抓手。新型城镇化要求转变城市发展方式，优化城市空间结构，增强城市经济、基础设施、公共服务和资源环境对人口的承载能力，预防和治理"城市病"，建设和谐宜居、富有特色、充满活力的现代城市。加快转变城市发展方式需要坚持资源可持续利用，一是在产业发展方面，要根据城市资源环境承载能力、要素禀赋和比较优势，培育发展各具特色的城市产业体系，淘汰资源能耗环保不达标产业，壮大先进制造和节能环保及新能源、新材料等新兴产业，推动城市走创新驱动发展道路；二是按照统一规划、协调推进、集约紧凑、疏密有致、环境优先的原则，统筹中心城区改造和新城新区建设，坚持土地资源可持续利用，防止城市边界无序蔓延，提高城市空间利用效率，改善城市人居环境；三是加强市政公用设施和公共服务设施建设，将公共交通放在城市交通发展的首要位置，构建以公共交通为主体的城市机动化出行系统，统筹电力、通信、给排水、供热、燃气等地下管网建设，推行城市综合管廊，建设安全可靠、技术先进、管理规范的新型配电网络体系，推进城市清洁能源供应设施建设，提高城市规划科学性、管理水平和建筑质量。

城市可持续发展和资源可持续利用是一个系统工程，需要为城市规划和规划执行提供切实的制度保障。城市各类资源的合理利用都涉及规划、建设和管理三大环节，规划编制要科学，要体现民意；规划经过批准后要严格执行，不能换一届领导改一次规划；要不断完善城市管理和服务，改变粗放型管理方式，提高各类资源使用效率。提高城市发展可持续性，增强城市持续发展能力，需要改革和创新。要深化城市管理体制改革，确定管理范围、权力清单、责任主体，对各类资源使用要建立明确的责任制。要有信息公开和责任追究机制。要推进科技领域改革，优化创新创业生态链，让创新成为城市发展的主动力，通过科技创新提高资源利用效率，释放城市发展新动能。要加强城市管理数字化平台建设和功能整合，建设综合性城市管理数据库，发展民生服务智慧应用，用信息化手段促进资源利用效果最大化。政府要创新城市治理方式，特别是要注意加强城市精细化管理，尊重市民对城市发展决策的知情权、参与权、监督权，鼓励企业和市民通过各种方式参与城市建设和管理，增强市民节约资源保护环境的意识、责任和技能，将构建资源节约型社会和市民生产生活融为一体。

三、坚持绿色发展，建设生态文明

实施资源可持续利用战略，就是要处理好经济社会发展与生态环境保护的关系，最大程度地减少资源开发利用对生态环境带来的损害，从根本上破解资源环境约束，促进经济社会可持续发展。

（一）资源利用不当导致生态环境恶化

矿产资源开采、加工、使用和回收过程中都会对生态环境产生不利影响。大规模采矿活动会造成大气、水系和土壤污染，破坏植被和生物多样性，造成水土流失。矿产资源加工环节，如矿石洗选、冶炼、石油化工等，会污染水源、土壤、农作物、植被和生物；固体废弃物，如尾矿、冶炼渣、工业垃圾等，会占用土地、填满沟溪、淤塞河道，对周边生态环境造成破坏。资源使用过程中会产生大量“三废”——废水、废气、固体废弃物，直接导致周边环境污染，也会随着大气扩散形成酸雨，扩大危害范围。核废料处理不当，会产生放射性危害。资源回收过程，如轮胎、铅酸蓄电池、塑料、电子等产品的回收再利用，也会产生大量“三废”，造成“二次污染”。

专栏 3.10　山西煤炭开采对环境的影响

山西省作为重要的能源重化工基地，为中国国民经济的发展和建设做出了巨大贡献。但是，长期的、大范围的、大量的煤炭开采活动不仅对煤矿区的地质环境造成了严重破坏，也导致了水体和空气的严重污染。

（1）地面塌陷

山西境内巨量的煤炭开采，为生态本就脆弱的当地留下了大面积的采空区和沉陷区，数千村庄房屋倒塌。山西因采煤造成的采空区面积近 5000 余平方公里（约占全省国土面积的 3%），其中沉陷区面积约 3000 平方公里（占采空区面积 60%），受灾人口 230 万人。

（2）对地下水资源的影响

大部分煤矿开采过程对地下水资源产生非常严重的破坏，导致水资源的匮乏加剧。山西每挖 1 吨煤损耗 2.48 吨的水资源。每年挖 7 亿吨煤，使 16 亿立方米的水资源受到破坏 。据调查统计，山西省由于采煤排水和采空区漏水引起矿区水位下降，导致泉水流量衰减或断流，共影响井泉 3218 个，水利工程 433 处，水库 40 余座，输水管道近 800 多公里。由于井泉流量减少、水量漏失和水位下降，导致 1678 个村庄的 80 多万人和近 11 万头大牲畜饮用水困难。

（3）煤矸石占地及风化污染

高强度的煤炭开采使山西省囤积超过 10 亿吨的煤矸石，而且每年还有 5000 万吨的增量 ，煤矸石总量占全国大约三分之一。煤矸石经风化、雨蚀、自燃后，其表面的风化层物质进入水体，使水体酸化、矿化和硬化，导致土壤盐碱化和酸化；煤矸石自燃产生的气体一氧化碳、二氧化硫等在风力作用下进人大气，严重污染大气环境。尽管现在已经开展了煤矸石的消化利用，例如煤矸石发电，但是由于煤矸石热值低，含硫量大，利用成本较大，使煤矸石的综合利用效果不明显。

资料来源：背景报告《资源型城市的转型：山西案例》。

土地、水、森林等可再生资源，本身也是生态环境的组成部分，其再生能力有赖于所依托的生态环境系统和功能。不合理的土地开发利用会造成水土流失、地表植被破坏、土地退化加速，土壤风蚀沙化、盐渍化、肥力下降以及受到各种污染，会丧失部分或全部土地利用功能。水资源的过度开采和不当利用会造成地面沉降、岩溶地形塌陷、海水入侵、土地沙漠化或盐碱化、生物资源破坏等环境问题，也会造成水源枯竭、水质恶化，导致无水可用。同样，对森林资源乱砍滥伐，对生物资源涸泽而渔，既会破坏生态环境，也会影响资源再生能力，给人们生产生活造成严重危害。

专栏 3.11　退耕还林还草

退耕还林还草是治理中国水土流失和土地沙化的重大生态修复工程。

1999 年，四川、陕西、甘肃 3 省率先开展了退耕还林试点。2000 年 9 月，国务院下发《关于进一步做好退耕还林还草试点工作的若干意见》(国发〔2000〕24 号)，对确保退耕还林的顺利实施和健康发展起到了重要保证作用。2002 年 4 月，国务院《关于进一步完善退耕还林政策措施的若干意见》(国发〔2002〕10 号)指出，“实践证明，党中央关于退耕还林的决策和‘退耕还林、封山绿化、以粮代赈、个体承包’政策措施是完全正确的，深得广大干部和群众的拥护，是加强西部地区生态环境建设和保护的重要举措，也是贫困山区农民脱贫致富的有效途径”。

实施退耕还林还草工程效果显著。截至 2006 年底，全国累计完成退耕地造林 1.39 亿亩，工程建设增加了林草植被，减少了水土流失和风沙危害，促进了农业结构调整，增加了农民收入，是一项深受老百姓欢迎的民心工程。

2007 年 8 月，国务院《关于完善退耕还林政策的通知》(国发〔2007〕25 号)调整退耕还林规划，“为确保“十一五”期间耕地不少于 18 亿亩，原定“十一五”期间退耕还林 2000 万亩的规模，除 2006 年已安排 400 万亩外，其余暂不安排”；同时决定，继续对退耕农户给予适当补助，以巩固退耕还林成果、解决退耕农户生活困难和长远生计问题。

2014 年 8 月，新一轮退耕还林启动。国务院批准《新一轮退耕还林还草总体方案》，提出“到 2020 年，将全国具备条件的坡耕地和严重沙化耕地约 4240 万亩退耕还林还草。其中包括：25 度以上坡耕地 2173 万亩，严重沙化耕地 1700 万亩，丹江口库区和三峡库区 15~25 度坡耕地 370 万亩。”

启动新一轮退耕还林工作，是党中央、国务院从中华民族生存和发展的战略高度，着眼经济社会可持续发展全局作出的重大决策，是建设生态文明和美丽中国的战略举措，是解决我国水土流失和风沙危害问题的必然选择，是促进农民脱贫致富和全面建成小康社会的客观要求，对全面推动生态林业民生林业发展、增加我国森林资源、应对全球气候变化具有重大意义。

资料来源：根据国家林业局退耕还林（草）工程管理办公室 / 中国退耕还林网（http://tghl.forestry.gov.cn/）及有关文件资料整理。

资源不当利用造成的严重空气污染，已经成为制约生产生活发展的重要因素。中国能源消费长期依赖化石能源，煤炭和石油占 90% 左右，尤其是煤炭占 70% 左右。化石燃料的燃烧产生大量的 CO、SO_2、NO_2、PM 及多种芳烃化合物，严重影响空气质量。中东部经济发达地区空气质量普遍堪忧，尤其是京津冀及周边地区（含山西、山东、内蒙古和河南），过度依赖重化工业发展和化石能源，资源粗放利用，大量产能过剩，是全国空气重污染高发地区。2015 年全国 8 个达标天数比例不足 50% 的城市，衡水、济南、保定、郑州、邢台、邯郸、唐山和石家庄，都位于京津冀及周边地区。空气污染已经成为严重公众事件，2015 年，全国共出现 11 次大范围、持续性雾霾过程。受雾霾天气影响，大量航班停飞、多条高速公路关闭，给交通运输和人体健康带来不利影响。伴随雾霾弥漫，工厂停工、学校停课、汽车停驶，医院就诊增加，人们情绪低落，社会话题消极，社会生产生活受到严重影响。

专栏 3.12　大气污染防治行动计划与京津冀及周边地区大气污染防治协作机制

为切实改善空气质量，2013 年 9 月，国务院印发《大气污染防治行动计划》（国发〔2013〕37 号）提出“经过五年努力，全国空气质量总体改善，重污染天气较大幅度减少；京津冀、长三角、珠三角等区域空气质量明显好转。力争再用五年或更长时间，逐步消除重污染天气，全国空气质量明显改善”。具体指标是：到 2017 年，全国地级及以上城市可吸入颗粒物浓度比 2012 年下降 10% 以上，优良天数逐年提高；京津冀、长三角、珠三角等区域细颗粒物浓度分别下降 25%、20%、15% 左右，其中北京市细颗粒物年均浓度控制在 60 微克 / 立方米左右。《计划》“明确地方政府统领责任”，“地方各级人民政府对本行政区域内的大气环境质量负总责，要根据国家的总体部署及控制目标，制定本地区的实施细则，确定工作重点任务和年度控制指标，完善政策措施，并向社会公开；要不断加大监管力度，确保任务明确、项目清晰、资金保障”。

2013 年 10 月，作为贯彻国务院《大气污染防治行动计划》的一个重要举措，由六省区市七部委（北京市、天津市、河北省、山西省、内蒙古自治区、山东省和环境部、国家发改委、工业和信息化部、财政部、住房和城乡建设部、中国气象局、国家能源局）协作联动的京津冀及周边地区大气污染防治协作机制在北京实质性启动。按照“责任共担、信息共享、协商统筹、联防联控”的工作原则，六省区市七部委将执行一系列工作制度，加强区域大气污染防治协作力度。新机制具体包括：

——信息共享制度。依托国家现有的监测和信息网络，逐步建立区域空气质量监测、污染源监管等专项信息平台，推动区域内信息共享，为区域重大环境问题研究提供支撑。

——空气污染预报预警制度。依托国家环境监测与预报网络，建立健全区域空气重污染监测预警体系，做好空气重污染预报和过程趋势分析，及时发布监测预警信息。

——联动应急响应制度。督导各省区市完善空气重污染应急预案，实施区域重污染应急联动，共同应对空气重污染。

——环评会商机制。按照有关法律法规和《京津冀及周边地区落实大气污染防治行动计划实施细则》的要求，开展规划环评工作，积极参与区域内重大项目的环评会商。逐步建立专家参与的工作机制。

——联合执法机制。协调成员单位在六省区市辖区内开展专项执法，不定期组织开展联合执法

资料来源：根据有关文件和报道整理。

资源不当利用加剧水资源短缺。中国水资源总量居世界第 6 位，但人均水资源量世界排名在 100 名开外，按国际标准属于重度缺水国家。全国 600 多座城市中有 400 多个供水不足，严重缺水城市有 110 个。中国水资源不仅是短缺危机，也是效率危机。中国人均水资源量仅为世界人均水资源量的 28%，但每万元 GDP 用水量却是世界平均水平的 4 倍。水资源消耗严重，造成地下水超采，水位下降。地下水沉降漏斗由点到面，由城市向乡村发展，面积越来越大，出现了区域性大范围的漏斗。全国已出现 56 个地下水区域性下降漏斗，总面积大于 8.2 万平方公里。辽宁、河北、山东的沿海城市，因大量抽取地下水引起海水向内陆入侵，海水倒灌影响面积已超过 14 万公顷。江河湖泊的水污染也不容乐观，2015 年全国七大流域、浙闽片河流、西北诸河、西南诸河及太湖、滇池和巢湖的环湖河流，以及太湖、滇池和巢湖等重点湖泊（水库）共 967 个地表水国控断面（点位）水质监测结果，Ⅰ－Ⅲ类、Ⅳ－Ⅴ类和劣Ⅴ类水质断面分别占 64.5%、26.7% 和 8.8%。5118 个地下水水质监测点中，水质为优良级的占 9.1%，良好级 25.0%，较好级 4.6%，较差级 42.5%，极差级 18.8%。即使在南方水资源充沛的城市，也因为水污染导致了水质性缺水。水资源已经成为制约中国许多地方经济社会发展最突出的短板。

资源不当利用加剧土地资源紧缺。人多地少是中国基本国情，土地资源利用长期存在的突出问题加剧土地资源紧缺。一是导致荒漠化的人为因素依然存在，土地荒漠化和沙化状况依然严重。自 2004 年以来，我国荒漠化和沙化状况连续 3 个监测期“双缩减”，呈现整体遏制、持续缩减、功能增强、成效

明显的良好态势[①]，但防治形势依然严峻。第五次全国荒漠化和沙化监测结果显示，截至2014年，全国荒漠化土地总面积261.16万平方公里，占国土总面积的27.20%，分布于北京、天津、河北、山西、内蒙古、辽宁、吉林、山东、河南、海南、四川、云南、西藏、陕西、甘肃、青海、宁夏、新疆18个省（自治区、直辖市）的528个县（旗、市、区）；全国沙化土地总面积172.12万平方公里，占国土总面积的17.93%，分布在除上海、台湾及香港和澳门特别行政区外的30个省（自治区、直辖市）的920个县（旗、区）；全国具有明显沙化趋势[②]的土地面积为30.03万平方公里，占国土总面积的3.13%。主要分布在内蒙古、新疆、青海、甘肃4省（自治区）。沙区开垦问题突出，5年来沙区耕地面积增加114.42万公顷，增加了3.60%；沙化耕地面积增加39.05万公顷，增加了8.76%。超载放牧现象也很突出，2014年牧区县平均牲畜超载率达20.6%。同时，还发生了向沙漠排污的事件。土地荒漠化和沙化问题仍是当前中国最为严重的生态问题。二是土壤污染频发且呈蔓延趋势。根据2014年发布环境保护部和国土资源部发布《全国土壤污染状况调查公报》，全国土壤环境状况总体不容乐观，部分地区土壤污染较重，耕地土壤环境质量堪忧，工矿业废弃地土壤环境问题突出。全国土壤总的超标率为16.1%，其中轻微、轻度、中度和重度污染点位比例分别为11.2%、2.3%、1.5%和1.1%。耕地土壤点位超标率为19.4%，其中轻微、轻度、中度和重度污染点位比例分别为13.7%、2.8%、1.8%和1.1%，主要污染物为镉、镍、铜、砷、汞、铅、滴滴涕和多环芳烃。土壤污染对粮食生产、食品安全和公众健康造成严重威胁。从污染分布情况看，南方土壤污染重于北方；长江三角洲、珠江三角洲、东北老工业基地等部分区域土壤污染问题突出。在调查的690家重污染企业用地及周边

① 2009~2014年，荒漠化土地面积净减少12120平方公里，年均减少2424平方公里；沙化土地面积净减少9902平方公里，年均减少1980平方公里。

② 具有明显沙化趋势的土地主要是指由于土地过度利用或水资源匮乏等原因造成的临界于沙化与非沙化土地之间的一种退化土地，虽然目前还不是沙化土地，但已具有明显的沙化趋势。

的 5846 个土壤点位中，超标点位占 36.3%；在调查的 81 块工业废弃地的 775 个土壤点位中，超标点位占 34.9%；在调查的 146 家工业园区的 2523 个土壤点位中，超标点位占 29.4%；在调查的 188 处固体废物处理处置场地的 1351 个土壤点位中，超标点位占 21.3%。工矿业、农业等人为活动以及土壤环境背景值高是造成土壤污染或超标的主要原因，工矿企业及其周边土壤环境问题突出，重金属和有机污染物排放不断累积，化肥、农药、农膜等使用量过多，土壤污染形势严峻。

（二）保护生态环境，促进资源可持续利用

资源不当利用会给生态屏障造成严重威胁，制约经济社会发展。中共十八大以来，中国政府致力于贯彻落实绿色发展理念，加快推进生态文明建设，着力于破解资源环境突出矛盾，促进人与自然和谐共生，推动形成绿色发展方式和生活方式，协同推进人民富裕、国家富强、中国美丽。

加快调整优化产业结构。早在 2002 年，中共十六大报告就提出“走新型工业化道路”，“坚持以信息化带动工业化，以工业化促进信息化，走出一条科技含量高、经济效益好、资源消耗低、环境污染少、人力资源优势得到充分发挥的新型工业化路子”。国务院及有关部门制定了一系列促进产业结构调整的规定，限制高耗能、高污染行业发展，但实施效果并不理想。钢铁、水泥、电解铝、平板玻璃等产业不断扩大规模，产能过剩愈演愈烈，给资源环境和经济健康发展带来严重威胁。2016 年，工业和信息化部制定了《工业绿色发展规划（2016—2020 年）》，要求到 2020 年，能源利用效率显著提升，工业能源消耗增速减缓，六大高耗能行业占工业增加值比重继续下降，部分重化工业能源消耗出现拐点，主要行业单位产品能耗达到或接近世界先进水平，部分工业行业碳排放量接近峰值，绿色低碳能源占工业能源消费量的比重明显提高；资源利用水平明显提高，单位工业增加值用水量进一步下降，大宗工业固体废物综合

利用率进一步提高，主要再生资源回收利用率稳步上升；清洁生产水平大幅提升，先进适用清洁生产技术工艺及装备基本普及，钢铁、水泥、造纸等重点行业清洁生产水平显著提高，工业二氧化硫、氮氧化物、化学需氧量和氨氮排放量明显下降，高风险污染物排放大幅削减。

大力推进节能和能源结构优化。能源是解决经济发展和环境保护矛盾的关键领域。节约资源是中国的基本国策，国家实施节约与开发并举、把节约放在首位的能源发展战略，实行有利于节能和环境保护的产业政策，限制发展高耗能、高污染行业，发展节能环保型产业。从国家立法到部门规章政策，中国政府对推进节能和能源结构优化高度重视，已经形成《节约能源法》《可再生能源法》《电力法》《清洁生产促进法》《循环经济促进法》《环境保护法》等30多部相关法律以及大量行政法规、部门规章、地方性立法相配套的法规政策体系。“十三五”规划纲要提出“建设现代能源体系”，要求“深入推进能源革命，着力推动能源生产利用方式变革，优化能源供给结构，提高能源利用效率，建设清洁低碳、安全高效的现代能源体系，维护国家能源安全”。在推动能源结构优化升级方面，更加重视生态环境要求。水电开发要坚持生态优先，加快发展可再生能源；优化建设国家综合能源基地，大力推进煤炭清洁高效利用；限制东部、控制中部和东北、优化西部地区煤炭资源开发，推进大型煤炭基地绿色化开采和改造，鼓励采用新技术发展煤电；推进炼油产业转型升级，开展成品油质量升级行动计划，拓展生物燃料等新的清洁油品来源。

对资源利用采取从严从紧的生态环境管制措施。长期以来，中国许多地方重经济、轻环保，资源不当利用导致生态环境不断恶化。政府环保规章不少，但实际监管缺失，执法不力，生态环境保护与人民群众现实需求严重脱节。当前，许多地方环境容量不足，资源承载力严重超负荷，必须采取更为严格的环保限制措施，尽快弥补历史欠账，扭转生态环境继续恶化趋势。一是提高环境准入门槛。根据环境容量和资源承载力确定污染物排放总量控制计划，在一些特殊的地区坚持环境优先，严格限制污染物高排放项目新建和扩建。完善污染物排放标准体系，加强工业污染源监督性监测，公布未达标企业名单，实施限期整改。城市建成区内污染严重企业实施有序搬迁改造或依法关闭。二是为各类资源利用划定生态环保“红线”。设定全国及各地区资源消耗“天花板”，对能源、水、土地等战略性资源消耗总量实施管控，强化资源消耗总量管控与消耗强度管理的协同。严守环境质量底线，分阶段、分区域设置大气、水和土壤环境质量目标，强化区域、行业污染物排放总量控制，严防突发环境事件。根据涵养水源、保持水土、防风固沙、调蓄洪水、保护生物多样性，以及保持自然本底、保障生态系统完整和稳定性等要求，兼顾经济社会发展需要，划定并严守生态保护红线。通过设置红线管控指标、构建红线管控体系、健全红线管控制度，倒逼资源可持续利用，提升经济发展质量和效益。2016 年 12 月，中共中央办公厅和国务院办公厅印发《生态文明建设目标评价考核办法》，确定对各省区市实行年度评价、五年考核机制，以考核结果作为党政领导综合考核评价、干部奖惩任免的重要依据。2017 年 7 月，中办、国办就甘肃祁连山国家级自然保护区生态环境问题发出通报，“不作为、不担当、不碰硬”，“没有站在政治和全局的高度”，“监管层层失守”，“弄虚作假、包庇纵容”等严厉措辞频现，包括 3 名副省级干部在内的几十名领导干部被严肃问责。

引导和激励资源集约高效利用。企业是资源开发和利用的主体，承担全过程的环保责任。政府在发挥监管职能、严格环保执法的同时，也要完善市场机制，保护先进企业权益，提高企业违规成本，出台鼓励性政策，支持公众参与，为资源集约高效利用企业提供充分激励。一是建立健全用能权、用水权、碳排放权初始分配制度，创新有偿使用、预算管理、投融资机制，培育和发展交易市场。建立统一规范的国有自然资源资产出让平台。建立健全排污权有偿使用和交易制度。二是健全节能、节水、节地、节材、节矿标准体系，提高建筑节能标准，实现重点行业、设备节能标准全覆盖。建立健全中央对地方节能环保考核和奖励机制，进一步扩大节能减排财政政策综合示范。建立企业环境信用记录和违法排污黑名单制度，强化企业污染物排放自行监测和环境信息公开，畅通公众参与渠道，完善环境公益诉讼制度。除此之外，还要对循环经济和绿色节能环保产业发展给予放宽准入、推广示范、政府采购、税收优惠等支持措施。

四、促进生活方式转变

随着收入水平提高，人们生活方式发生转变，对资源环境的影响随之改变。资源节约、环境友好已经逐渐成为全球主流生活方式。需要不断倡导勤俭节约的生活方式，促进消费模式转变，减少污染物排放，缓解生产生活对自然资源与环境的压力，实现可持续发展。

（一）生活质量、生活方式与资源消耗

生活幸福是每个人的追求，生活方式影响生活质量。生活质量是对个人或社会福利水平的一种描述。生活质量包括主观感受和客观生活水准，生活水准可以通过人均收入、恩格尔系数、居住环境等指标进行量化和对比，最主要的影响因素是收入水平。生活方式包括许多内容，这里主要涉及个人或群体在特定的资源环境约束下，以一定的价值规范为取向，为提高生活质量所选择的物质消费方式。不同的生活方式代表着不同的物质消耗水平，体现不同的生活质量。同等生活质量下的资源消耗并不一定相同。通常可以用人类发展指数来衡量一国居民的生活质量，处在同等人类发展指数水平的国家对各类资源的需求常常是不同的，生活质量高的国家资源消耗水平并不一定高。2015 年人类发展指数同为 0.913 的加拿大和新西兰，其人均能源消耗分别为 9.44 吨油当量和

4.66 吨油当量，相差一倍以上；卡塔尔人类发展指数为 0.85，低于加拿大和新西兰，但人均能源消耗却高达 21 吨油当量[①]，更多的资源消耗并不必然带来居民高生活质量。同样，提高生活质量并不一定要通过高物质消耗的生活方式来实现，较低物质消耗的生活方式也能实现生活幸福。

当经济发展和收入水平较低时，居民消费水平较低，资源消耗和环境污染程度也较轻。随着经济发展和收入水平提高，居民消费水平提升，物质消费大幅增长。尤其是当人均收入超过 1000 美元后，消费结构快速变化，环境保护措施和效果相对滞后，资源消耗加快，环境污染加剧。随着经济进一步发展，居民生活质量达到一定水平，开始更加注重追求优质生活环境。消费主力逐渐从高能耗工业和建筑产品转向低耗能绿色产品和休闲娱乐服务，伴随环保力度加大，资源消耗水平和环境污染程度在达到峰值后下降。一国由低收入向中等收入和高收入迈进过程中，物质资源消耗和需求的不断增长是不可避免的，需要以合理的生活方式在资源消耗、环境容量和生活质量间找到适当的平衡点，选择一条相对低资源消耗的发展道路。

资源禀赋、技术水平和社会主流价值观决定主流生活方式。全球人口和资源分布极为不均，技术发展水平差异明显，不同地区居民生活方式千差万别。自然资源丰富、人口较少的国家，资源和生态环境压力相对不大，居民生活物质消耗水平较高。国土面积狭小、人口相对较多、资源较为匮乏的国家，居民生活方式特别注重资源节约和环境保护，土地利用更为集约，循环经济得以充分发展。科技进步是在资源约束下提升生活质量的重要手段，通过技术进步可以提高资源使用效率，开发新资源，扩大环境友好型产品供给，为居民生活提供更多便利和更多选择。在本世纪头十年，北美和欧洲地区保持着高消耗生活方式，但技术发展导致该地区能源消耗速度并没有过快增长，反而有所下降。

① IEA 2016 Key World Energy Statistics, BP 2016Statistical Review of World Energy, UNDP Human Development Report.

除了资源禀赋和技术水平，一个国家主流生活方式还深受社会主流价值观影响。社会大众对财富、物质消费、个人成功、家庭家族关系、社会地位、生态环境的不同认识，会深刻影响生活方式的选择和追求。

资源节约、环境友好已经逐渐成为全球主流生活方式。在众多国际机构和社会组织努力倡导下，减少资源消耗和环境保护问题越来越受到各国政府和社会大众关注，成为国际论坛重要话题，进入各国政策议程。2015 年 9 月，联合国提出 17 个可持续发展目标，其中，目标 12 为“负责任的消费和生产”，确保可持续消费和生产模式。可持续消费和生产旨在“降耗、增量、提质”，即在提高生活质量的同时，通过减少整个生命周期的资源消耗、环境退化和污染，来增加经济活动的净福利收益；要求从生产到最终消费整个供应链中各方都要系统参与和合作，包括通过教育让消费者接受可持续的消费和生活方式，通过标准和标签为消费者提供充分的信息等各种措施。世界范围内转变生活方式已经渐成潮流，建筑材料、家用电器、汽车等产品普遍采用节能设计并最大化循环利用，倡导以公共交通方式替代私家汽车出行，推行家庭垃圾分类，等等。为推进生活方式转变，在产品能耗标准、燃油税、阶梯电价和阶梯水价等方面，政府可以采取许多有针对性的措施。在消费者获取知识、改变意愿、增强节能环保意识方面，媒体宣传和公益组织可以充分发挥积极作用。

受社会舆论宣传的影响，消费者对于各类产品的节能、环保性能的关注日益提高，最直接的行为之一就是购买节能产品。消费者在购买新家电或对家电产品进行更新换代时，节能性已成为影响购买的重要因素，也成为消费者对环境保护的一种积极姿态。尤其是冰箱、洗衣机、空调等产品，与彩电、手机、电脑相比，长期以来功能变化不大，技术趋于稳定，节能环保遂成为厂家和消费者的共鸣点，节能产品成为市场的主流和新卖点。有的企业在对产品进行宣传时，特别强调消费者购买后的节能减排效果，详细列出节能产品与普通产品在耗电量、二氧化碳排放量等指标上的差别，既表明了产品的节能性能，也树立了企业的良好社会形象，对消费者的购买行为和消费习惯有很大影响。

为便于消费者了解产品的能耗情况，各国都在积极推行能效标识制度。能效标识是指附在产品或产品最小包装物上的一种信息标签，表示用能产品的能源效率等级、能源消耗量等指标，为消费者提供必要的信息，使消费者易于得知产品的能源消耗和能效水平。能效标识将产品划分为不同的能源效率水平，划分的依据是相对应产品的国家能效标准。美国自 20 世纪 70 年代的能源危机后就开始关注能源使用效率问题，开始研究能效标准；80 年代制定能效标准，推行能效标识；随后能效标准不断修订更新。1992 年，欧共体发布了统一的家用电器能效标识指令，随后推行"欧盟能源标识"，并不断提高能效标准。韩国于 1979 年制定了《能源效率标准和能效等级标识规定》，1992 年开始对一些产品建立最低效率标准，并以此来指导能效标识活动。

2004 年 8 月，国家发改委和国家质检总局联合发布了《能源效率标识管理办法》，标志着中国能效标识制度的建立。2005 年 3 月 1 日起，正式实施房间空调和家用电冰箱能效标识制度；2007 年 3 月 1 日起，实施范围增加了家用洗衣机和单元式空调；2008 年 6 月 1 日起，又增加了冷水机组、燃气热水器、中小型三相异步电动机、自镇流荧光灯和高压钠灯等五类产品。电热水器、电磁灶、电饭煲、电风扇、微波炉、复印机、显示器、变频空调器、多联式空调器等产品也将实施能效标识制度。2010 年 6 月 1 日，《房间空气调节器能效限定值及能效等级》强制性国家标准将正式实施，新标准对空调能效等级进行了重新划分。2016 年 2 月，国家发改委和国家质检总局重新修订了《能源效率标识管理办法》。

根据《能源效率标识管理办法》，生产者和进口商应当对列入《目录》的用能产品标注能效标识，根据国家统一规定的能效标识样式、规格以及标注规定印制和使用能效标识，并在产品包装物上或者使用说明书中予以说明。列入《目录》的用能产品生产者和进口商，可以利用自有检测实验室或者委托依法取得资质认定的第三方检验检测机构，对产品进行检测，并依据能源效率强制性国家标准，确定产品能效等级。列入《目录》的用能产品，生产者应当于出厂前、进口商应当于进口前向授权机构申请备案。国家质检总局负责组织实施对能效标识使用的监督检查、专项检查和验证管理。

能效标识制度实施十年来，覆盖 12 批 33 类终端用能产品、9000 余家生产企业和 900 余家检测机构，61 万个产品型号通过备案，98.1% 的城镇消费者对能效标识有了一定认知。通过培育节能绿色消费需求，推广高效节能产品，十年来累计节约 4400 多亿度电，为全国节能减排工作做出了重要贡献。

（二）倡导可持续的现代化生活方式

中国人口众多，居民生活方式对资源消耗和环境质量影响大。通过倡导可持续的现代化生活方式，促进消费模式转变，可以在提高生活质量的同时降低能源和其他物质消耗，减少污染物排放，缓解生产生活对自然资源与环境的压力，实现经济社会可持续发展。在“十二五”规划纲要中，就曾提出“推广绿色消费模式”，“倡导文明、节约、绿色、低碳消费理念，推动形成与中国国情相适应的绿色生活方式和消费模式”。中国对可持续生活方式的认识并不落后，也采取了能耗标签、阶梯电价、垃圾分类等许多举措，但社会生活方式转变总体进展并不显著，铺张浪费现象仍然很普遍，资源环境压力还没得到根本缓解。“十三五”规划针对存在的突出问题，提出“要倡导勤俭节约的生活方式”，“倡导合理消费，力戒奢侈消费，制止奢靡之风”；尤其是要“管住公款消费，深入开展反过度包装、反食品浪费、反过度消费行动，推动形成勤俭节约的社会风尚”。

随着总体收入水平快速提高、收入差距显著拉大，群体间生活方式差异越来越突出。高收入群体消费能力强，消费模式和消费追求与发达经济体高收入群体不断靠拢。低收入群体保持基本消费需求，价格敏感，品质要求相对较低。中等收入群体规模不断扩大，构成主流生活方式，深受国际消费潮流的影响，对产品品质的要求不断提升，构成整个社会消费的主力军。中等收入群体对生态环境质量尤为关注，特别关注环境恶化对身心健康造成的不利影响，认同可持续发展观念，多数人愿意践行资源节约、环境友好的绿色生活方式。然而，中等收入群体的消费行为深受高收入群体影响，如果高收入群体奢侈消费、奢靡之风不止，很容易在中等收入群体中蔓延，严重影响主流生活方式。对广大中、高收入群体而言，转变生活方式并不会造成生活质量下降，相反，积极参与环保节能公益活动，合乎国际潮流，能够获得更多社会认同，个人成就感和幸福感都会显著增强。

倡导生活方式转变需要相应制度配合。政府作为生活方式转变的倡导者和推动者，要继续加强宣传，更要采取百姓看得见的具体有益措施。过去许多地方一度兴起大建楼堂馆所和豪华形象工程之风，庆典活动过多过滥，过度铺张，令政府形象和信用严重受损。十八大之后，中央出台“八项规定”，享乐主义和奢靡之风得以遏制。近年来，许多城市也在着力推广居民垃圾分类，很多居民已经逐步形成良好的垃圾分类投放习惯。但整个城市缺少分类收集、分类运输、分类处理的垃圾处理系统，居民分好类的垃圾又被混在了一起，让居民感觉做了无用功①。城市自行车和公共交通等绿色出行服务系统，也需要相应基础设施和管理手段配套。许多城市的公共自行车取用、行驶、归还都面临许多不便，成了路边摆设，任其风吹雨淋。大量投入不但没有节约资源，还造成严重浪费。共享单车的兴起为绿色出行带来新的机遇，但城市道路资源和交通管理系统主要是为机动车行驶设计规划的，需要为推广绿色出行进行改造。推进资源节约、环境友好生活方式也离不开市场和价格手段，资源产品定价要反

① 2017 年 3 月，国办转发国家发展改革委和住房城乡建设部《生活垃圾分类制度实施方案》，提出“加强垃圾分类收集、运输、资源化利用和终端处置等环节的衔接，形成统一完整、能力适应、协同高效的全过程运行系统”，“到 2020 年底，基本建立垃圾分类相关法律法规和标准体系，形成可复制、可推广的生活垃圾分类模式，在实施生活垃圾强制分类的城市，生活垃圾回收利用率达到 35% 以上”。

映资源稀缺程度，对高能耗高污染的产品要通过税收提高其价格，对节能环保产品进入市场时提供适当补贴，以促进产品更新换代。

在转变生活方式方面，需要政府立法、企业责任和消费者提高环保意识。近年来，在处理电子垃圾方面，政府不断推出标准，企业开展“绿箱子环保计划”等公益活动，与消费者互动，共同促进问题解决。电子垃圾，即废弃电子电器产品，主要包括各种废旧电脑、电子通讯设备、家电及精密电子仪器仪表等，含大量有毒有害物质，如果随意丢弃或掩埋，造成土壤和地下水严重污染；如果焚烧，会释放大量有毒气体，造成空气污染。中国电子产品回收处理工艺落后，使用简单的化学方法，多是焚烧和酸解，产生的废水废气直接排放，污染极为严重。在电子垃圾回收处理较为集中的地区，环境问题长期得不到解决，严重危害当地居民身体健康。

电子信息产品更新速度过快，不断产生新的垃圾，更加剧了电子垃圾的危害。以手机为例，在追逐时尚的年轻人当中，一年半载甚至几个月换一部手机的现象十分常见。更换的理由并不是旧手机不能用了，而是因为新手机功能更多、外观更抢眼。手机在不知不觉间从一种通信工具变成了时尚用品，有调查显示中国已成为世界上更换手机频率最高的国家之一。

各类电子垃圾，尤其是废旧充电器与电池，对生态环境的污染日益受到关注。2007 年 3 月，信息产业部、发展改革委等 7 部委联合制定的《电子信息产品污染防治管理办法》开始实施。2007 年 6 月，信息产业部开始推行手机充电器及接口统一技术标准（YD/T1591–2006），逐步解决手机充电器不兼容问题，既方便消费者，也有利于减少电子垃圾危害。

很多发达国家都明文规定了电子垃圾的处理方法，一般都是由厂家、代理商或是经销商负责回收，再送到专门的机构进行处理，建立了完善的“生产者—经销商延伸责任”体制，生产商、经销商有义务对使用过的电子产品进行回收处理，承担“延伸责任”和处理成本。部分国际、国内大企业也率先采取措施，有计划的回收废弃产品。2005 年 12 月，中国移动联合摩托罗拉和诺基亚，共同启动了“绿箱子环保计划——废弃手机及配件回收联合行动”。活动在全国 40 个重点城市中展开，约有 1000 家中国移动通信自办营业厅和摩托罗拉、诺基亚的各约 150 家销售中心和维修中心设立了专用于废弃手机及配件回收的“绿箱子”。2006 年 4 月，波导、LG、NEC、松下、夏新等六家手机生产厂商加盟，“绿箱子环保计划”在全国的覆盖面进一步扩大。至 2010 年底，“绿箱子环保计划”已累计收集到 170 余吨废弃手机及附件。自 2011 年 1 月 1 日起，中国正式实施《废弃电器电子产品回收处理管理条例》，运作“绿箱子环保计划”的经验对于在中国建立更大的废弃产品回收体系具有重要参考意义。“绿箱子环保计划”荣获中国环境保护领域最高的社会性奖励——“第四届中华环境优秀奖”。

第四章

◇ ◇ ◇ ◇ ◇ ◇

中国的资源环境制度与政策

市场是现代经济最基础性的资源配置手段，对提升资源配置效率进而促进资源可持续利用，具有决定性的作用。但在现实中，存在一系列的因素导致市场失灵，在自然资源和环境领域表现得尤为突出。政府作为公共利益的代言人和守护者，有充分的理由通过制度和政策对资源的开发利用进行规范，使之更加高效、公平和可持续，提升社会整体和长远的福祉。使市场在资源配置中发挥决定性作用，同时更好地发挥政府的作用，是中国当前正在积极探索和努力的方向。

一、资源领域的市场化配置改革

资源领域的市场化配置改革中，产权和价格机制改革是关键，这两者都与国家整体的经济体制密切相关。新中国成立后，经济体制经历重大的变革，这一过程可以改革开放政策实施为界分为两个时期。

（一）改革开放前的资源经济

1949 年新中国成立后，迅速地进行了经济的社会主义改造。1956 年，社会主义改造完成，实现了生产资料私有制到公有制（包括国有和集体所有）的转变，公有制经济在国民经济中占据主导地位，建立起了全面的计划经济体制。

与经济体制的转变相适应，自然资源作为国民经济的基础和重要组成部分，在法律上也确立了公有属性，并全面纳入计划经济。在 1954 年新中国颁布的第一部《宪法》中，就明确规定：“国营经济是全民所有制的社会主义经济，是国民经济中的领导力量和国家实现社会主义改造的物质基础……矿藏、水流，由法律规定为国有的森林、荒地和其他资源，都属于全民所有。”矿产资源的定价和调配也全面计划化，与其他国民经济部门之间建立起核算关系，作为核算单位的企业没有生产和经营上的自主权。农村保留了一部分非计划经济成分，但是随着公社化的推进，土地资源的配置和农业生产也越来越具有计划化的特征，农民家庭对“生产什么、生产多少、怎么生产”缺乏自主权。

这样一种指令性计划经济体制，建立的初衷是通过公有化实现资源的集中和优化配置，在解放和发展生产力的同时，克服资本主义经济制度中的不公平和不稳定问题。在社会主义改造至改革开放前这段时期，中国部分地实现了这一目标：建立了较为完整的工业体系和基础设施体系，收入分配差距维持在一个较低的水平。

但是，计划经济的实施也带来了严重的挑战，付出了巨大的代价。在计划经济模式下，企业和个人缺乏自主权，平均主义的分配模式使得激励被严重扭曲，价格机制被抑制而不能发挥指导资源配置的功能。这些问题导致资源利用效率低下，加上长期不断的政治运动的冲击，导致中国经济结构严重失衡，经济濒于崩溃，人民生活水平低下，生活用品短缺，占人口绝大多数的农村地区普遍处于贫困中。

（二）改革开放后的资源市场化配置改革

1978 年 12 月，中共十一届三中全会召开，这次会议决定将工作重点转移到经济建设上，经济体制改革拉开大幕。

中国的经济体制改革采取的是渐进的增量改革模式，遵循先易后难、先边缘后中心的策略，总体上从几个方面渐次展开：首先是以放权让利，在不改变所有制的情况下，充分调动农户和企业等生产经营主体的积极性和能动性；其次是完善企业治理结构，塑造和培育适应社会主义市场经济的市场主体，重点是国有和集体企业的改制；再次是完善市场机制，重点是价格机制改革以及建立市场化的交易平台等，先放开产品市场，此后逐步放开资源要素市场。这些改革在一定的时期内并行，但不同阶段各有的侧重。

1. 放权改革

中国经济体制改革率先在农村取得突破，以对农村集体土地产权的调整为始。1978 年的家庭联产承包责任制改革，将土地产权分为所有权和经营权。所有权仍归集体所有，经营权则由集体经济组织按户分给农户自主经营，集体经济组织负责承包合同的履行以及公共设施的安排和使用。这一改革举措极大地调动了农民的积极性，农业在很短的时间内得到恢复，粮食生产大幅度增长，大幅度减少了极端贫困和饥饿问题。

1982 年 12 月，修订后的《中华人民共和国宪法》规定，“农村和城市郊区的土地，除由法律规定属于国家所有的以外，属于集体所有；宅基地和自留地、自留山，也属集体所有”。1986 年 6 月通过的《中华人民共和国土地管理法》，进一步明确了所有权和经营权相分离的制度安排，对集体和农户的权利和义务作了更加详细的规定。

这样一种以放权为特征的改革，在 20 世纪 80 年代后逐步扩展：一是对企业的放权，推动政企分开，在坚持国家所有权的同时，允许企业有更多的经营自主权；二是对地方政府的放权，允许和鼓励地方政府根据本地情况发展经济，并通过绩效考核体系形成了地方政府之间的增长竞争；三是对私人部门和外资部门的放权，承认乡镇企业、私营企业和外资企业的合法性，使之成为国民经济中的重要组成部分[①]。

2. 企业改制

进入 90 年代以后，国有企业陷入普遍的经营困境。1996 年，亏损破产的国有企业数量超过过去 9 年的总和，国有工业的负债总额达到所有制权益的

① 乡镇企业是指成立于农村地区、由农民投资和组建的企业，包括乡、镇、村的集体企业，农民组办、联户办和个体办的企业。

1.92倍，整体上陷入破产状态。导致困境的原因是多方面的，包括政企不分、政企委托－代理问题、预算软约束、产权不明晰、经营机制僵化等问题。在此背景下，根据“抓大放小”的方针，一方面通过改组、联合、兼并、出售等多种减少中小型国企或转制为其他所有制企业，保留的国企也加速向现代公司转型。到2000年，国企改革与脱困三年目标基本完成，国有企业实现利润3786亿元。到2002年，15.9万户国有控股企业中的50%以上实行了公司制改革。2003年开始，中央和地方政府开始设立国有资产监督管理委员会，分别代表中央和地方政府履行对国有企业的出资人和监督者角色。在此后十年里，国有企业监督管理制度框架基本定型。

中国的乡镇企业自80年代异军突起，特别是在1993年中国确立社会主义市场经济体制改革取向之后，一度蓬勃发展，成为国民经济的重要支柱。到1995年，乡镇企业创造了全国四分之一的GDP和三分之一的工业增加值。然而，从90年代中期开始，随着市场经济的发展和进一步对外开放，市场竞争的加剧，乡镇企业（特别是集体企业）也因为内部治理机制、管理水平、创新能力等方面的不足，遭遇了发展困境。因此，自90年代中后期开始，许多乡镇企业也开始明晰产权、完善内部治理结构，向现代公司制转型，成为更适应现代经济的市场主体。

这些改革也深刻地影响了自然资源开发利用的能力、方式、规模和结构，有力地推动了中国经济的强劲增长。在1978年以来的近40年里，中国经济的年均增长率接近10%，创造了增长的奇迹，从低收入国家一跃成为上中等收入国家。

与其他领域的改革相比，资源要素领域的改革在日程上相对靠后。这样安排的原因主要考虑了几个方面：一是土地、能源和其他矿产资源都属于国民经济中的基础性行业，关系国计民生，具有战略重要性；二是作为宏观经济管理的手段，有助于稳定经济（特别是抑制通货膨胀）；三是体现社会主义性质和公益性，确保公平性和可持续发展的需要。

尽管改革取得了令人瞩目的进展，仍有一些长期性的深层次矛盾没有得到解决，制约了资源的市场化配置。在国企占主导地位的领域，作为所有者的国家和作为经营者的企业之间，存在典型的因为信息不对称导致的委托－代理问题。国有企业在一些领域居于垄断性地位，在争取优惠的财税政策、土地和金融方面往往比民企享有更多的优势，也引发了有关公平竞争的焦虑和争议。地方政府间的竞争也刺激了过度的投资，GDP 至上的观念盛行，抑制了资源利用效率的提高，社会发展和生态环境问题得不到应有的重视，使经济发展中的不平衡、不协调和不可持续问题变得突出。

3. 更加系统的市场化配置改革

2013 年 11 月召开的中共十八届三中全会，审议通过了《中共中央关于全面深化改革若干重大问题的决定》，提出“经济体制改革是全面深化改革的重点，核心问题是处理好政府和市场的关系，使市场在资源配置中起决定性作用和更好发挥政府作用”，确立了中国新一轮经济体制改革的总基调。新一轮改革提出了雄心勃勃的计划，涉及 60 个方面、300 多项改革举措，其中有许多措施与资源开发利用相关。

2015 年 9 月，中共中央、国务院印发了《生态文明体制改革总体方案》。这一方案反映了中国在生态文明建设上的顶层和总体设计，其目标是产权清晰、多元参与、激励约束并重、系统完整的生态文明制度体系，包括自然资源资产产权制度、国土空间开发保护制度、空间规划体系、资源总量管理和全面节约制度、资源有偿使用和生态补偿制度、环境治理体系、环境治理和生态保护市场体系、生态文明绩效评价考核和责任追究制度等八项制度。十八届三中全会以来采取的改革举措中，与产权和市场培育相关的改革尤其值得关注。

农村土地资源。中国城市的土地归国家所有，农村土地包括耕地、宅基地、集体建设用地以及林地、草地等为集体所有[①]，作为集体经济组织成员的农户具有使用权。在快速城市化过程中，大量的农村土地被转化为城市国有土地，大量农业转移人口在城市常住，在此过程中产生两个尖锐的问题：一是集体土地和国有土地出让价格差距悬殊，地方政府通过土地差价补充了自己的财政能力，但农民和村集体所得较少，加剧了城乡发展不平衡；二是大量人口从农村转移到城市，其宅基地以及耕地资源利用效率低。

为了进一步保障农民的土地权益，缩小城乡差距，提高土地以及相关生产要素的利用效率，近年来采取了多项具有重要意义的改革措施：一是在集体土地确权的基础上，加快推进并基本完成了农村耕地的确权、登记、颁证工作，为农民土地权益提供了法律上的确认依据；二是在全国 33 个县（市）开展“三块地”[②]改革试点，试点旨在探索宅基地的有偿使用和退出，集体经营性建设用地与国有土地同权同价入市交易，完善对农村土地征收的程序以及对农民利益的保障。这一改革试点将于 2017 年结束；三是针对农村人口大量进城和土地流转范围扩大的现实，在原来农村承包地所有权与承包经营权两权分离的基础上，进一步将承包权和经营权相分离，形成“三权分置”的格局，确认承包人和流转后经营人的合法权益，鼓励提高农地的利用效率和产出水平。

专栏 4.1　浙江德清集体经营性建设用地入市

浙江省德清县是国务院授权的 15 个农村集体经营性建设用地的试点之一。早在十多年前，德清就开展了土地承包经营权的流转。2013 年初，德清开展了“三项确权”工作，明晰了农村（林地）承包经营权、宅基地用益物权、集体资产股权。2015 年 4 月开始，德清对全县 12 个乡镇 151 个行政村的存量集体经营性建设用地进行了普查，共摸清了 1881 宗 10691 亩存量经营性建设用地，并通过“一村一梳理”“一地一梳理”，排定 1036 宗 5819.01 亩地块可直接入市。德清县出台的《农

① 除少数特别规定属于国家所有的之外。森林、草地、河流等也是如此。

② 所谓“三块地”包括农村承包地、集体建设用地以及农民家庭的宅基地。

村集体经营性建设用地入市管理办法》，对入市途径和范围、入市主体、入市程序和收益管理等制度做出了明确的规定。随后，德清县将全县集体经营性建设用地统一纳入县公共资源交易中心交易，建立多方协同的入市监管服务机制，实现了与国有建设用地统一的交易平台、统一的市场规则和统一的服务监管。入市涉及的宗地信息、入市方式、交易形式、起始地价、合同条款等事项通过县公共资源交易中心的电子屏和互联网全部公开，确保改革的透明度和公众参与度。

按照“同权同价、同等入市”原则，德清参照成熟的国有土地交易制度，初步形成了“一办法、两意见、五规定、十范本”的完整制度模型，解决了集体建设用地与国有土地“身份不对等”的问题。针对集体经营性建设用地抵押贷款工作，德清还出台了改革容错机制、风险补偿机制和绩效考核制度等配套措施。

合理的制度安排，规范的入市程序，使德清成为全国 15 个同类试点中的佼佼者，入市面积大于其他 14 个试点地区合起来的总面积。目前，德清县共完成入市土地 131 宗 856 亩，成交金额 1.88 亿元，农民和农民集体获得收益 1.53 亿元，共涉及 49 个集体经济组织，惠及农民 8.8 万余人，覆盖面达 38% 以上。

资料来源：根据有关文件和报道整理。

矿产资源改革。矿产资源领域的市场化改革，主要集中在扩大以招拍挂方式出让探矿权和采矿权上。在探矿权方面，随着经济结构的深层次调整以及矿产资源领域的结构性改革，市场化出让探矿权的比例从 2011 年的历史性高位（31%）下滑到 2013 年的 20%，2015 年又回升到 40% 左右（图 4.1）。在采矿权方面，市场化出让的比例没有随着金融危机后矿业市场的起伏经历巨大的波动，持续稳定在 80–90% 的水平之间（见图 4.2）。

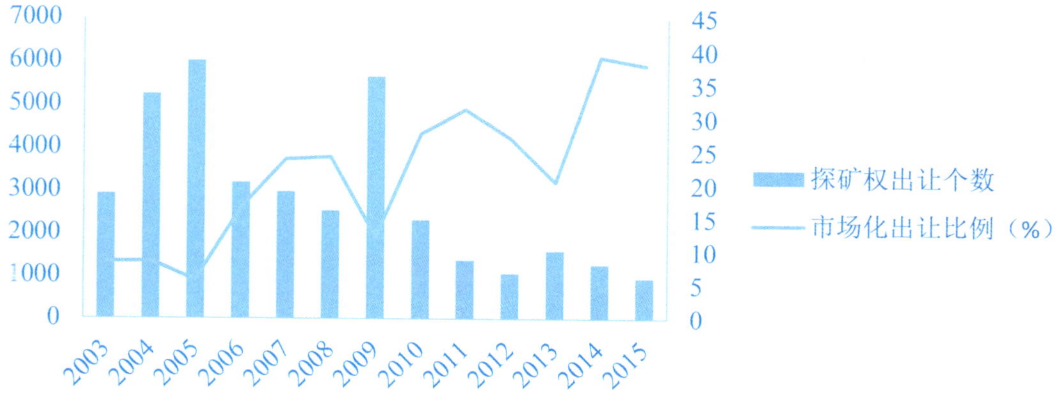

图 4.1　2003~2015 年全国探矿权出让数量及市场化出让占比

资料来源：根据中国国土资源统计年鉴、国土资源部信息中心数据测算。

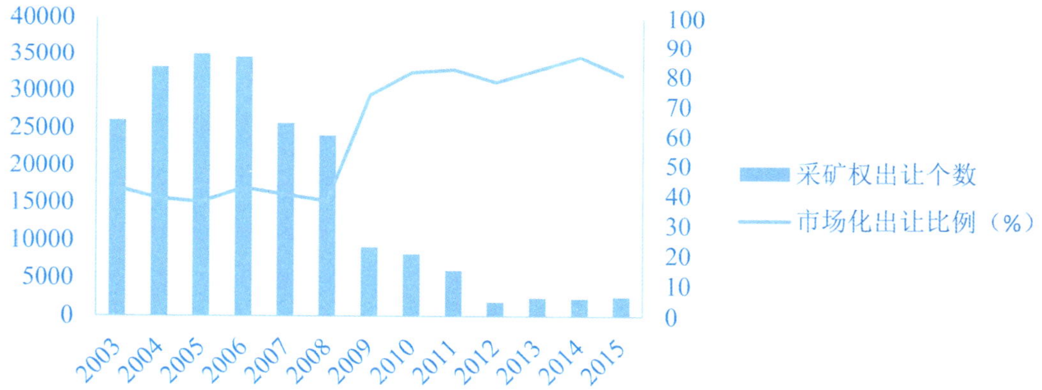

图 4.2　2003~2015 年全国采矿权出让数量及市场化出让占比

资料来源：根据中国国土资源统计年鉴、国土资源部信息中心数据测算。

能源市场。能源领域值得关注的改革包括建立市场、完善定价机制以及扩大非国有企业的准入。首先，在能源领域，基本方向是鼓励和促进市场主体的多元化竞争，同时管住能源输送网络基础设施的价格，避免重复建设。在电力的配电领域和发电领域，在天然气终端市场，试点引入社会资本，扩大非国有经济在能源市场的准入（见专栏 4.2）。其次，促进能源市场的培育和发展，在 20 余个省区分别建立电力、天然气交易中心。第三，加快能源定价机制改革，政府取消了电煤领域的价格双轨制，加大了对可再生能源的支持力度，为可再生能源的发电提供更大力度的补贴。与此同时，政府也完善了对能源价格的监管体系，防止价格过快和过大幅度调整给国民经济带来的冲击。

专栏 4.2　四川加快推进天然气价格市场化改革

党的十八大以来，按照党中央国务院和省委省政府进一步深化价格改革决策部署，四川省发展改革委进一步解放思想、转变职能，紧紧围绕加快完善主要由市场决定价格机制主线，按照“管住中间、放开两头”总体思路，立足四川实际，创新思路方法，率先放开非居民用天然气销售价格，加快天然气价格市场化改革步伐。

一、转变监管方式，推进天然气输配价格改革

围绕“建机制、强监管”目标，转变天然气监管方式，探索建立符合四川实际的天然气输配价格形成机制。按照“准许成本加合理收益”的原则，对属于网络型自然垄断的天然气配气环节单独核定价格，由过去核定燃气企业购售价格、燃气经营企业获得差价收入的间接监管，转变为以配气网络有效资产为基础对配气收入、成本和价格全方位的直接监管。一是明确四川省天然气配气价格核定的相关办法，价格调整周期、总收入监管方式等。二是从严从紧核定城镇燃气企业配气准许收入，既保证天然气管网合理投资和安全稳定运行，又充分体现地方实际和经济社会发展需要。

二、构建市场规则，推动天然气市场化改革

天然气价格改革的最终目标是全面市场化，放开非居民用天然气销售价格是实现这一目标的重要举措。四川省立足资源供需状况，国家对上游气源门站价格实行可浮动的基准价管理，率先全面放开非居民用天然气销售价格，推进具备条件的天然气大用户“转供”改“直供”，鼓励工业园区直接与上游供气企业进行市场交易，由供需双方协商确定价格。从价格机制上创造条件，促进天然气终端大用户依托配气网络进行市场化交易的，通过向燃气经营企业支付配气费用，减少中间环节，降低用气价格。2016 年上半年，四川天然气直供用户规模进一步扩大，直供气量占全省非居民用气量比重同比增长 2.67%，这意味着天然气价格管制进一步放松，留给供需双方更多自主协商价格的空间，进而有利于激发市场活力，促进公平竞争，推

动天然气公开透明交易。

三、加快职能转变，加强放开价格监督检查

在全面推进价格改革放开非居民用天然气价格的同时，四川坚持牢牢把握中共中央国务院推进价格机制改革的若干意见精神，在简政放权的同时，切实将工作重点和重心转移到对放开价格行为的事中事后监管，坚持放管结合，积极探索创新放开价格跟进检查机制，使市场在资源配置中起决定性作用，同时防止出现大的价格波动。一是引导燃气经营企业建立健全企业内部定价机制和价格管理制度，督促建立健全天然气上下游价格联动机制和办法，同步调整其非居民用气销售价格。二是加强对燃气经营的工作指导，定期收集燃气公司的购气协议、购气价格组成及变化情况、各类用户用气结构比例及变化情况、主营业务经营状况，密切关注市场动向，加强监督检查，依法查处价格违法行为，维护市场正常价格秩序。

资料来源：国家发改委网站。

水资源。水资源领域改革的重要内容是完善水权制度。2014 年，宁夏、湖北、广东等 7 个省区开展了不同类型的水权试点。2016 年，国家级水权交易平台——中国水权交易所在北京正式挂牌，标志着运用市场化机制优化水资源配置正式启动。完善水价形成机制、推行阶梯水价也是改革的重要内容，截至 2016 年底全国设市城市阶梯水价制度已基本建立，近 5 年来全国城市用水人口增长了近 15%，用水总量仅增长 11%。此外，近年来中国通过 PPP 的模式将社会资本引入水务市场，扩大了私人部门和外资机构对水务行业投资的参与。目前与水务相关的 PPP 项目总投资已经达 2500 亿人民币，PPP 中超亿元的项目中与水务相关的项目有 136 个，约占 PPP 项目总数的 95%。

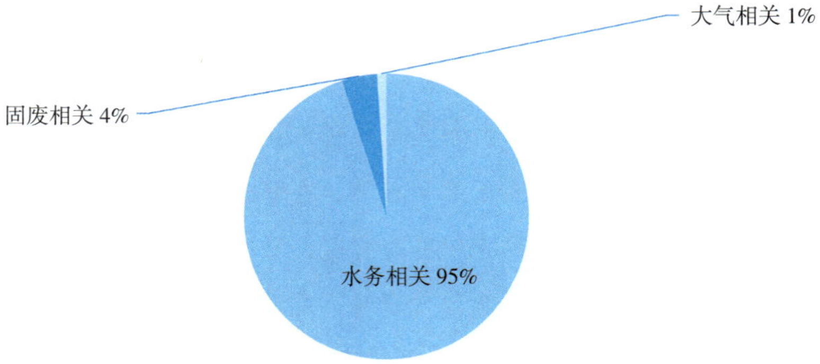

图 4.3 2015 年我国超亿元 PPP 项目构成

资料来源：E20 环境平台。

随着改革整体进入深水区，资源领域市场化改革面临的挑战将更加艰巨、复杂，还有许多方面需要进一步深化。

首先，国有企业改革。经历了 20 世纪 90 年代的大规模国有企业改革之后，国有企业的治理结构、管理水平和经营能力有了大幅度的提升，也为民营经济的发展提供了广阔的空间。随着国企改革更多由“管资产”向“管资本”转变，进一步使政企分开，完善国有企业内部激励机制，提升企业的全球竞争力。在推进国企混合所有制改革过程中，需要平等地保护国有和民营资本的产权，提振民间投资的信心。

其次，资源价格改革。目前在煤电、天然气、水价、电价等方面的改革已经取得了一定的进展，但相关改革的成效还有待进一步观察和评估。成品油的定价机制尚未理顺，与国际市场的倒挂长期未能解决。

再次，市场建设。虽然我国已经是全球最大的资源生产和利用国家，目前已经建立了水、电、能源的交易市场，但是市场的培育仍然较为初步，参与主体有限，引导资源高效配置的功能还相对不足。此外，我国虽然已经建立了大宗商品现货和期货市场，但在国际市场上缺乏话语权，如何实现国际和国内相关市场的对接，掌握大宗资源商品的定价主动权，仍是有待解决的重要课题。

二、资源环境管理体系与政策

作为一个有全球意识的发展中大国，中国在20世纪60年代就密切关注国际上的资源环境问题以及相关的思潮和运动。1972年中国派代表团参加联合国首届人类环境会议，并开始将环境问题列入国家议事日程。从20世纪80年代开始，中国加快了资源环境制度的建设，通过国际资源环境合作框架广泛借鉴国际经验，积极践行全球资源和环境责任。目前，中国已经形成了相对完整的资源环境政策框架。

（一）资源环境管理体系

当前，中国在中央和地方已经形成了比较系统和完整的资源环境管理体系。在中央层面，资源环境相关工作的顶层架构如下：①中国共产党作为执政党，设立中央全面深化改革领导小组，负责中国总体设计、统筹协调、整体推进、督促落实，下设六个专项小组，其中的“经济体制与生态文明体制改革专项小组”负责与资源、环境、生态相关的改革；②在国务院层面，包括国土资源部、环境保护部、国家发展与改革委员会、国家林业局以及其他职能部门的司局负责具体资源环境的行政管理工作；③作为立法机关的全国人民代表大会，设立环境与资源保护委员会，负责资源环境相关立法以及审议政府的行政法规、决定和命令；④中国人民政治协商会议设立“人口资源环境委员会”，围绕国家人口、资源、环境和可持续发展领域的战略性、综合性、全局性、前瞻性的重大问题开展调查研究，并通过多种形式和渠道向党中央、国务院提供决策参考意见和建议。

从行政的角度看，国土资源部、环境保护部、国家林业局、国家发改委是四个与资源环境生态关系最密切的机构。农业部、商务部、财政部等其他部委以及流域管理机构，也有很多职能与资源环境相关。地方政府的环境管理体系基本上复制了中央的架构。

专栏 4.3 四部委的历史沿革

国土资源部：

1998 年 3 月 10 日，九届人大一次会议第三次全体会议表决通过《关于国务院机构改革方案的决定》。根据这个决定，由地质矿产部、国家土地管理局、国家海洋局和国家测绘局共同组建国土资源部。保留国家海洋局和国家测绘局作为国土资源部的部管国家局。新组建的国土资源部的主要职能是：土地资源、矿产资源、海洋资源等自然资源的规划、管理、保护与合理利用。

环境保护部：

1974 年 10 月，国务院环境保护领导小组正式成立，主要职责是：负责制定环境保护的方针、政策和规定，审定全国环境保护规划，组织协调和督促检查各地区、各部门的环境保护工作。

1982 年 5 月，第 5 届全国人大常委会第 23 次会议决定，将国家建委、国家城建总局、建工总局、国家测绘局、国务院环境保护领导小组办公室合并，组建城乡建设环境保护部，部内设环境保护局。

1984 年 5 月，成立国务院环境保护委员会，委员会主任由副总理兼任，办事机构设在城乡建设环境保护部（由环境保护局代行）。1984 年 12 月，城乡建设环境保护部环境保护局改为国家环境保护局，仍归城乡建设环境保护部领导，同时也是国务院环境保护委员会的办事机构，主要任务是负责全国环境保护的规划、协调、监督和指导工作。

1988 年 7 月，环保工作从城乡建设部分离出来，成立独立的国家环境保护局，明确为国务院综合管理环境保护的职能部门，作为国务院直属机构，也是国务院环境保护委员会的办事机构。

1998 年 6 月，国家环境保护局升格为国家环境保护总局，是国务院主管环境保护工作的直属机构。撤销国务院环境保护委员会。

2008 年 7 月，国家环境保护总局升格为环境保护部，成为国务院组成部门。

国家林业局：

1949 年 10 月，中央人民政府林垦部成立。

1951 年 11 月，林垦部改为中央人民政府林业部，垦务工作交给农业部管理。

1954 年 11 月，中央人民政府林业部改称为中华人民共和国林业部。

1958 年 2 月，第一届全国人民代表大会第五次会议决定将林业部和 1956 年成立的中华人民共和国森林工业部合并为林业部。

1970 年 5 月，农业部、林业部和水产部合并成立农林部。

1978 年 4 月，国家林业总局成立。

1979 年 2 月，农林部撤销，成立农业部和林业部。

1998 年 3 月，九届全国人大一次会议通过国务院机构改革方案。林业部改为国务院直属机构国家林业局。

国家发改委：

国家发展和改革委员会的前身可追溯到 1952 年成立的“国家计划委员会”。随着中国由计划经济体制向社会主义市场经济体制转变，国家计委的功能也在不断变化。

1998 年，“国家计划委员会”更名为“国家发展计划委员会”，并把部门职责放在管理有关国民经济全局的事物上，着力制定发展战略，进行宏观经济管理。

2003 年，原国家经贸委的部分职能和原国务院经济体制改革办公室一同并入国家发展计划委员会，并改组为“国家发展和改革委员会”。

2008 年，国家发改委放弃了它在工业行业管理方面的有关职能和对国家烟草专卖局的管理，将这两项工作划入新成立的工业和信息化部。

迄今为止的行政管理体制的改革，明显促进了资源环境管理相关职能的整合和优化，提高了行政的效能。但是还存在一些突出的挑战：从横向来看，资源、环境、生态以及总体的规划布局等职能和权限相对分散，不同部委在职能上也存在一定的重叠，不利于政策框架的统一，带来了协调的困难；从纵向来看，由于资源环境问题带有很大的公共性和跨区域特征，而地方政府的资源环境机构关注本地利益而忽视全局利益，形成国家和地方层面的冲突。

在中共十八届三中全会之后，中共中央成立了经济体制与生态文明体制改革专项小组，有助于提高资源环境制度的顶层设计水平。还推出了两项具有重要意义的改革：一是省以下环保机构监测监察执法垂直管理制度，以克服一些地方政府中存在的地方主义倾向；二是建立中央环保督察制度，对各省开展环保督察，督查组的构成人员来自全国人大环资委、全国政协人口环境与资源委员会以及住建部等相关部门。这些改革的推进，有望减少前述的纵向和横向的统筹协调失灵问题。

（二）资源环境法律法规

中国系统的资源环境立法是从改革开放后开始的。自 1979 年《环境保护法（试行）》颁布开始①，已经形成了比较完整的法律、法规、行政指令和标准。

在 1982 年修订的《宪法》中，明确规定国家在资源环境合理利用和保护上的责任，为其他法律法规的制定提供了依据。“国家保障自然资源的合理利用，保护珍贵的动物和植物。禁止任何组织或者个人用任何手段侵占或者破坏自然资源。”“国家保护和改善生活环境和生态环境，防治污染和其他公害。国家组织和鼓励植树造林，保护林木。”

目前，关于资源环境的法律总体上有如下几类：①综合性的法律，包括《环境保护法》《环境影响评价法》《清洁生产促进法》《循环经济促进法》等。②涉及资源与环境的专项法律。资源方面涵盖了森林、水、海洋、草原、土地、煤炭、节能、可再生能源、气象等；生态方面涵盖了野生动物保护、水土保持等；涉及环境方面的涵盖了水污染、大气污染、环境噪声、放射性污染等。③支持性的法律。包括农业法、渔业法、行政强制、行政许可、刑法、标准化法等。

① 在有综合性的《环境保护法（试行）》之前，新中国从 20 世纪 50 年代开始就陆续颁布了相关的行政条理和规定。1973 年颁布的《关于保护和改善环境的若干规定（试行草案）》可以说是 1979 年《环境保护法（试行）》的前身。

除了前述的资源环境法律外，还颁布了40余部行政法规、近百部国务院和环保部的部门规章以及900余部地方法规。此外，围绕资源环境利用目前也建立了内容广泛的标准体系。

中国法律法规的建立和完善存在一定的周期性。从时间上看，中国资源环境立法的第一波高潮是在20世纪80年代，第二波是在加入WTO后的2002~2008年这段时间。在十八届三中全会以后，迎来了新一波高峰。经过近四十年的发展，中国目前与资源环境相关的法律法规已经相当全面。

中国资源环境立法工作还存在着一些显著的不足：一是相关立法中，法律的数量少，行政法规和部门规章偏多，权威性不足；二是国民经济和社会发展迅速，资源环境的新问题不断涌现，而立法工作还跟不上现实发展的需要，许多形成于20世纪80年代至2000年初的法律法规亟待更新。许多早期立法普遍存在表述模糊笼统缺乏可操作性、执法主体权限责任不明、不同法律之间缺乏衔接等问题；三是一些领域还存在立法的空白，如缺乏综合性的自然资源法律；四是对法律法规与其他领域改革以及政策衔接缺少清晰的指引。

十八届三中全会后，特别是2015年《生态文明体制改革总体方案》发布以后，中国加快了资源环境立法及其修订工作，取得了一系列实质性的进展。过去五年来，《环境保护法》《大气污染防治法》《水污染防治法》《环境影响评价法》《核安全法》《环境保护税法》等法律完成制修订，《核安全法》《土壤污染防治法》进入全国人大常委会立法审议程序，大大提升了立法的质量和水平，为生态文明体制建设提供了坚实的法律保障。

（三）政策工具

在过去近四十年里，中国在资源环境领域的政策工具不断丰富，财政、税收、金融以及行政处罚和收费等手段得到了广泛的应用。

1. 财政政策

2007 年，财政部制定的《政府收支分类改革方案》和《2007 年政府收支分类科目》中，明确列出了节能环保支出科目①，使之成为与教育、社保支出等重要民生支出并行的科目。从政府节能环保支出可以看出，我国近年来资源环境保护力度显著加大。2010 年以来，节能环保支出从 2000 多亿元增加到近 5000 亿元，翻了一番（图 4.4），占国家 GDP 的比重也由 0.60% 上升到 0.71%。

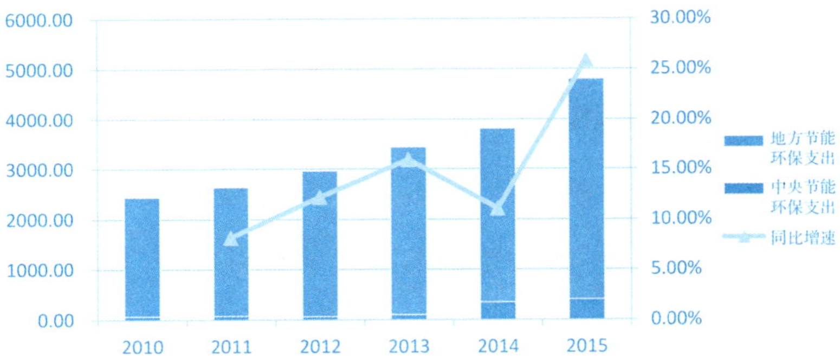

图 4.4　2010~2015 年全国节能环保支出及同比增速

资料来源：根据中国财政统计年鉴数据计算。

图 4.5　全国节能环保支出占国内生产总值的比重

资料来源：根据中国财政统计年鉴数据计算。

① 反映政府节能环保支出。具体包括环境保护管理事务支出、环境监测与监察支出、污染治理支出、自然生态保护支出、天然林保护工程支出、退耕还林支出、能源节约利用、污染减排、可再生能源和资源综合利用等支出。

财政其他支出功能科目下也有以促进资源可持续利用为目标的相关支出，如“资源勘探信息”“农林水支出”“国土海洋气象”等。从 2015 年全国财政决算支出表来看，资源勘探信息支出达到 6005.88 亿元，国土海洋气象支出达 2114.70 亿元；农林水支出中的林业支出达 1613.38 亿元，水利支出 4807.85 亿元。

2. 税收和收费政策

促进资源可持续利用的税收政策有惩罚性措施与鼓励性措施两种。惩罚性措施以征收排污费、与资源利用相关的资源税、消费税等税收为主，鼓励性措施则以税收优惠政策为主。有关资源可持续利用的税收政策措施散见于各个税种之中，涉及的税种主要有增值税、消费税、企业所得税、资源税、城镇土地利用税和耕地占用税等。据不完全统计，我国已出台了 30 余项促进资源可持续利用的税收政策。

表 4.1　促进资源可持续利用的税收政策

政策类别	现状及成效
惩罚性措施——征收排污费	2003 年 7 月 1 日起，正式实施《排污费征收标准管理办法》。经过多年的补充和调整，目前污染收费范围已扩大至企业和家庭排放的废水、废物、废气、废渣、噪音等排放物，收费方法按照污染者排放污染物的种类、数量从量计征。收取的费用纳入预算专项管理，用于重点污染源防治、区域性污染防治、污染防治新技术开发等
	提高水资源费征收标准。明确各省（区、市）“十二五”末水资源费征收标准指导目标，督促各地加快水资源费标准调整工作进度，将中央直属和跨省水力发电用水水资源费征收标准从原来的每千瓦时 0.3~0.8 分，缩小为 0.5~0.8 分，并统一跨省界河水电站征收标准
	2014 年，《挥发性有机物排污收费试点方案》与《排污权使用费收取使用管理办法》已起草完毕

政策类别	现状及成效
惩罚性措施——征收资源税、消费税	消费税中选择对污染环境的消费品、高能耗的消费品、不可再生的消费品、消耗稀缺资源的消费品实行征税。自 2014 年 1 月 1 日起，以外购或委托加工收回的已税汽油、柴油为原料连续生产汽油、柴油，准予从汽、柴油消费税应纳税额中扣除原料已纳的消费税税款。将原油、天然气矿产资源补偿费费率降为零，相应将资源税适用税率由 5% 提高至 6%。 2014 年 12 月 1 日煤炭资源清费正税、从价计征改革在全国顺利推开，实施成品油等税目消费税改革。按照“一增四减一停”“价税费联动”“新增收入用于治理环境”的思路，调整成品油等部分税目消费税
鼓励性措施——税收优惠	增值税：对资源综合利用类产品、对清洁能源和环保产品、对废旧物资回收企业、对污水处理企业等给予了一定的税收优惠。2014 年，对装机容量超过 100 万千瓦的水力发电站（含抽水蓄能电站）销售自产电力产品，在一定期限内对其增值税实际税负超过一定比例的部分实行即征即退政策
	所得税：对利用“三废”的企业、对企业由于淘汰消耗臭氧层生产线而获得的“议定书”多边基金赠款、对环保设备和产品等给予免税；对环保设备实行投资抵免、加速折旧政策；对从事污水、垃圾处理业务的生产性外商投资企业，给予“两免三减半”优惠；对外国企业为开发能源、保护环境等提供专有技术所取得的特许权使用费给予税收减免
	对节约能源汽车实施税收优惠。2014 年 8 月，财政部、国家税务总局、工信部联合印发《关于免征新能源汽车车辆购置税的公告》（公告 2014 年第 53 号），明确自 2014 年 9 月 1 日至 2017 年 12 月 31 日，对购置的新能源汽车免征车辆购置税。2015 年 5 月，财政部、国家税务总局、工信部联合印发《关于节约能源 使用新能源车船车船税优惠政策的通知》，对节约能源车船，减半征收车船税

3. 金融政策

为促进循环经济的发展、绿色企业的成长，财政还提供绿色信贷政策，在市场无法为绿色产业提供投融资的保障和支持时，国家及时为其提供帮助。例如，环保总局依据“国家环境保护总局中国银行业监督管理委员会信息交流与共享协议”，向银监会提供相关环境信息，为银行业金融机构在授信、信贷审批时落实环保要求，防范信贷风险提供依据；同时，银监会向环保总局提供银行业金融机构对环境信息使用情况和反馈意见等信息。还有《关于支持循环经济发展的投融资政策措施意见的通知》，鼓励信贷机构为“零”排放等量化项目提供提供包括信用贷款在内的多元化信贷支持。为了完善和规范绿色信贷系统，有关部门还发布了相应的标准和管理制度，例如《能效信贷指引》《支持节能减排信贷指引》和《绿色信贷实施情况关键评价指标》等，都对促进资源可持续发展和环保事业起积极的作用。

在绿色融资方面，一个值得关注的进展是绿色债券。2015 年 12 月 22 日，中国人民银行发布公告，将在银行间债券市场推出绿色债券，这标志着绿色债券市场的正式启动，也意味着社会价值投资工具迈出了标准化、规范化和主流化的重要一步。2016 年 2 月，国家发展与改革委员会发布了《绿色债券发行指引》，随后上海证券交易所发布规则，为绿色债券提供了“绿色通道”。4 月 15 日北京汽车股份有限公司发行的全国首单绿色债券获得批准。

目前中国绿色债券的发行规模已经位居全球首位。2016 年，国内绿色债券发行金额总计 2095.19 亿元，其中贴标绿债发行金额合计 2052.31 亿元，占比高达 97.95%。贴标绿债中，进行绿色认证的债券数量占比达到 86.79%。绿色债券的发行人主要以央企、地方国企为主力募集资金，前三大投向为节能、清洁能源和污染防治。

（四）多元化的资源环境治理

从资源环境管理到治理的转向，是公共管理发展在资源环境领域的体现。资源环境问题在很大程度上是全社会多元主体共同活动的结果，关系社会公众普遍的福祉。过去，应对资源环境问题主要依靠政府运用权威进行单向管理，往往很难达到令人满意的效果，需要建立起一种新型的资源环境治理机制，确保利益相关方能充分参与和表达，通过充分的讨论和协商，形成普遍的共识，建立可行的制度和政策框架。

良好的环境治理体系应该具有透明性、回应性、参与式和可问责的特征。中国资源环境治理正积极朝这个方向迈进。目前在政府和企业的信息公开、公众监督问责等领域的制度建设和实践都取得了较大的进展。此外，中国也在改进信访机制、举报机制、听证机制，扩大社会公众的参与。

在政府层面，信息公开的努力包括：①要求资源和环境保护部门定期通过公报等形式发布资源和环境信息。《国家突发环境事件应急预案》对突发事件的信息报送、处理、通报与信息发布等都做出了明确规定，规范了突发性资源和环境事件信息报告制度与程序以及通报与信息发布制度与程序；②完善环境信息披露的立法。2002 年，颁布实施了《环境影响评价法》，要求对规划和建设项目实施后可能造成的环境影响进行分析、预测和评估，提出预防或者减轻不良环境影响的对策和措施，进行跟踪监测的方法与制度。2008 年颁布了《中华人民共和国政府信息公开条例》和《环境信息公开办法（试行）》，要求县级以上各级人民政府及其部门重点公开资源和环境保护方面的监督检查情况，并对信息发布的规范做了统一的要求；③建设政府资源环境信息平台。随着电子政务的推动，各省、市、县环保局的网站成为资源和环境信息的主要发布平台[①]。官方的微博、微信等新媒体也成为越来越重要的信息发布平台，提高了发布的及时性和覆盖面。

在企业环境信息公开方面，中国也出台了越来越多的制度。为督促上市公

① 发布的信息一般包括资源和环境保护法律法规、资源和环境保护规划、建设项目资源环境影响评价结果、资源环境保护收费情况、突发事件应急处置通报、污染严重的企业名单、环境质量报告（主要包括城市空气质量日报和预报，重点流域水质自动监测周报、地表水水质月报和重点城市饮用水源地水质月报）等

司严格执行国家有关资源和环境的法律、法规和政策，2001 年国家环保总局发布了《关于做好上市公司环保情况核查工作的通知》，2003 年将其修改为《关于对申请上市的企业和申请再融资的上市企业进行环境保护核查的规定》，要求对申请上市的企业和申请再融资的上市企业的资源节约和环境保护情况进行核查，并将核查结果进行公示。2003 年国家环保总局颁布《关于企业环境信息公开的公告》，在全国开展企业资源和环境信息公开工作，以促进公众对企业资源和环境行为的监督。2004 年 10 月 1 日起实施的《清洁生产审核暂行办法》，要求因资源消耗和环境污染严重而实施强制性清洁生产审核的企业，在名单公布后一个月内，在所在地主要媒体上公布主要资源消耗情况和污染物排放情况。

2008 年发布《环境信息公开办法（试行）》，对企业的资源和环境信息公开做了明确要求，将企业的资源和环境信息公开明确为自愿公开和强制性公开两部分。在积极推动企业强制性信息披露的同时，政府也鼓励企业通过发布资源环境报告书、参与资源环境管理体系认证、以及推行资源环境标志等手段进行自愿的环境信息披露。

在扩大公众参与方面，《环境影响评价法》《环境信息公开办法》《环境保护行政许可听证暂行办法》等法律法规都为公民和企业参与环境治理提供了法律依据。2006 年修改通过的《环境信访办法》，也为公民、法人和其他主体通过书信、邮件以及其他类通信手段向环境主管部门反映情况提供了法理依据。除了前述工作之外，中央资源和环境主管部门还通过督察、巡察制度，主动了解社会在资源环境领域的紧迫吁求，对地方各级政府落实环保制度、履行资源环境保护责任的情况进行监督落实，强化了对地方政府及相关部门的问责。

（五）国际资源环境制度

在资源环境问题上，中国长期密切关注国际动态，注重借鉴吸收国际经验应对自身的资源环境挑战，同时作为负责任的发展中大国，自觉承担地球公民的责任。新中国成立后，中国加入的众多资源环境国际公约，构成了我国资源环境制度的重要来源。此外，中国也积极参与和推动了和资源利用相关的国际发展倡议，包括《千年发展目标》《联合国可持续发展目标》等。报告第五章将就中国参与全球资源治理的情况作更深入的介绍和讨论。

第五章

经济全球化和资源可持续利用

经济全球化与全球价值链的快速发展使资源配置超越国界，资源可持续利用成为全球关注的问题。新兴经济体整体崛起，重塑世界经济的版图，全球由“少数人的现代化”向“多数人的现代化”迈进。这一历史性进程有赖于全球资源保障，有赖于全球层面建立更加公平和包容的资源配置与治理体系。作为世界上最大的发展中国家和新兴经济体，中国实施资源全球化战略，参与全球资源配置与治理并发挥积极作用，对全球可持续发展影响深远。

一、资源全球配置

（一）资源全球配置提升资源利用效率

全球矿产资源分布极为不平衡，人口和经济大国往往面临本国资源供给约束，需要国际市场提供资源保障。地球结构具有显著不均匀性，资源分布区域差异十分明显，全球资源空间分布不均匀，大多数矿产集中分布在少数国家。各国经济发展水平和技术进步水平不同，矿产资源消费也存在严重的区域不平衡现象。澳大利亚、俄罗斯、中东和非洲是典型的资源出口地区，这些地区的矿产资源储量丰富、开发利用难度低，需求较小；日本国内矿产资源严重缺乏，而需求相对旺盛，是典型的资源进口地区；中国和美国虽然都是矿产资源大国，但经济总量大、人口多、工业化程度高、需求增长快，每年也需要大量进口矿产资源。美国、中国、日本、欧盟等几大经济体则是矿产资源的主要流入地，而且对矿产资源的需求种类繁多、数量巨大。

20 世纪 90 年代以来，经济全球化发展趋势明显加速。产品贸易、服务贸易、技术贸易、资本流动和人口迁移规模不断扩大，各类经济要素大规模跨境流动，全球范围资源配置效率得到提升，世界经济日益繁荣。积极参与全球化进程的各国，在世界范围内配置资源，缓解本国固有资源禀赋约束，充分发挥本国比较优势，有利于经济持续快速增长。资源跨越国境的流动，带动资源贸易和投资，资源需求国通过提供资金、人员和先进技术，以国际投资的形式深度参与到出口国资源生产链条，提高资源开发整体效率。资源全球配置有利于先进技术的推广应用，促进有效竞争，提升全球资源利用效率。

图 5.1　全球资源贸易示意

图片来源：Resourcetrade.earth：Exploring Interdependencies in Global Resource Trade. Chatham House，The Royal Institute of International Affairs。

资源全球配置使资源可持续利用超越国界，不再是一国一地的事情。资源开发、使用和循环利用过程嵌入全球产业价值链，给生态环境造成的影响也是全球性的，可持续发展成为人类共同关注的问题。全球化带来的利益在参与全球化的国家之间、不同群体之间的分配是严重不均衡的，有些群体因为全球化而利益受损，成为全球化坚定的反对者。反全球化的声音和势力一直存在，成为影响资源全球配置最主要的风险因素，使全球资源开发产业链不能顺利运转。资源可持续利用在全球层面上面临的最大挑战，就是资源开发的收益能否得到合理分配。尤其是对资源输出地，资源开发在整个产业链上获取的收益偏低，就会抵制外来投资。资源输出地获取的收益，不仅要能覆盖资源开发直接成本，还得能够对当地生态环境损害进行足够补偿，更要对当地人力资本进行投资，使当地发展不因资源枯竭而终止。实现资源可持续利用，就要让资源开发所在地能走出一条可持续发展之路。

（二）中国积极参与资源全球配置

中国是全球化的受益者，资源全球配置是中国经济发展的必然选择。尽管国土幅员辽阔、资源种类众多、储量巨大，但中国人口过多，主要资源人均量远低于世界平均水平，且资源结构不均衡，资源分布与经济布局不匹配。改革开放以来，中国适应经济全球化趋势，充分利用国际比较优势，嵌入全球产业价值链，直接和间接参与全球资源配置，经济发展取得举世瞩目的成就。中国积极参与资源全球配置，既要充分利用国际市场和国际资源，充分发挥全球资源配置优势，更要贯彻可持续发展理念，优化资源贸易结构，积极稳妥协调推进境外投资，处理好资源开发与资源输出地可持续发展的关系，促进资源可持续利用。

对外贸易是优化资源配置的重要手段。通过资源贸易，中国突破资源供给瓶颈，发挥制造比较优势，促进资源在全球范围的良性循环和高效利用，为全球经济增长和繁荣做出重要贡献。中国已经成为全球最大的大宗初级产品进口国。从 2005 年起，原油、铁矿砂及其精矿的进口需求在主要自然资源中占据前列。近十余年来，全球生产的铁矿、铜矿、铝土矿、锰矿、铬矿、镍矿、钾盐、铀矿等等大宗矿产品产量的一半以上供应给中国市场。中国的发展需要融入全球的资源体系。中国采掘业规模位居全球前列，但仍无法满足国内快速增长的需求，这一趋势还将持续。根据国务院发展研究中心的分析，到 2020 年，45 类矿产品中，中国需要依靠进口满足的达 39 类产品；石油进口比重将达到 70% 左右。未来中国将优化资源进口结构，在保证供应基础上，加大天然气等清洁能源进口比重，减少对煤炭资源的依赖。

表 5.1　中国进口自然资源

（单位：亿美元）

主要自然资源	2005 年	2007 年	2009 年	2011 年	2013 年	2014 年	2015 年	2016 年
天然橡胶	18.5	32.6	28.1	93.8	63.9	49.5	39.2	33.5
原木	32.4	53.5	40.9	82.7	93.2	117.8	80.6	80.8
锯材	15.1	17.7	23.2	57.1	68.3	80.9	75.0	81.4
铁矿砂及其精矿	183.8	338.0	501.4	1124.1	1061.8	934.4	576.2	567.9
锰矿砂及其精矿	6.8	13.0	17.7	26.7	31.9	27.2	19.9	20.6
铜矿砂及其精矿	37.2	88.2	84.8	155.2	195.1	214.6	192.0	205.2
铬矿砂及其精矿	6.0	15.5	13.1	26.6	23.9	18.3	17.9	16.2
氧化铝	25.9	19.7	13.0	7.8	14.0	19.2	16.3	8.7
煤	13.8	24.2	105.7	238.9	290.7	222.6	121.0	140.9
原油	477.2	797.7	892.6	1966.6	2196.6	2282.9	1344.5	1153.1

资料来源：中国统计年鉴、CEIC 数据库。

中国经济高速增长带来的大量资源需求，也吸引了众多本土有实力的企业实施“走出去”战略，对外进行资源开发投资。根据商务部统计，2016 年中国境内投资者共对全球 164 个国家 / 地区的 7961 家境外企业进行了非金融类直接投资，累计实现投资 11299.2 亿元人民币。在中国企业境外投资中，资源是重点领域。2007~2016 年间，中国对外直接投资净额增长近 6 倍，从 265.1 亿美元增加到 1832 亿美元，其中采矿业投资从 40.6 亿美元增加到 86.7 亿元，占 2016 年对外投资净额的 4.7%。中国企业海外资源投资规模大且增势明显，投资地域相对集中，投资主体先以国有企业为主，非国有企业投资随后跟进。中国企业海外资源投资起步较晚，经验不足，取得进展的同时也经历许多失败和挫折，得到许多教训。目前，中国海外投资的重点正在发生变化，从关注资源开采和基础设施，转向更多关注技术、粮食、房地产、制造业和服务。2010 年，能源和采矿交易占中国海外并购的 60%，2014 年已经下降到 16%。毕马威公司研究报告指出，2015 年 10 大海外并购交易只有 1 项是在采矿业，而 2010 年 10 大交易中有 6 项油气交易和 1 项矿业交易。随着国内经济转型、产业升级、结构调整明显加快，未来中国企业海外资源投资将会更加理性和平稳。

表 5.2　中国企业对外直接投资净额行业分布

单位：亿美元

指标	2007年	2008年	2009年	2010年	2011年	2012年	2013年	2014年	2015年	2016年
对外直接投资净额	265.1	559.1	565.3	688.1	746.5	878.0	1078.4	1231.2	1456.7	1832.0
农、林、牧、渔业	2.7	1.7	3.4	5.3	8.0	14.6	18.1	20.4	25.7	29.7
采矿业	40.6	58.2	133.4	57.1	144.5	135.4	248.1	165.5	112.5	86.7
电力、燃气及水的生产和供应业	1.5	13.1	4.7	10.1	18.8	19.4	6.8	17.6	21.4	25.3
科学研究、技术服务和地质勘查业	3.0	1.7	7.8	10.2	7.1	14.8	17.9	16.7	33.5	49.5
水利、环境和公共设施管理业	0.0	1.4	0.0	0.7	2.6	0.3	1.4	5.5	13.7	–

资料来源：国家统计局、CEIC 数据库。

跨国并购是中国企业对外投资的主要方式。中国煤炭、石油和天然气等化石燃料资源企业的跨国并购，在区位上以周边国家地区为主，如印度尼西亚、哈萨克斯坦、新加坡、菲律宾；资源储量较丰富的国家，如伊朗、叙利亚、尼日利亚，以及资源已经得到较好开发利用的国家，如澳大利亚、加拿大，也都是跨国并购的主要目的地。中国企业跨国并购制度环境十分复杂，既受地缘政治风险和地区热点问题影响，存在潜在安全风险；也必须遵守成熟市场经济国家并购规则，存在不熟悉规则导致并购被所在国政府否决的风险。对中国企业而言，对外投资仍处于起步阶段，与发达国家的跨国公司相比还有许多差距。目前中国企业在海外已经有许多投资项目，持续开发和经营面临长期挑战。需要将可持续发展理念融入“走出去”战略，全面评估东道国的经营环境，深刻了解当地的政治经济和人文环境，实施本土化战略，更多雇佣当地员工，承担更多社会责任，努力造福当地社会，实现企业可持续发展。

作为后来者，中国企业参与全球资源配置经历了一个渐进和“干中学”的过程，以石油企业为例，主要包括四个发展阶段。一是“请进来”阶段。20 世纪80年代后期，受国内油源供应的约束和转轨体制下地方炼油厂能力扩张的影响，石油企业普遍出现炼油能力过剩。全球炼油能力逐步向亚太转移，中国在炼油环节具有成本优势。国内沿海炼油企业开始开展原油来料加工业务，目的是提高炼油厂生产负荷和获取加工费。二是多途径“走出去”阶段。1993年中石油中标秘鲁塔拉拉六、七区块项目，中国石油企业开始了“走出去”的国际化发展道路。随后，中石油、中海油、中石化三大集团纷纷以产品分成、合资、租让、工程承包、工程服务、技术合作等多途径的项目合作方式，先后在世界多个国家进行勘探、钻井、工程建设、开采、炼油等业务，目的是提高管理、经营、技术水平，并获取少量份额油。三是油气项目资源收购阶段。东南亚金融危机后，国际石油市场走入低谷。国内石油需求持续增长，市场规模快速放大。中国石油企业的国际化发展开始偏重于油气项目资源的收购。以收购勘探开发权、油气区块项目的部分或全部权益的方式，收购海外油气资源，主要目的是获取海外油源，提高企业资源供应能力。四是油气资源收购与公司收购并重阶段。随着中国石油企业规模扩大、国际市场地位提升，面对跨国收购机会，中石油、中海油等企业提出了从单纯的资产收购向资产收购和公司收购并重转变的发展战略，对一些石油公司展开整体或部分收购。在这个渐进过程中，中国企业不断通过“干中学”积累经验，妥善应对各种挑战，逐步发展成为国际能源资源领域重要的参与力量。

（三）妥善应对各种争议

中国企业特别是资源能源类企业“走出去”引发种种争议和非议，有的真实反映了目的国各方利益诉求，值得认真关注；有的出于误解，也有的充满敌意。对资源和能源安全的争议，主要是担心中国政府通过大型国有企业来控制目标企业所在国的资源或能源，从而影响该国资源或能源安全，并声称“欢迎中国资本，但不要中国政府的控制”。这种情况涉及目标企业是所在国支柱产业时，争议就非常强烈，在 2005 年中海油竞购优尼科公司、2009 年中铝收购力拓股份中都出现过。2016 年澳大利亚政府以国家安全为由否决了中国内地和香港企业对澳洲电网的收购。对中国国有企业的争议，主要是担心国有企业会得到政府不透明的支持（资金、税收、准入等），给当地其他对手带来不公平竞争。尽管绝大多数中国国企的经营目标和行为已经非常市场化，但西方国家政府和公众却认为并非如此。还有一些争议主要是针对劳工权利保障、环境破坏和尊重当地风俗习惯等问题的，如将中国人或企业在非洲、东南亚和南美一些国家开农场视为实施“土地殖民主义”和“新殖民主义”，称中国国有企业在东南亚等地经营采矿业和开发水电是在搞“经济殖民主义”，此外还出现过在秘鲁的劳工与环境争端问题、安哥拉部分国民对于中国工人的反感，巴布亚新几内亚关于地权的官司等现象。还有泛化的“中国威胁论”，主要是对中国逐渐成为全球贸易和投资大国的地位感到不安，将纯粹商业活动扣上政府行为的帽子。

针对中国企业“走出去”的各种争议不可避免。类似争议过去出现过、在其他国家的企业身上也出现过。过去中国企业与国际市场打交道，主要是通过贸易方式，争议主要是少数率先“走出去”企业。历史上，其他国家海外投资也存在类似的争议或阻碍，美国 1988 年设立海外投资委员会的主要目的就是应对外国企业、主要是日本企业在美国的大范围收购，以国家安全的名义对海外投资进行审查。2006 年，迪拜港口世界接管美国六家港口经营权通过了美国海外投资委员会的审查后，遭到国会的强烈反对，主要理由是阿联酋反恐不力。迪拜港口世界被迫放弃交易。伴随着中国经济实力壮大、中国企业“走出去”增多，各种争议也会增多。中国企业海外投资和并购发展迅速，对外直接投资目的国从传统的亚太周边国家向欧美、非洲和新兴市场国家延伸，涉及领域由自然资源、制造业向通信、金融、服务业等诸多领域拓展。投资特别是收购直接涉及企业控制权转移，对存在体制文化等差异的中国企业的争议增多在所难免，特别是如果涉及目标企业所在国的军事、能源或支柱性的产业，争议往往非常激烈。

争议的背后有着深层次原因。中国在许多方面都与西方世界显著不同，这些差异也使得西方世界普遍对中国有着不解、疑虑及偏见，因差异而导致的不理解也往往引发争议。例如中国企业在海外通常要求员工努力工作，节假日加班本来在中国国内就是常态，但在海外往往被视为不尊重人权。中国人大多数没有宗教信仰，也让普遍信仰宗教的海外世界很难接受。中国有 13 亿人口，一个省的国土面积与人口就往往比欧洲一个国家还大，而且中国已经成为世界第二大经济体。这样庞大的人口和经济体量，使得中国对全球资源和能源的需求相当强烈，使相当一部分西方人有中国人与其争夺生存空间的恐慌。中国企业频频海外并购，尽管总量和存量还不大，但已经引起了一些国家“中国购买全球”“龙吃天下”的恐惧与争议。中国企业在“走出去”的过程中遭遇争议，自身也存在一些缺点和不足。部分中国企业过于“功利化”，未将企业自身利益与东道国利益有机结合，引起东道国不满，从而引发争议。相当多的中国企业“走出去”，主要盯着自身所缺乏的资源，投资海外大宗商品领域，以保障长期稳定的资源供应。部分中国企业在海外没有履行好企业社会责任，不注重招聘当地员工，环境保护和社区贡献不足。中国整体公关与协调不足，存在恶性竞争现象，给东道国以负面印象。

国际合作是“走出去”的基础。通过国际合作可以获得有效的知识、信息和经验，有利于熟悉规则、培养人才、锻炼队伍。国际合作伙伴往往是“走出去”的伙伴，也有可能提供“走出去”的机会。2015 年 10 月，在习近平主席和英国首相卡梅伦的见证下，中国广核集团和法国电力集团（EDF）在伦敦正式签订了英国新建核电项目的投资协议。中广核和 EDF 将充分利用双方在核电领域的优势和经验，推进英国核电项目建设，打造中、法、英三国互利共赢的样板项目。在此基础上，中广核还将与 EDF 在其他核电项目上展开合作，形成利益共享、风险共担、优势互补的战略联盟。

中国企业“走出去”更加重视履行社会责任，中国政府也在不断鼓励和督促企业履行社会责任，尤其是在对外投资中履行社会责任，对东道国的经济社会和环境协调发展做出积极贡献。2015 年 3 月，国家发展改革委、外交部、商务部联合发布《推动共建一带一路愿景与行动》，强调“促进企业按属地化原则经营管理，积极帮助当地发展经济、增加就业、改善民生，主动承担社会责任，严格保护生物多样性和生态环境”。中国企业在“走出去”过程中坚持可持续发展，重视履行社会责任，获得越来越多东道国的理解和支持。

二、资源全球治理

（一）从“少数人的现代化”走向“多数人的现代化”

改革开放以来，中国有 6 亿农村人口摆脱绝对贫困，城镇人口增加 6 亿。在社会发展领域也取得长足的进步，突出体现在人均预期寿命、营养、教育、住房等指标的改进上。中国拥有超大经济和人口体量，中国的发展不仅仅树立了一个令人鼓舞的榜样，而且推动了全球经济版图的改变。更重要的是，中国的发展并非是孤立地实现的，而是通过深度参与全球化，与世界各国进行广泛的经济贸易与发展合作实现的。如今中国已经成为世界上最大的货物贸易国，是世界上 120 多个国家和地区的最大贸易伙伴。中国通过融入世界取得发展，同时通过自身发展为世界做出贡献。可以说，改革开放以来的经济发展史，就是中国与世界其他国家良性互动、相互促进、共同发展的历史。

不仅中国，在过去 20 多年里巴西、印度、俄罗斯、墨西哥、印度尼西亚、土耳其、阿根廷、泰国、南非等国发展势头也引人瞩目[①]。2015 年，包括中国在内这 10 个经济体 GDP 总额占全球 27%，2010~2015 年全球经济新增部分超过 60% 来自这些国家。近年来新兴经济体表现有所分化，但仍为全球增长提供强大动力。

新兴经济体有望在未来 10~20 年持续增长，这将在根本上重塑全球的经济版图，使全球向“多数人的现代化”（modernization for majority）转型。在工业革命以来的 200 多年里，现代化及其所代表的高水平生活质量只为少数国家和全球少数人口专享。2015 年发达经济体总人口不足 10 亿，占全球总人口比例不到 15%，这是一种“少数人的现代化”。如果包括中国在内的新兴经济体继续保持稳健的增长势头，到 2030 年整体进入上中等或高收入国家行列，这意味着全球将有 60% 以上人口得以享受现代化和现代文明成果。这是历史性变化。

到 2030 年，全球的经济基本面将出现五个关键的变化。一是，全球人口继续保持较快增加。在过去 20 年，全球人口增加了 20 亿。随着生活水平的提高和生育模式的变化，全球人口增速在未来 15 年将趋缓，但仍保持较快水平。预计 2030 年全球人口将在 2015 年基础上再增加 11 亿，达到 84 亿人（联合国，2014）。二是城市化水平稳步提升。2015 年至 2030 年，城镇人口占全球总人口的比例将从目前的 54% 上升到 60%。三是全球经济总量继续保持较快的扩张。在新兴经济体的推动下，全球经济总量将持续扩张。如果 2016~2030 年全球经济保持年均 3.6% 的增长，全球经济总量到 2030 年将达到 130 万亿美元，比 2015 年高出 70%。四是全球超过一半的人口将过上中产阶级生活。经济合作与发展组织（2010）的一项预测表明，到 2030 年全球日均收入 10~100 美元的中产阶级人口规模将达到 48.8 亿人，占全球总人口的 58%。五是新兴经济体的中产阶级人口占全球主导地位。OECD 估计，到 2030 年，欧洲与北

① 沙特阿拉伯、伊朗、尼日利亚、阿尔及利亚也是发展中大国，同时也是石油输出国组织（OPEC）的成员，其经济结构具有特殊性。

美地区的中产阶级人口占全球中产阶级人口的比例将从 2009 年的 54% 下降到 21%，而世界其他地区的中产阶级比例将从 46% 上升到 79%。

表 5.3　2030 年全球的中产阶级分布

	2009 年		2020 年		2030 年	
北美	338	18%	333	10%	322	7%
欧洲	664	36%	703	22%	680	14%
中南美洲	181	10%	251	8%	313	6%
亚太地区	525	28%	1740	54%	3228	66%
撒哈拉以南非洲	32	2%	57	2%	107	2%
中东和北非	105	6%	165	5%	234	5%
世界	1845	100%	3249	100%	4884	100%

资料来源 :Kharas（2010），OECD 工作论文系列 285。

在 2000 年 9 月的联合国千年首脑峰会上，与会的各国领导人签署了《联合国千年宣言》，承诺使人类摆脱极端的贫困、饥饿、文盲与疾病。根据宣言的精神，制定了全球发展议程——“联合国千年发展目标”（Millennium Development Goals，MDGs），包括全球贫困人口比例减半、普及小学教育、促进男女平等、降低母婴死亡率、抗击艾滋病和疟疾、促进环境可持续发展和推动全球合作伙伴关系等八项目标。总体而言，MDGs 框架通过设定全球和国家层面的政策优先序，起到了激励和汇聚各国发展努力的作用。根据联合国《千年发展目标报告（2015 年）》，有多项关键目标已经顺利实现，还有许多关键的目标非常接近实现。从全球层面来看，贫困人口减半的目标已经提前完成，无法获得改善水源的人口减少了一半，发展中国家 90% 的儿童享受到初等教育，男女童入学率的差距已经实质性地减少，在与疟疾和肺结核作斗争方面也已取得巨大的成绩，5 岁以下儿童死亡率在过去 20 年间减少了一半。

2105 年联合国通过《2030 年可持续发展议程》，提出 17 项“可持续发展目标”（Sustainable Development Goals，SDGs），与 MDGs 相比，SDGs 在几个方面有

所改进：一是目标制定的参与性大大提高，广泛地征询了各国政府、学术界、社会组织、企业界的意见，不再是只由少数专家和官员主导议程制定；二是新发展目标面向全球所有国家，不仅限于发展中国家；三是发展目标的全面性大幅度提高，从原来的 8 个目标扩展到 17 个目标，包含 169 项指标（子目标）和要求；四是突出了可持续性和公平性要求，强调了经济、社会、环境的可持续性及其相互作用；五是突出了对目标实现的保障机制和手段的要求，而不是单纯地提出目标。

表 5.4　比较千年发展目标与可持续发展目标

千年发展目标	可持续发展目标
消灭极端贫穷和饥饿 普及小学教育 促进两性平等并赋予妇女权力 降低儿童死亡率 改善产妇保健 对抗艾滋病病毒 确保环境的可持续能力 全球合作促进发展	终结世界各地各种形式的贫困 终结饥饿，实现粮食安全与改进营养水平，促进可持续的农业生产 确保健康生活，增进所有年龄群体的福祉 确保包容性和质量公平的教育，促进人人享有终身学习机会 实现性别平等，赋予所有女人和女孩权力 确保所有人对水和卫生设施的可获得性以及可持续的管理 确保所有人都能获得支付得起、可靠、可持续的现代能源 促进持久、包容性和可持续的经济增长、充分而多产的就业以及全体人的体面工作 建立有抗逆性的基础设施，促进包容而可持续的工业化和巩固创新 减少国内和国家之间的不平等 使城市和人居更具具包容性、安全、抗逆性和可持续 确保可持续的消费和生产方式 采取紧急行动应对气候变化及其影响 保护和可持续地利用海洋和水生资源 保护、恢复和可持续地利用陆地生态系统，可持续地管理森林，应对沙漠化，抑制和扭转土地退化，抑制生物多样性损失 推动建立有助于可持续发展的和平和包容的社会，为所有人寻求正义的途径，建立各个层面的高效、可问责和包容性的制度 加强有助于可持续发展的实施手段，激发全球伙伴合作

SDGs 的提出是全球凝聚发展共识的又一次重要努力。在 SDGs 中，资源的可持续利用被置于突出的位置，与资源可持续利用和环境保护相关的指标超过总指标数量的 1/3，内容涵盖土地资源、森林资源、海洋资源、水资源、能源、气候变化、粮食安全、其他污染物排放、生态系统保护等。展望 2030 年，如果人类社会能够像预期的那样全面消除绝对贫困，同时促进经济、社会、资源与生态环境的协调发展，那么全球将有一个更光明的未来。

（二）全球资源环境面临的新挑战

由“少数人的现代化”向“多数人的现代化”转型，让更多的人拥有体面的物质生活水平、活得更长更好、受到良好的教育、享有安全和尊严，有赖于在和平环境下通过国家与国家之间、市场主体之间平等互利的经贸合作来实现。在一定的技术条件下，更多的人对更高生活水平的追求需要消耗更多的资源，消费结构和社会生产方式转型，全球资源开发和消费的总量、结构、流向、区域布局都将随之发生深刻的调整，能源、水、金属资源供求压力加大，生态环境也面临前所未有的巨大挑战。

1. 能源供应形势仍将趋紧

金融危机后全球经济复苏乏力，能源价格大幅下跌，但未来全球能源消费仍将保持上升趋势。1990~2010 年，全球一次能源消费的平均增速达到 2.0%。根据《BP 全球能源展望 2030》的估计，随着全球能源消费方式的变化以及技术进步，2010~2030 年全球能效每年预计提高 2%，同期全球一次能源消费增速平均将为 1.6%，全球能源消费总量到 2030 年将增加 39%。在此期间，全球 96% 的能源消费增长都来自非经合组织国家，2030 年将比 2010 年高出 69%。在新增的能源消费中，可再生能源的比重将占到 1/3，但是预计 2030 年石油、天然气、煤在一次能源消费中的比例仍将在 3/4 左右（BP，2012）。

人类过度依赖化石能源的弊端已经充分显现，未来提高全球能源供给能力必须大力发展可再生能源，使可再生能源开发成本和使用价格进一步下降，提高在全球能源消费中的占比。伴随能源结构加速调整，全球能源供给形势仍将趋紧。中国、印度等新兴能源消费大国能否以可负担的价格获得所需的能源，仍将面临巨大挑战。

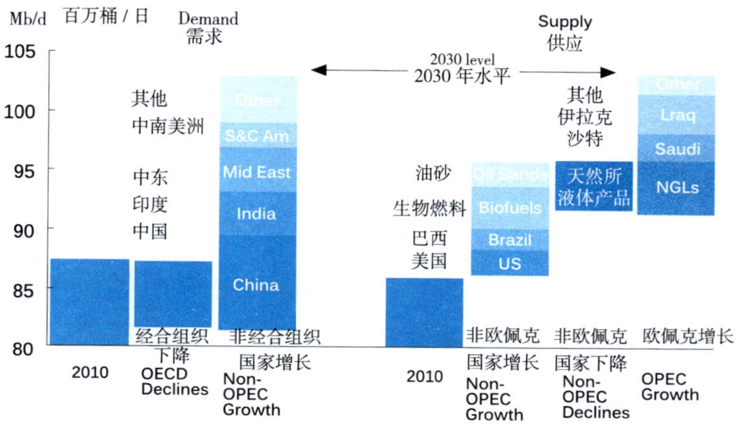

图 5.2　能源需求和供应的地缘变化

资料来源 :BP《世界能源展望 2030》。

2. 水资源形势严峻

水资源在人类生产生活中具有特殊重要性。作为可再生资源，地球上可利用的水资源理论上是无限的。但是，地球上淡水资源的分布在时间和空间上极不平均，而且作为维持生命必须的物质，人类生活用水、农业用水以及生态用水几乎是不可替代的，这种不平衡性和不可替代性强化了水资源供给的刚性。据联合国的统计，目前全球仍有 10% 的人无法获得清洁饮用水，这也反映出水资源形势的严峻性。

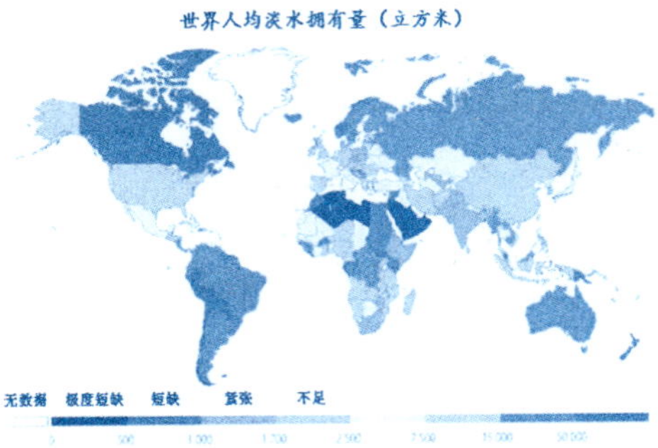

图 5.3　世界淡水资源分布

资料来源：世界地图分析。

城市化的推进和生活水平的提高，对全球水资源供求态势将产生复杂的影响：一方面，随着大量人口从农村迁往城市，全球在饮用水供给以及污水处理等领域的服务供给有望大幅度改善，环保意识的增加和技术的进步也推动用水效率的改进；另一方面，生活方式的改变也刺激了用水需求的增加。联合国水资源评估项目估计，按照现在的用水趋势，2030 年全球水资源年均需求将达到 6.9 万亿立方米，比目前水资源供给量高出 40%。OECD 预计，到 2030 年，全球将有近一半的人口面临严峻水资源压力。

从全球层面来看，水资源的压力还因环境污染和气候变化而加大。有研究估计，气候变化将改变水资源的空间分布。未来潮湿地区雨季更盛，而缺水地区会愈加干旱，中东、北非、中西亚、非洲南部和美国西南部的降水都将减少。到 2050 年，阿尔及利亚、沙特阿拉伯、伊拉和伊拉克降水将分别减少 4.9%、10.5%、15.6% 和 13.3%。据相关资料统计，全世界每年大约有 400 亿立方米的污水排入江河，随着城市化和工业化的推进，污水排放规模将大幅度提高，水质性缺水成为很多快速发展中国家面临的紧迫挑战。

为了确保用水需求，发展中国家需要进行大量的水务基础设施投资，但存在巨大的融资缺口。有研究估计，到 2030 年全球水资源基础设施投资需求总计将高达 22 万亿美元，中国和印度的投资需求尤其庞大。在水资源领域另一个不容忽视的问题是跨国的流域水资源配置问题。在水资源短缺的区域，如东南亚、南亚、中东等地区，在水资源开发利用上的竞争，正成为国际关系和地缘政治中的风险点。

3. 金属矿产资源需求保持快速增长

伴随着工业化和城市化，到 2030 年全球对金属的需求将继续保持快速的增长。有研究估计，2030 年全球钢、铜和铝需求量将分别达到 24 亿吨、3800 万吨和 8400 万吨，较 2011 年分别增长 64%、98% 和 100%。在 2012~2030 年间，预计全球钢累计需求 375 亿吨，铜 5.4 亿吨，铝 12.5 亿吨，分别是此前 20 年的 2.0 倍、2.2 倍和 2.5 倍，相当于 1900 年以来全球累计消费的粗钢的 76%、铜的 80% 以及铝的 125%。

同样值得关注的是金属资源生产与消费的地域 / 国别结构的变化。以粗钢为例，未来产量增加将主要发生在亚洲，特别是印度和东盟；未来的消费增加主要也在印度和东盟，2030 年洲和北美地区在粗钢总需求中的比例将从 2019 年的 30% 降到 20% 左右。

表 5.5　全球主要区域及国家粗钢产量预测（2015~2040 年）

（单位：亿吨）

地区	典型国家及地区	2013 年	2015 年	2020 年	2025 年	2030 年	2035 年	2040 年	2013~2040 年增速 /%
欧洲		2.04	2.04	2.08	2.07	2.07	2.03	2.00	−0.10
	欧盟	1.53	1.51	1.52	1.49	1.50	1.47	1.46	−0.20
北美		1.45	1.46	1.49	1.43	1.40	1.37	1.35	−0.30
	美国	1.06	1.06	1.04	1.04	1.02	0.99	0.95	−0.40
大洋洲		0.07	0.07	0.07	0.07	0.07	0.07	0.07	−0.30
亚洲		10.86	10.97	11.74	12.80	13.95	13.83	13.71	0.90
	中国	7.72	7.67	7.44	7.06	6.72	6.46	6.28	−0.80
	日韩	1.25	1.21	1.15	1.09	1.05	0.99	0.93	−1.10
	印度	0.81	0.94	1.66	2.50	3.61	3.71	3.72	5.80
	东盟	0.76	0.83	1.13	1.80	2.18	2.23	2.25	4.10

续表

地区	典型国家及地区	2013 年	2015 年	2020 年	2025 年	2030 年	2035 年	2040 年	2013~2040 年增速 /%
俄罗斯及中亚		0.56	0.55	0.54	0.53	0.51	0.49	0.47	–0.70
	俄罗斯	0.50	0.48	0.46	0.44	0.42	0.40	0.38	–1.00
	中亚	0.06	0.07	0.08	0.09	0.09	0.09	0.09	1.30
中东		0.54	0.60	0.70	0.78	0.87	0.95	1.03	2.40
中南美洲		0.54	0.59	0.69	0.81	0.88	0.94	0.97	2.20
	巴西	0.29	0.32	0.40	0.48	0.53	0.55	0.55	2.40
非洲		0.40	0.45	0.56	0.73	0.93	1.18	1.43	4.80
	南非	0.06	0.07	0.08	0.10	0.11	0.13	0.13	2.90
全球合计		16.47	16.72	17.88	19.21	20.68	20.85	21.03	0.90

资料来源：张艳飞等："2015–2040 年全球铁矿石供需趋势分析"，载于《资源科学》，2015，37（5）。

4. 森林资源仍在减少

对木材需求以及农业、工业和城市用地需求的持续增长，使全球森林资源面临巨大的压力。联合国粮农组织（FAO）发布的《2015 年全球森林资源评估报告》显示，随着人口不断增长，林地转变为农田和其他用途，世界森林面积持续减少，全球森林面积从 1990 年的 41.28 亿公顷减少到 39.99 亿公顷，相当于减少了一个南非的面积。报告还显示，在 2010~2015 年期间，非洲和南美洲森林的年损失率最高，分别为 280 万公顷和 200 万公顷。由于全球人口的增长，热带和亚热带地区人均森林面积呈下降趋势，而且包括除温带以外的所有其他气候区。

幸运的是，随着人们对森林的生态、经济功能认识水平和重视程度的提高，全球森林减少的速度正在趋缓。森林损失的年增长率净值已经从 1990 年代初的 0.18% 放缓到 2010~2015 年期间的 0.08%。但是，森林的可持续管理水平仍有待提高。

全球人工林的增加有效减缓了森林减少的趋势。在当前的全球森林中，有 93% 是原始林，人工种植林占了 7%。自 1990 年以来，全球人工林增加了 1.1

亿公顷，极大地减缓了森林减少的趋势。在全球新增人工林中，中国作了最大的贡献，年均增长近200万公顷。根据第八次全国森林资源清查（2009~2013年）的结果，中国人工林面积6933万公顷，占世界人工林总面积的26.2%，继续居世界首位。

5. 其他生态环境风险增加

在快速的工业化和城市化过程中，全球水污染问题变得十分突出，带来严重的社会和生态后果。根据《联合国世界水发展报告2015》，全球超过80%的废水未经收集和处理直接排放，发展中国家有高达90%的废水未经处理直接排入河道、湖泊或海洋。人类对氮磷循环的干扰远远超过安全警戒线，到2030年，地表水和沿海地区的富营养化将遍布全球。在全球范围内，到2050年之前，受水华[①]侵袭的湖泊数量将增加20%。由于城市化的持续发展、农业生产方式不当，植被退化、污染加剧，生态系统遭破坏，将致使环境供水的能力（如净化功能、蓄水功能）下降。生态环境退化后，无法自我调节与修复，丧失了延展性，进一步加剧了水质恶化和水量减少。

空气污染成为世界性的挑战，新兴国家面临的问题尤其严峻。世界银行（2014）估计，每年全世界因为空气污染造成的损失大约5.1万亿美元，这些损失来自人员的过早死亡和由污染导致的各类疾病。2013年约有550万人死于与空气污染有关的疾病，90%以上的过早死亡病例发生在发展中国家，儿童尤其深受其害。一些空气污染不仅局限在个别城市或局部地区，而是具有跨国流动性，如雾霾和酸雨，治理这些污染需要更多的国际协调合作。

环境问题和资源问题相互交织。森林的破坏和水土流失以及水资源的短缺密切相关，并加剧了碳的排放和气候变化，后者又会影响局部的水资源储量。这也要求我们在应对不同类型的资源与环境挑战时，对不同因素之间的复杂关

① 水华（Algal Blooms）指淡水水体中藻类大量繁殖的一种自然生态现象，是水体富营养化一种特征。

系有充分认识，并在整体上制定应对的策略。

（三）资源全球治理的挑战与变革

全球资源治理是指全球资源相关利益方通过一定的平台和机制，依据相关的规则开展合作和协调利益分歧，使资源利用更加高效、稳定、安全和可持续。资源利益相关方、平台、机制、规则等共同组成了全球资源治理体系。未来全球资源主要生产者、投资者和消费者都会发生根本性变化，这些变化将对资源治理产生深刻影响。参与资源全球化配置的相关方、利益关系、治理的平台和模式、依托的规则都将和过去不同。全球资源治理内容十分广泛，包括一系列直接或间接影响资源生产、贸易和消费的国际性叙述、规范、规则以及正式和非正式组织，既包括一系列以主权国家政府为中心的安排，如多边公约、国际组织、区域组织和双边伙伴关系；还包括那些由非国家机构扮演重要角色的安排，如全球大宗商品交易所、仲裁机制、供应链倡议及其他安排。

不论是在供给端还是需求端，发展中国家在全球资源市场中开始扮演更加具有影响力的角色，但是现有的资源治理框架未能为发展中国家的新角色提供与其能力和影响力相匹配的空间。发展中国家在全球资源治理中的影响力在提升，这有助于更好地表达自身的发展诉求。但现有资源治理体系还是高度分割，缺乏包容性，缺少能够容纳主要能源消费国和生产国的全球能源治理平台，制约各主要利益相关方在全球层面开展协调合作。发展中国家参与全球资源治理缺少相关经验和能力，在新治理体系中的定位和作为还不清晰，需要长期探索和不断改进。随着经济的增长，特别是发展中国家经济体量的扩张，国家与国家之间的共同利益在增加，利益分歧也在增加。在资源竞争趋于激烈的领域，利益冲突有可能会进一步加剧。由于资源供给方和需求方的变化，未来的地缘政治格局面临重塑，全球地缘政治和全球资源治理都存在很大不确定性。

全球资源治理的参与主体更加多元，层次更加丰富，这既为全球治理带来新的资源和动力，也增加了治理的复杂性和难度。传统的资源治理体系可以分为国内和国际两个部分，随着全球化的深入，资源利益相关者已经通过国际贸易、投资以及国家间的关系越来越紧密地联结在一起。过去全球层面的资源治理主要是政府间事务，未来跨国公司、非政府组织甚至个人都会在全球治理中大量参与并担任重要角色，传统资源治理的规则将面临新的变革和挑战。国家之间和国内群体之间的利益分配不平等，对形成稳定的资源治理体系也构成挑战。过去二十多年，发展中国家和发达国家收入差距总体上呈扩大的趋势。社会公平与资源环境可持续性密切相关，国内经济社会不平等往往与资源权利、环境污染等问题相互影响，使得分歧和对立变成常态，共识遭到瓦解，导致政治对立并带来政治上的不确定性，动摇全球资源治理的基础。国家之间也存在着利益分配不平等，由此引发纷争，使国际间协调合作变得更加困难。

当前，全球资源治理体系仍缺乏整合，具有多层次、复杂和松散的特点。世界各国在能源、水、森林、海洋以及气候变化等资源相关的重要领域构建了多样化的政府间治理平台和机制，这些平台和机制所依赖的规则体系也各有侧重又相互关联。除了政府间的平台之外，还存在跨国的企业和行业层面的资源治理协调机制以及由一国内部的政府、企业、社会组织和消费者构成的治理机制。这些数量众多、层次不同、身份多元、相互影响的治理实体构成了错综复杂的全球资源治理体系。

（四）中国参与资源全球治理

第二次世界大战结束以后，中国积极参与了新的全球秩序的重建，成为联合国的创始会员国和安理会五大常任理事国之一。1971 年，中华人民共和国恢复了在联合国的合法席位，结束了被孤立和排斥的状态，中国在全球治理中的作用逐步彰显。当前，中国是世界银行、国际货币基金组织、世界贸易组织、亚洲开发银行等全球性和区域性治理平台的重要成员，也是上海合作组织、亚洲基础设施投资银行、新开发银行等新兴全球治理平台的主要发起者，同时也是 APEC、G20 等治理机制的重要成员。这些平台是中国参与广泛的全球资源治理的重要渠道（专栏 5.1）。

专栏 5.1　全球资源治理的四个阶段和中国的参与进程

第一阶段：布雷顿森林机制和稳定的商品价格（1944~1972 年）

布雷顿森林机制的建立和二战后商品价格较为稳定的时期为全球资源治理奠定了基础。各国政府专注于战后重建和建立促进贸易与投资的进程，其中部分出于避免保护主义升级和主要经济体间紧张关系的恶化。很多支持国际贸易、投资和公海的惯例和规则是 1944~1960 年间建立的，尽管有的在其后几十年才成形。

在西方世界，经济合作与发展组织的工业国主导贸易和生产，并极大影响了早期治理评估小组（GRG）的安排。发展中国家的影响不断增强，主要体现于不结盟运动（NAM）和 1964 年联合国首次贸易与投资会议上成立的七十七国集团。在这一时期，中国与布雷顿森林机构、不结盟运动的接触不多。

1971 年，中华人民共和国重返联合国，结束了被孤立和排斥的状态，中国在全球治理中的作用逐步彰显。中国参加了联合国贸易和发展会议，并被选为联合国海底管理委员会的成员。1972 年，中国派代表团参加了在斯德哥尔摩（UNCHE）举行的联合国人类环境会议。参加此次会议对中国的环境治理有直接影响，并促成了中国环境机构的建立和法规的出台，以及 1973 年首次举办的国家环保会议。这一时期，多边层面除了联合国经济与社会理事会外，环境问题很少出现在议程上。

第二阶段：从石油危机和不稳定性到全球化回归（1973~1988 年）

20 世纪 70 年代早期的事件重构了全球资源治理格局。由于当时低廉且稳定的价格促成了联合国的商品价格协议和 OPEC 这类的生产者联盟。1973 年第一次石油危机，促成了国际能源署的建立，目的是和石油输出国组织抗衡，并保护石油消费国的利益。这一时期，作为原油净出口国，中国在石油危机中并未受到太大影响，相反还利用危机将石油出口到泰国、菲律宾和其他亚洲国家。与此同时，很多主要大宗商品协议都崩塌了，使人们对政府管理国际商品价格的能力产生了怀疑。很多政府开始寻求自由化，对投资与贸易持开放态度。

这一时期实现了贸易、投资和海洋法的重要突破。七十七国集团对海洋法、管辖海底的规则和修改关税与贸易总协定的谈判有了更大的影响，得以为较穷困的国家做出特惠贸易安排。中国 1973 年参加了第三次联合国海洋法会议，这被视为发展中国家反对西方“海上霸权”的斗争。尽管全球关于废物、航运和采矿方面的规则制定不断增加，而且出版了《增长的极限》一书，关于环境变化相关活动仍然十分有限。

20 世纪 70 年代晚期，中国开始了经济扩张，在国际贸易中的表现也越来越活跃。同时期，中国实行了改革开放，游说国际货币基金组织和世界银行，希望能够成为这两个组织的成员国，并在 1980 年最终获得了认定资格。

第三阶段：华盛顿共识和可持续发展成为主流（1989~2007 年）

冷战的结束为 1995 年《世贸组织协定》奠定了基础，并促进了全球化进程。“亚洲四小龙”成为资源需求的新来源，但 1997~1998 年的亚洲金融危机和 1998 年俄罗斯经济崩盘使人们开始对华盛顿共识的计划产生怀疑。1999 年，中国获得美国对其加入世界贸易组织的支持，在同意接受一张史无前例的入世义务清单后，中国 2001 年加入了世贸组织。中国入世是为了更深地融入全球经济，并推进国内经济改革。《联合国海洋法公约》出台后，中国 1996 年签署了该公约。美国出于对深海采矿等问题的顾虑，至今未签署该公约。

这一时期，全球对气候变化影响的担忧以及环境对资源安全的压力也变得更加明显。1992 年里约热内卢峰会是合作的重要时点。里约峰会之后，可持续发展进入中国的立法词汇，而且在第九个五年规划（1996~2000 年）中被当作国家发展战略用作高层表述。人口增长、经济发展给资源和环境带来了巨大压力。

与此同时，国际上不同观点的分歧却在加大。在里约热内卢，中国与发展中国家不赞成国际资源监管。1997 年在京都，中国和七十七国集团作为发展中国家不需要承担具体的减排义务。2002 年，中国签署了议定书并宣布考虑在未来接受减排义务。然而，美国拒绝签署《京都议定书》。2002 年可持续发展世界首脑会议和 2009 年《联合国气候变化框架公约》缔约方第 15 次会议取得的进展十分有限，这都影响了对多边进程的信心。与此同时，基于企业、非政府组织、城市以及政府联盟的“更温和”、自愿的计划正在扩散。

第四阶段：全球金融危机和资源热潮（2008~2014 年）

全球资源价格从 2004 年开始大幅攀升，2008~2009 年达到顶峰，资源安全再次被推上全球议程。由于国际竞争加剧，资源方面的投资与贸易争端有所增加。2008 年全球金融危机为二十国集团提供了新的动力，二十国集团迅速将其议程从经济合作扩展到能源和资源领域。这一时期，几乎所有资源需求的增长都来自新兴经济体。相应地，新兴经济体也开始对二十国集团和国际能源署的对话作出更大贡献。

这一时期，资源的稀缺和技术的突破使得人们对深海采矿，以及北极和其他敏感地区有了很大兴趣，并鼓励对规模更小的资源生产者进行投资。中国对北极事务的关注也在增加，2013 年获得了北极理事会永久观察员资格。中国的优先事项之一是保证北极及其资源能够向非北极国家开放。中国南海受各方高度关注，重要原因是与航行、捕鱼和油气资源相关。

国际上一些主要针对贸易、海洋公约和气候变化的谈判依然停滞不前。随着金融危机的加深，中国出口受到了严重影响，进入国外市场的产品诉讼也越来越多。在 2009 年哥本哈根缔约方会议上，中国延续了在之前气候会议上的立场，遵循“共同但有区别的责任”原则。会议达成协议，要求所有主要经济体做出明确的排放承诺，并第一次将中国包括在内，但没有找到达成包含具有约束力承诺条约的清晰路径。

资料来源：国务院发展研究中心与英国查塔姆研究所联合报告《引领新常态：中国与全球资源治理》，2016 年 1 月。

在资源环境领域，参与全球治理的重要方式是参加专项性的国际公约、条约与协定，以及这些公约的附属议定书，包括《世界气象组织公约》《联合国气候变化公约》《生物多样性公约》等。中国的参与对于这些国际公约的制定和落实起了重要的推动作用。

表 5.6　中国加入的部分资源环境国际公约

公约名称	缔约时间	缔约地点
《国际捕鲸管制公约》*	1946 年	华盛顿
《世界气象组织公约》*	1947 年	华盛顿
《防止海洋石油污染的国际公约》	1954 年	伦敦
《东南亚及太平洋植物保护协定》	1956 年	罗马
《捕鱼与养护公海生物资源公约》	1958 年	日内瓦
《大陆架公约》	1958 年	日内瓦
《南极条约》	1959 年	华盛顿
《国际油污损害民事责任公约》	1969 年	布鲁塞尔
《关于特别是水禽生境的国际重要湿地公约》	1971 年	拉姆萨尔
《禁止在海床洋底及其底土安置核武器和其他大规模毁灭性武器条约》	1971 年	伦敦
《世界文化和自然遗产保护公约》	1972 年	巴黎
《关于各国探测及使用外层空间包括月球与其他天体之活动所应遵守原则之条约》	1972 年	莫斯科
《防止因倾弃废物及其他物质而引起海洋污染的公约》	1972 年	伦敦
《关于禁止发展、生产和储存细菌（生物）及毒素武器和销毁此种武器的公约》	1972 年	伦敦
《关于油类以外物质造成污染时在公海进行干涉的议定书》	1973 年	伦敦
《濒危野生动植物种国际贸易公约》	1973 年	华盛顿
《国际防止船舶造成污染公约》	1978 年	伦敦
《核材料实物保护公约》	1979 年	维也纳
《联合国海洋法公约》	1982 年	蒙特哥湾
《保护臭氧层维也纳公约》	1985 年	维也纳
《核事故或辐射事故紧急情况援助公约》	1985 年	维也纳
《核事故及早通报公约》	1986 年	维也纳
《关于消耗臭氧层物质的蒙特利尔议定书》	1987 年	蒙特利尔

续表

公约名称	缔约时间	缔约地点
《亚洲和太平洋水产养殖中心网络》	1988 年	曼谷
《控制危险废物越境转移及处置的巴塞尔公约》	1989 年	巴塞尔
《联合国气候变化框架公约》	1992 年	里约热内卢
《生物多样性公约》	1992 年	里约热内卢
《联合国防治荒漠化公约》	1994 年	巴黎
《关于在国际贸易中对某些危险化学品和农药采用事先知情同意程序的公约》	1998	鹿特丹
《卡塔赫纳生物安全议定书》	2000 年	蒙特利尔
《关于持久性有机污染物的斯德哥尔摩公约》	2001 年	斯德哥尔摩
《生物多样性公约关于获取遗传资源和公正和公平分享其利用所产生惠益的名古屋议定书》	2010 年	名古屋

* 为新中国成立之前加入的国际公约。

除了加入相关国际公约，中国也积极参与并履行联合国的相关发展倡议，并与自身的发展规划和政策进行整合衔接。1992 年，联合国环境与发展大会通过了《21 世纪议程》，中国政府做出了履行《21 世纪议程》的庄严承诺。1994 年，中国颁布了《中国 21 世纪议程》，成为全球第一个颁布国家级《21 世纪议程》的国家。这份《议程》提出了中国可持续发展的战略目标、战略重点和重大行动，制定了促进可持续发展的经济政策，以及参与国际环境与发展领域合作的原则立场和主要行动领域。《议程》对资源的合理利用和保护也做了详细的规划，并制定了包括人口数量控制、经济增长在内的社会发展和经济发展战略。

加入 WTO 后，中国进一步扩大了在资源与环境领域的国际合作，并与国内的发展议程紧密衔接。通过将“联合国千年发展目标（MDG）”与中国自身发展规划进行衔接整合，中国在实现经济社会长足发展的同时，也对全球 MDG 诸多关键目标的实现做出了重要的贡献。近年来，中国积极推动联合国可持续发展议程（SDG）、《巴黎气候协定》，积极承担起发展中大国的责任。不仅如此，中国通过倡导践行“生态文明”和绿色发展理念，为全球应对资源和环境问题做出自己的贡献。

中国在全球资源配置中具有范围广、种类多、程度深的特点，而且在全球资源市场中存在多重的身份。中国既是资源消费的大国，也是资源生产和贸易大国。这种多重身份要求中国在参与全球治理时，视角要更多元和平衡，在保护自身合法权利的同时承担国际义务，在积极参与全球资源治理的同时发挥大国的领导力。目前在多边平台和机制中，中国不论在资源生产端和消费端的参与还不充分，对治理规则的制定和完善缺乏影响力，在全球大宗商品和资源的定价权上也缺乏话语权。由于在多边平台和机制中的参与还有所不足，中国在全球资源治理中更多依赖双边机制。随着经济发展水平和综合国力的提升，中国在拓展多边合作平台上有条件采取更积极和富有建设性的措施，在“一带一路”、亚投行等重大战略实施过程中，加强资源领域合作都是重要内容。

中国在全球资源治理中的重要性日益凸显，外界对中国所承担的角色也有更多的期待。但与大多数发展中国家一样，中国在参与多边治理机制以及规则体系完善上缺乏充分的经验和能力，资源生产和贸易企业、消费者和社会组织在全球资源治理中的参与水平和能力还非常有限，需要根据内外发展情势的变化重新定位，不断适应性调整自身在全球资源治理中的角色。一是协调好联合国治理框架和其他各类多边平台的关系，以联合国 2030 年可持续发展目标为宗旨，促进持久、包容和可持续经济增长，采用可持续的消费和生产模式，实现自然资源的可持续管理和高效利用。二是重视能源、气候变化、水资源、森林资源和土地资源、海洋、极地以及太空资源之间的相互联系，推动不同领域资源治理之间的协同。三是重视和加强资源生产企业、消费者和社会组织在全球资源治理体系中的作用，推动形成多层次的全球资源治理体系，提升政府、企业、消费者和社会组织参与全球资源治理的能力，加大相关知识的推广和普及，积极开展基础性前瞻性研究，培养全球资源治理领域的专业人才。

第六章

促进中国资源可持续利用的政策建议

本报告提出的资源可持续利用战略，以持续提高人民生活水平和质量为导向，以提高资源利用效率为主线，以控制资源投入总量和环境污染物排放总量为重点，依靠科技发展，完善体制机制，在推动实现多数人现代化的进程中实现资源可持续利用。为实施这一战略，特提出以下建议：

一、确立资源可持续利用的战略定位和控制目标

1. 将资源可持续利用作为生态文明建设的关键战略抓手

按照中国现代化建设“五位一体”总体布局，统筹推进经济建设、政治建设、文化建设、社会建设和生态文明建设。全面落实《中共中央 国务院关于加快推进生态文明建设的意见》和《生态文明体制改革总体方案》，加快建立系统完整的生态文明制度体系，统筹制定资源开发利用总体战略并组织实施，尽快推动建立节约资源和保护环境的空间格局、产业结构、生产方式和生活方式。建议成立中央生态文明建设指导委员会，系统规划、统筹协调、组织实施、督促检查生态文明建设相关事宜，动员全社会参与，推进体制机制建设，总结推广先进经验，加快促进生态文明建设。该指导委员会从生态文明建设的战略目标出发，对资源可持续利用重大战略问题作出判断和规划，推动健全资源治理体系，处理好经济增长与环境保护，政府干预与市场机制，国内与国际资源市场，生产方式与生活方式等重大关系，实现资源持续利用与社会经济可持续发展，推动形成人与自然和谐发展现代化建设新格局。

2. 制定 2030 年资源投入和污染减排“双总量”控制目标

制定到 2030 年的资源投入总量管理目标，力争在 2030 年左右使关键的初

级资源投入总量达到历史峰值并开始下降，实现资源消耗与经济增长的强脱钩。抓住我国经济结构调整和全球技术变革的机遇，全方位提高资源利用效率，积极推进资源投入减量化，提高可再生和可重复利用资源的比例，使化石能源、水资源以及铁、铝、铜等重要矿产资源的投入总量尽早达到峰值并开始下降。

制定到2030年各类排放物总量管理目标，力争中国到2030前包括温室气体在内的各种排放物总量达到峰值并开始下降。加强环境监管，提高污染物和废弃物的无害化处理水平和能力，减少污染物的排放以及由此导致的负面经济、社会和环境后果。力争在2020年左右，使中国主要污染物的排放总量达到峰值，并开始下降。坚持绿色低碳循环发展，持续推进节能减排，大力发展可再生能源和低碳能源，推动能源转型，力争使温室气体排放在2030年前达到峰值并开始下降。

二、完善资源可持续利用的机制、标准、监管和治理体系

1. 加快建立和完善资源市场机制，提高资源配置效率

积极稳妥地从广度和深度上推进经济体制改革，加快完善社会主义市场经济体制，建设现代化市场经济体系，大幅度减少政府对资源的直接配置，推动资源配置通过有效市场竞争实现效益最大化和效率最优化。

——加快完善自然资源资产产权制度。按照我国自然资源全民所有和集体所有的属性，明确各类自然资源的所有者并进行确权登记，确定不同主体行使包括所有权、承包权、经营权在内的不同权利的权责，形成归属清晰、权责明确、监管有效的自然资源资产产权制度。完善法律制度，依法平等保护自然资

源资产产权。

——完善资源有偿使用的市场机制。加快自然资源及其产品价格改革，完善主要由市场决定价格的机制，全面反应市场供求、资源稀缺程度、生态环境损害成本和修复效益。进一步推进水、石油、天然气、电力等资源领域价格改革，放开竞争性环节价格，最大程度缩小政府定价范围。对垄断环节的价格监管要提高透明度，接受社会监督。

——扩大资源市场准入，破除各种形式的行政垄断。中国的非国有资本实力雄厚，有能力在全球资源开发利用领域发挥更大作用①。必须加快在国内建立公平开放透明的市场规则，实行统一的市场准入制度，使各类市场主体可依法平等进入资源领域；加快行政性垄断企业改革，去除带有行政色彩的非企业职能。

2. 不断提升资源环境标准，提高资源效率和保护环境

各类推荐性和强制性的资源环境标准，将引导和约束生产者和消费者的行为，促进资源节约和环境保护。为提高资源利用效率和保护环境，中国需要将更多政策资源投入到升级资源环境标准上来，强化标准制定和持续升级，引导和促进企业提高资源利用效率，同时保护资源环境。

强制性标准是引导企业行为、纠正市场失灵、促进资源可持续利用的最有效举措。科学设定和不断升级的标准能够提供清晰明确的产品开发信号，减少市场不确定性，增加投资信心，促进创新，推动资源环境友好型技术规模化应用并降低成本，提高与已有产品的市场竞争力。节能降耗、提高资源利用效率只有通过制定严格的标准才能实现，家电、照明设施、建筑材料等领域尤为突

① 虽然美国政府在早期投资开发与页岩气开发相关的技术，但主要是众多中小型创新企业的积极参与成功推动了美国的“页岩革命”。中国有超过 500 亿美元投资于美国的页岩油气，其中只有不到 20% 来自中国三大国有石油企业，400 亿美元左右的投资来自中国民营资本或此前未涉足石油行业的企业。 Li, X (2015), China’ s Frugal Oil Companies, The Wall Street Journal, 21 May, http://blogs.wsj.com/chinarealtime/2015/05/21/whychinas-big-oil-companies-have-stopped-big-spending/.

出，新能源进入市场也需要标准支持。需要强化节能、节地、节水、环境、技术、安全等市场准入标准，在一些关键领域要与国际标准接轨和看齐。

加快制定修订一批能耗、水耗、地耗、污染物排放、产品质量、环境质量等方面的标准，实施能效和排污强度“领跑者”制度，加快标准升级步伐。完善节能标准体系，及时更新用能产品能效、高耗能行业能耗限额、建筑物能效等标准。实施全民节能行动计划，提高节能、节水、节地、节材、节矿标准，开展能效、水效领跑者引领行动。提高建筑物、道路、桥梁等建设标准。提高污染排放标准，强化排污者责任。环境容量较小、生态环境脆弱、环境风险高的地区要执行污染物特别排放限值。加快制定资源分类回收利用标准。建立统一的绿色产品标准、认证、标识等体系。

鼓励各地区依法制定更加严格的地方标准。建立与国际接轨、适应我国国情的能效和环保标识认证制度。

3. 提高政府监管效能，强化环境监管

资源开发利用过程中常常存在广泛的负外部性。要避免由于负外部性而带来的市场失灵和造成的社会福利损失，必须依靠政府实施有效环境监管。政府依法制定各类污染排放标准，控制污染排放，通过有效监管保护生态环境。

加快建设和完善现代环境监管体系，提高监管的效能。修改和完善环境监管的法律法规体系，推进环境司法常态化、规范化和专门化。优化环境监管组织体系，优化环保主管部门机构设置及职能，完善内部协调机制。完善环境监管内外部问责机制，把做实对监管者的监督机制作为优化环境监管体制的抓手。优化环境监管程序，做实监管程序中的关键环节，建立环境监管影响评估制度。

近期要强调政府依法监管，保证监管的公开公平公正，对违法违规者一视同仁、依法惩治，纠正企业短期行为和侥幸心理，杜绝所有制歧视和各种自由

裁量权，向各类市场主体传递正确信号，将依法监管落到实处。

4. 完善可持续发展导向的资源与环境综合治理体系

统筹资源与环境治理，建立和完善可持续发展导向的资源环境综合治理体系。要重点做好：

——积极推动资源环境信息公开。大力推广“能效标识”及其他绿色环保标志，普及科学知识，为广大民众消费资源环境友好型产品和服务提供真实充分的知识和信息。加强耕地、水资源、林业资源开发利用以及环境污染物排放的信息公开，及时公布相关信息，健全举报制度，加强社会监督。建立企业环境信用记录和违法排污黑名单制度，强化企业污染物排放自行监测和环境信息公开，完善环境公益诉讼制度。完善对重大工程项目和政策的资源环境影响评估。

——完善双向沟通机制。完善资源环境相关法律、法规、政策的公共听证制度；积极试点对资源环境领域专业社会组织的公共服务采购制度；健全与资源环境相关的信访和举报制度，回应人民群众关切的热点和重大资源环境问题；应用新媒体传播手段与社会公众就资源环境问题开展双向沟通。

——提高环境治理的法治化水平。完善资源环境相关的立法，形成健全的资源环境法律法规体系，出台可操作的实施细则。依法合规开展资源环境治理，提高环境执法的能力和水平，减少运动式、一刀切治理。

——完善发展成果考核评价体系。纠正单纯以经济增长速度评定政绩的偏向，根据不同地区、不同发展阶段和资源环境特征动态设计和调整评价指标，突出资源消耗、环境损害、生态效益等指标在考核体系中的地位。

——完善资源环境问责机制。通过完善法律法规和政策体系，明确资源环境相关政府部门、企业、其他机构和个人的职责，对违法违规和失职的单位和个人依法问责。特别要按照《领导干部自然资源资产离任审计规定（试行）》

《生态环境损害赔偿制度改革方案》等规则加强对地方政府和领导干部在资源环境治理领域的有效问责。通过加强法治和行政问责，建立长期责任追溯机制，遏制政府部门、企业和个人追求短期利益最大化的冲动。

三、按照全生命周期规律构建全链条绿色产业

1. 提高资源综合产出率和资源综合利用效率

针对我国矿产资源贫矿多和共、伴生矿多的特点，加大综合开发利用力度。重点提高煤矿煤层气的开采和利用水平，使煤层气利用率由 2015 年的 86% 提高到 2020 年的 90%，煤矿瓦斯利用率由 2015 年的 35% 提高到 2020 年的 50%，就地推广煤层气燃料汽车和提高发电能力。提高金属矿产资源采选冶炼技术，加大关键设备的研发，重点提高复杂难选矿的选矿技术水平，特别是大中型金、银、硫、钼矿的采选水平，开发和推广适用于小型矿山的复杂难选矿的技术和设备。

充分利用资源的多重功能和用途。着力解决弃水问题，特别是西南水电弃水问题，提高资源利用效率。积极开发水电，稳步提升水电开发程度，使之在 2030 年左右达到发达国家的水电开发水平。同时积极建设现代化内河航运体系，建成比较完备的现代化内河水运安全监管和救助体系，显著提高运输效率和节能减排能力。在土地资源方面，进一步因地制宜提高农业复种指数，发展立体农业，形成多种作物、多种层次和多种时序的立体种植结构，同时推进土地轮作休耕制度，遏止土壤污染和退化。制定全国性的城市地下空间开发规划，积极推进海绵城市建设，推广高层立体停车楼，大力发展楼宇分布式光伏发电和屋顶绿化，同时完善立法明确相关主体的权益与责任。

针对生产过程中的多重产出，积极开发和推广多联产技术，提高产出的经济价值和效率，减少环境污染。针对我国能源结构以煤为主的特点，积极推进煤炭分级分质阶梯利用，建立将煤的热解与燃煤发电、煤气化、煤气利用、煤焦油深加工等多过程有机结合的新型能源综合利用系统，减少污染物排放和节约能源资源。积极发展整体煤气化联合循环发电系统（IGCC），提高发电效率，减少环境污染。通过严格发电环保标准，为 IGCC 的推广创造有利条件。在石油、化工、电力等领域推广多联产技术。

2. 提高基础设施与资源密集型产品的使用与维护水平

要切实扭转建筑和基础设施领域重建设、轻维护的观念和做法，延长建筑和基础设施的使用寿命，节约能源与资源。提高建筑与基础设施设计和规划水平，减少重复施工和浪费。加强施工质量管理和监理，建立严格的追责制度。建立健全物业管理制度和法律，制定并完善物业管理以及基础设施维护的质量标准和技术规范。建立健全建筑物和基础设施档案管理制度，落实管理主体责任。完善住房维修资金管理和适用制度，使资金真正能为全体业主所有所用。对于公路、铁路、以及能源等重大公共基础设施的维护管理，在发挥我国体制优越性的前提下，完善相关的立法，落实责任，完善经营机制，确保相关设施的安全、高效和可持续运营。

利用现代信息手段，普及家电、汽车等资源密集型耐用消费品的合理使用与维护维修知识，帮助消费者形成良好的消费习惯，延长产品使用寿命。完善生产者责任延伸制度，完善耐用消费品售后维修保养体系。加大汽车等专业维修的技能人才培养，规范和提升维修行业的服务标准，引导零配件市场规范有序发展，创新维修行业商业模式和管理模式。针对耐用消费品更新换代加快的趋势，规范和引导耐用消费品二手市场的建设，建立二手产品质量鉴定和认证规范，提高产品的使用寿命，满足不同消费层次人群的需求。鼓励厂商在产品生产时优化设计，充分考虑零配件更换以及功能升级需求，减少因为产品过快升级换代带来的过度消费和浪费。

3. 加快产业结构绿色转型升级，大力发展再制造产业

加快淘汰浪费资源和严重污染环境的落后产品、工艺和产能，为创新产品进入市场扫清障碍。通过产业规划、财政补贴、税收优惠、政府采购和示范推广等政策手段，积极推广实用节能环保技术的应用，提高生产过程的循环利用程度和清洁化水平，降低污染物产生量和排放量，实现国民经济生产体系的绿色转型。在钢铁、水泥和建筑等高耗能和资源密集行业，积极推广成熟、实用和成本经济的技术；在工业领域推广热电共生；在农村地区完善垃圾分类治理的同时，大力发展沼气，提高固体废弃物的资源化利用水平。

大力推动能源转型。积极开发利用非传统能源，优化能源产业结构。尽快提升页岩气、页岩油、海底可燃冰的开采技术，逐步增加非传统能源在能源消费结构中的比例。扩大风能、太阳能、地热能以及潮汐能以及核能等可再生和低碳清洁能源的开发，率先在贫困偏远地区、城市道路和办公楼宇中推广分布式清洁能源系统。深化电力体制改革和油气体制改革，破除能源革命和能源大转型的制度瓶颈。对燃煤发电征收污染排放税，加大清洁电力入网补贴，特别是要通过深化改革尽快解决弃水、弃风和弃光的问题，提高可再生能源的利用效率，提高清洁电力比重。推动能源领域供给侧结构性改革，加快能源互联网新技术、新模式和新业态发展，引领全球能源互联网发展。

将再制造产业作为“中国制造 2025”的重要战略支撑。完善再制造的行业立法、技术和质量标准以及相关的检测体系，完善再制造行业配套政策体系，加大再制造共性和关键技术的研发，扩大再制造试点和园区建设，创新和完善再制造商业模式。普及再制造相关的知识，提高社会对于再制造产品的接受程度。

4. 发展循环经济，提高再生资源回收利用产业贡献率

强化循环经济理念，加强再生资源回收利用产业的顶层设计。从生态文明建设和可持续发展的要求出发，深入发展循环经济，从思想理念、资源战略、市场激励和政策工具等各个层面协调发力，从源头设计到生产、消费、使用、废弃和再生的全生命周期对再生资源回收利用产业进行整体规划。

完善再生资源回收利用的制度和政策体系。完善自然资源以及环境价值评估体系，通过立法和政策明确固体废弃物处置的责任，出台并完善激励性政策，提高监管部门的监管能力、监管水平和执法力度。制定统一的重要再生产品的技术标准、质量分类标准和监测标准。

提升行业规范化和规模化运作水平。规范再生资源回收利用产业的发展，制定规范化、标准化的运作流程，加强回收、运输、储存和利用各环节协作配套，对于重点和危险固体废弃物回收再利用中的违规、违法行为进行查处。引导和鼓励行业走集中发展、规模化发展道路。

充分发挥市场机制的作用，政府通过 PPP 等模式，鼓励社会资本进入再生资源回收利用产业。各类试点和示范园区的建设和运营要充分发挥企业的主体作用。

提高技术研发和应用转化水平。加大对原创性技术体系以及关键设备的研发投入；推动资源化产品的高端化，创新资源回收利用方式，减少资源回收利用过程中的二次污染。

四、推进资源开发和利用技术创新和商业模式创新

实现资源可持续利用，确保中国的永续发展，从根本上依赖于新一轮技术革命带动资源革命和产业革命。在诸如煤炭分级分质利用、太阳能光伏应用、

燃煤发电超低排放和可燃冰开发等众多领域，中国已经站在了资源可持续利用的技术前沿和应用前沿[①]。资源领域进一步的技术开发、产品创新和商业模式创新能否成功存在极大不确定性，市场风险高，风险投资和资本市场不足以提供充分支持，需要政府发挥积极作用，通过恰当的公共政策激励创新。

——政府加大技术前沿创新投入。除了通过进一步完善市场竞争、严格环境监管以鼓励和迫使企业加快资源环境领域创新步伐外，政府应加大资源利用前沿技术、新工艺和新产品的研发投入，特别是支持新材料、生物工程、非常规能源、新能源汽车和人工智能等领域的基础理论研究、关键技术开发和人才培育。这些关键技术领域的突破，将拓展资源来源、提高资源效率，从而提高资源利用的可持续性。

——支持企业优化整体系统设计，创新商业模式。鼓励企业在生产流程和产品设计之初，就充分考虑资源节约和环境保护的需求，从而提高生产和使用过程中的资源效率和循环利用水平，减少末端的污染物排放。改善市场环境，促进市场有效竞争，诱导企业针对发展中国家资源环境约束条件下推进现代化建设的实际需求，创新商业模式，提供提高资源效率和保护环境的全新解决方案。

——实施绿色产业政策，推进绿色发展。设计和执行有效的产业政策，以支持和诱导企业创新绿色技术、改进生产流程、提高管理水平，从而提高资源使用效率，降低污染物排放和温室气体排放，推动产业结构调整，实现绿色低碳循环发展。在环保工程技术、环保设备、绿色制造技术、新能源等部分领域或部分领域的一些环节，产业政策要有针对性地推进官产学研用合作，加快绿色技术引进、消化、吸收和再创新，支持企业通过引进和消化技术提高产品质量和技术水平，同时支持企业通过服务本土市场对引进技术进行适应性改造和

① The Green Industrial Revolution: Energy, Engineering and Economics , by Woodrow W. Clark III and Grant Cooke, Butterworth-Heinemann (2014)

改进。重视绿色产业政策与环境政策的协调，使鼓励性措施和限制性措施相互补充。

五、统筹国内和国际“两大空间”和“两大市场”

1. 统筹和优化人与自然和谐共生的城乡发展空间格局

积极推进人与自然和谐共生的新型城镇化战略，以城市群为未来城镇化的主体形态，使资源要素“大集中，小分散”，在促进资源要素集约利用的同时，形成城市间和城乡间的良好分工协同。

以城市群为依托，完善“生态城市”“智慧城市”“宜居城市”的相关标准制定，提高可持续导向的城市规划水平，优化城市空间布局，为资源可持续利用提供良好的空间基础。

根据人口流动趋势，继续推进“人财挂钩、人地挂钩”，提高城市特别是大中等城市的公共服务水平，降低公共服务成本，促进人口城市化的有序流动，提高城市资源要素的集聚集约利用。

深入推进农村宅基地、商业性集体建设用地以及承包地三权分置的改革，促进农村土地集约使用，提高农地产出效率和价值，减少土地资源的浪费和闲置。推进农业供给侧结构性改革，加大生态敏感地区退耕还林和退牧还草的力度，鼓励和扶持荒山绿化和种植生态经济林，提供公共就业机会，增加农民收入。

2. 积极参与全球资源与环境治理，扩大资源配置国际渠道

积极参与全球资源与环境治理。参与和推动与资源相关的国际贸易投资规

则的制定和完善。落实中国对联合国 2030 年可持续发展目标的承诺，并对全球 2030 可持续目标的推进提供力所能及的支持。积极与 OECD、国际能源署、能源宪章等资源能源治理实体开展对话、沟通、信息分享与合作。完善多元治理模式，积极开展与企业、社会组织在全球资源治理上的合作。推动企业跨国贸易和投资的资源环境影响评估。

根据中国资源禀赋特征和比较优势扩大资源进口。针对我国矿产资源品位低、生态环境承载力差的特点，以及水资源和耕地资源短缺的基本国情，根据经济发展需要扩大优质矿产资源以及虚拟水资源、虚拟耕地资源的进口。完善国内大宗商品期货市场建设，积极发挥行业协会的作用，提高相关资源产品的议价能力，减少恶性价格竞争，逐步掌握定价主动权。提高关键贸易通道的安全保障能力与水平。

积极推进贸易和投资的自由化和便利化。继续在联合国、世界贸易组织、区域贸易投资协定等多边机制和双边贸易投资安排下，扩大国际经贸合作，反对贸易保护主义。积极倡导和践行“人类命运共同体”的理念，充分利用 G20、上合组织、金砖组织以及“一带一路”倡议等新兴平台和机制，推进区域以及双边的经贸投资合作，扩大资源配置国际渠道，推动各国共享发展的成果。

六、弘扬符合生态文明要求的绿色消费理念与共享模式

充分发挥新闻媒体作用，树立理性和积极的舆论导向，加强资源环境国情宣传，提高公众的节约意识、环保意识和生态意识，形成人人、事事、时时崇尚生态文明的社会氛围。

普及绿色消费理念，倡导新的生活质量观，鼓励绿色消费。树立关于

“美好生活”的正确观念，扭转物质主义带来的消费误区。通过公益广告、绿色商品标签标识等方法，引导消费者更多使用资源循环产品和再制造产品。

鼓励和发展资源共享型的新商业模式和业态。倡导公共出行和共享生活方式，减少资源闲置浪费。依托互联网和移动信息技术的发展，规范发展共享单车、共享住房等商业模式，探索和推广城市共享汽车模式，提高交通体系效率，减少尾气排放，减少建筑资源和能源消耗。

参考文献

[1] 中华人民共和国环境保护部 .2015 中国环境状况公报 [R]. 北京：中华人民共和国环境保护部，2016.

[2] 环境保护部，国土资源部 . 全国土壤污染状况调查公报 [R]. 北京：环境保护部，2014.

[3] 中华人民共和国水利部 . 第一次全国水利普查水土保持情况公报 [R]. 北京：中国水利水电出版社，2013.

[4] 施晓清，杨建新，王如松，等 . 产业生态系统资源代谢分析方法 [J]. 生态学报，2012，32（7）：2012~2024.

[5] 余亚东，陈定江，胡山鹰，等 . 经济系统物质流分析研究述评 [J]. 生态学报，2015，35（22）：7274~7285.

[6] 李刚，张彦伟，孙丰云 . 中国环境经济系统的物质需求量研究 [J]. 中国软科学，2005，（11）：39~44.

[7] 徐一剑，张天柱，石磊，等 . 贵阳市物质流分析 [J]. 清华大学学报（自然科学版），2004，44（12）：1688~1691.

[8] 戴铁军，张沛 . 基于物质流分析的北京市绿色 GDP 核算 [J]. 生态经济（中文版），2016，（8）：129~134.

[9] 石磊，楼俞 . 城市物质流分析框架及测算方法 [J]. 环境科学研究，2008，21（4）：196~200.

[10] 戴铁军，赵迪 . 基于物质流分析的京津冀区域物质代谢研究 [J]. 工业技术经济，2016，35（4）：124~133.

[11] 徐一剑，张天柱，石磊，等 . 贵阳市物质流分析 [J]. 清华大学学报（自

然科学版)，2004，44（12）：1688~1691.

［12］陈效逑，乔立佳．中国经济—环境系统的物质流分析［J］．自然资源学报，2000，15（1）：17~23.

［13］毕于运，王道龙，高春雨，等．中国秸秆资源评价与利用［M］．北京：中国农业科学技术出版社，2008.

［14］国家发展改革委员会．中国资源综合利用年度报告（2014）［R］．北京：国家发展改革委员会，2014.

［15］张林，不可逾越的“胡焕庸线”［N］．科学时报，2010-01-20（B1）.

［16］陆钟武．工业生态学基础［M］．北京：科学出版社，2010.

［17］陆钟武．以控制资源消耗量为突破口做好环境保护规划［J］．环境科学研究，2005，18（6）：1~6.

［18］国家发展改革委员会应对气候变化司．中华人民共和国气候变化第二次国家信息通报［M］．北京：中国经济出版社，2013.

［19］《中国水泥》杂志社有限责任公司．中国水泥年鉴［M］．北京：中国建材工业出版社，2014.

［20］国家统计局．能源统计［DB/OL］.http：//www.stats.gov.cn/tjzs/cjwtjd/201311/t20131105_455940.html，1 月 3 日．

［21］宋国君．中国城市生活垃圾管理状况评估研究报告［R］．北京：国家发展与战略研究院，2015.

［22］周道玮，刘华伟，孙海霞，等．中国肉品供给安全及其生产保障途径［J］．中国科学院院刊，2013，(6)：733~739.

［23］陈永福．中国食物供求与预测［M］．北京：中国农业出版社，2004.

［24］卜庆才．物质流分析及其在钢铁工业中的应用［D］．东北大学，2005.

［25］埃文斯 等．美国创新史．北京：中信出版社，2011.

［26］蔡跃洲，李平．技术—经济范式转换与可再生能源产业技术创新．财经研究，2014，40（8）.

［27］曹光辉，齐建国．循环经济的技术经济范式与政策研究．数量经济技术经济

研究，2006（5）：112~121.

［28］国务院发展研究中心课题组．通过体制改革和政策调整为创新供动力．国务院发展研究中心专题研究报告，2007.

［29］国务院发展研究中心课题组．应对气候变化：全球温室气体减排公平合理可持续解决方案与我国应对战略研究．国务院发展研究中心2010年重大课题研究报告，2011.

［30］何爱，曾楚宏．诱致性技术创新：文献综述及其引申．改革，2010，196（6）：45~48.

［31］姜大明．全面节约和高效利用资源．《中共中央关于制定国民经济和社会发展第十三个五年规划的建议》辅导读本，北京：人民出版社，2015.

［32］陆学，陈兴鹏．循环经济理论研究综述．中国人口？资源与环境，2014，24（5）：204~208.

［33］吕立志．论新资源在新经济中的地位和作用．中国软科学，2001（9）.

［34］乔洪武，张江城．共享经济：经济伦理的一种新常态．天津社会科学，2016（3）：93~98.

［35］王班班，齐绍洲．有偏技术进步、要素替代与中国工业能源强度．经济研究，2014（2）：115~127.

［36］原毅军，等．结构、技术、管理与能源利用效率．中国工业经济，2012（292）.

［37］约瑟夫·熊彼特．经济发展理论．北京：商务印书馆，1990.

［38］詹·法格博格，等．牛津创新手册．北京：知识产权出版社，2009.

［39］赵铁．共享经济催生的商业模式变革研究．重庆大学硕士学位论文，2015.

［40］徐广才，康慕谊，史亚军．自然资源适应性管理研究综述［J］．自然资源学报，2013（10）：1797~1807.

［41］曾现来，李金惠．城市矿山开发及其资源调控：特征、可持续性和开发机理．中国科学：地球科学，2018（48）.

［42］李福柱，赵长林．中国经济发展方式的转变动力及其作用途径［J］．中国

人口·资源与环境，2016，26（2）：152~162.

［43］Mathews J A，Tan H. Circular economy：Lessons from China［J］. Nature 2016，531（7595）：440~442.

［44］陈劭锋，刘扬，邹秀萍，等 . 1949 年以来中国环境与发展关系的演变 . 中国人口·资源与环境，2010，20（2）：43~48.

［45］樊胜岳，麻亮亮 . 中国大陆足迹家族的环境库兹涅茨曲线分析［J］. 自然资源学报，2016，31（9）：1452~1462.

［46］郭莉，汪亚林，李成，等 . 电子电器废弃物拆解区蔬菜多氯联苯污染及其健康风险［J］. 科学通报，2017，62：674~684.

［47］陈其慎，于汶加，张艳飞，等 . 资源－产业“雁行式”演进规律［J］. 资源科学，2015，37（5）：871~882.

［48］胡雁斌 . 我国进口产品结构、地区进口特征、行业融资依赖和地区金融发展［J］. 现代管理科学，2016（5）：82~84.

［49］鞠红岩 . 我国废物进口现状和趋势分析［J］. 资源再生，2015，（12）：38~40.

［50］曾现来，闫晓宇，张宇平，缪友萍，李金惠 . 中国资源的进出口与产出率：演化、挑战及对策 . 自然资源学报，2018.

［51］施敏颖 . 论固体废物的进口与利用［J］. 嘉兴学院学报，2015，27（4）：53~59.

［52］张娟，郑一，王学军，等 . 基于资源产出率指标分解的企业循环经济研究——以钢铁行业为例［J］. 资源科学，2016，38（1），119~125.

［53］朱兵，陈增博，张羽鹏，等 . 基于估算方法的中国市县域资源产出率核算框架评估［J］. 清华大学学报（自然科学版），2016，（12）：1341~1345.

［54］李楠，张天柱，周北海 .2000~2010 年中国资源产出率测算［J］. 中国环境科学 2015，35（1）：304~311.

［55］卢伟，李大伟 .“一带一路”背景下大国崛起的差异化发展策略［J］. 中国软科学，2016（10）：11~19.

[56] 曹彩虹. 现代循环经济研究理论述评 [J]. 管理世界，2014 (12)：176~177.

[57] 沈镭. 资源的循环特征与循环经济政策 [J]. 资源科学，2005，27 (1)：32~38.

[58] 刘昌明，刘小莽，张丹，刘晓燕，刘卓. 有关地理学研究中几个学术问题的研讨——学习黄秉维院士严谨治学的精神 [J]. 地理学报，2013 (01)：3~9.

[59] 马超群. 环境容量研究 [D]. 西北大学，2003.

[60] 姜仁良. 土地资源利用与生态环境保护交互耦合关系及规律研究 [J]. 生态经济，2013 (09)：77~81+86.

[61] 赵晓丽，张增祥，汪潇，左丽君，刘斌，易玲，徐进勇，温庆可. 中国近30年耕地变化时空特征及其主要原因分析 [J]. 农业工程学报，2014 (03)：1~11.

[62] 国土资源部. 中国国土资源公报 [R].2005~2015.

[63] 环境保护部和国土资源部. 全国土壤污染状况调查公报 [R].2014.

[64] 赵其国，周生路，吴绍华，任奎. 中国耕地资源变化及其可持续利用与保护对策 [J]. 土壤学报，2006 (04)：662~672.

[65] 张鑫，蔡焕杰，张文洲，周燕娥. 水资源开发利用的环境效应与反思 [J]. 西北农林科技大学学报（社会科学版），2002 (05)：65~69.

[66] 郑守仁. 我国水能资源开发利用及环境与生态保护问题探讨 [J]. 中国工程科学，2006 (06)：1~6.

[67] 尹明友. 浅议水能资源开发与生态环境保护问题 [J]. 小水电，2010 (02)：62~65.

[68] 郑守仁. 我国水能资源开发利用的机遇与挑战 [J]. 水利学报，2007 (S1)：1~6.

[69] 周卉. 浅谈森林资源对环境保护和改造自然的作用 [J]. 河南科技，2013 (05)：156.

[70] 江声华. 我国生态环境问题与对策 [A]. 新世界中国教育发展论坛（第三卷）[C]，2007：1.

[71] 薛文博，付飞，王金南，贺克斌，雷宇，杨金田，王书肖，韩宝平．基于全国城市 PM_（2.5）达标约束的大气环境容量模拟 [J]．中国环境科学，2014（10）：2490~2496.

[72] 国发〔2012〕3 号《国务院关于实行最严格水资源管理制度的意见》，2012-02-16.

[73] 沈满洪等．浙江水资源安全保障体系构建及对策建议 [R]，2010.

[74] 石玉林，于贵瑞，王浩，刘兴土，谢冰玉，王立新，张红旗，唐克旺．中国生态环境安全态势分析与战略思考 [J]．资源科学，2015（07）：1305~1313.

[75] 夏光．绿色发展的三大动力 [J]．全球化，2016（04）：29~38+131~132.

[76] 李海晶．大气环境容量估算及总量控制方法的研究进展 [J]．四川环境，2007（01）：67~71.

[77] 董飞，刘晓波，彭文启，吴文强．地表水水环境容量计算方法回顾与展望 [J]．水科学进展，2014（03）：451~463.

[78] 黄静，靳孟贵，程天舜．论土壤环境容量及其应用 [J]．安徽农业科学，2007（25）：7895~7896+7953.

[79] 邵薇薇，黄昊，王建华，曹麟．黄淮海流域水资源现状分析与问题探讨 [J]．中国水利水电科学研究院学报，2012（04）：301~309.

[80] 魏国良，崔保山，董世魁，杨志峰．水电开发对河流生态系统服务功能的影响——以澜沧江漫湾水电工程为例 [J]．环境科学学报，2008（02）：235~242.

[81] 张佳琦，薛达元．西双版纳橡胶林种植的生态环境影响研究 [J]．中国人口．资源与环境，2013（S2）：304~307.

[82] 文萍．人为因素对草原生态环境的影响研究——以新巴尔虎右旗为例 [J]．赤峰学院学报（自然科学版），2015（04）：145~147.

[83] 水利部．中国水资源公报 2015，2016.

[84] 联合国经济和社会事务部．世界经济形势与展望 2012.

[85] BP. 世界能源展望 2030.

[86] 张艳飞，等 .2015—2040 年全球铁矿石供需趋势分析．资源科学，2015，37

（5）.

［87］联合国 . 千年发展目标报告（2014 年）.

［88］联合国 . 千年发展目标报告（2015 年）.

［89］国家能源局 . 能源发展“十三五”规划，2016.

［90］国务院办公厅 . 禁止洋垃圾入境推进固体废物进口管理制度改革实施方案（国办发〔2017〕70 号）.

［91］国家发改委等 14 部委 . 循环发展引领行动，2017.

［92］商务部 . 中国再生资源回收行业发展报告 2017.

［93］国土资源部关于发布 2015 年全国耕地质量等别更新评价主要数据成果的公告，2017.

［94］国土资源部全国土地利用数据预报，2016.

［95］中国水资源公报 2015.

［96］The World Bank. Cost of pollution in China：economic estimates of physical damages［R］. Washington，D.C.：The World Bank，2010.

［97］Eurostat. Economy-wide material flow accounts and derived indicators：a methodological guide［M］. Luxembourg：European Statistical Office，2001.

［98］Ayres R U，Kneese A V. Production，consumption，and externalities［J］. American Economic Review，1969，59（3）：282~297.

［99］Fischer-Kowalski M，Huttler W. Society's metabolism：the intellectual history of material flow analysis，part II：1970-1998［J］. Journal of Industrial Ecology，1998，2（4）：107~136.

［100］Bai L，Qiao Q，Li Y，et al. Substance flow analysis of production process：a case study of a lead smelting process［J］. Journal of Cleaner Production，2015，104：502~512.

［101］Ding N，Yang J X，Liu J. Substance flow analysis of aluminum industry in mainland China［J］. Journal of Cleaner Production，2016，133：1167~1180.

［102］Nitschelm L，Aubin J，Corson M S，et al. Spatial differentiation in life cycle assessment LCA applied to an agricultural territory: current practices and method development [J]. Journal of Cleaner Production, 2016, 112: 2472~2484.

[103] Andersson K, Ohlsson T, Olsson P. Life cycle assessment (LCA) of food products and production systems [J]. Trends in Food Science & Technology, 2016, 5(5): 134~138.

[104] Frame M L. Economic integration in Tanzania (1970 - 2011): a biophysical assessment [J]. Journal of Industrial Ecology, 2016, 20(5): 1083~1093.

[105] Mancini M S, Galli A, Niccolucci V, et al. Ecological footprint: refining the carbon footprint calculation [J]. Ecological Indicators, 2016, 61: 390~403.

[106] Marrero M, Puerto M, Rivero-Camacho C, et al. Assessing the economic impact and ecological footprint of construction and demolition waste during the urbanization of rural land [J]. Resources Conservation & Recycling, 2017, 117: 160~174.

[107] Bruckner M. A Physical Input-Output Table Covering Global Agriculture and Forestry Using FAOSTAT 2015.

[108] Schütz H, S Bringezu. Major material flows in Germany [J]. Fresenius Environmental Bulletin, 1993, 2: 443~448.

[109] Marco O, Lagioia G, Mazzacane E P. Materials flow analysis of the Italian economy [J]. Journal of Industrial Ecology, 2000, 4(2): 55~70.

[110] Wood R, Lenzen M, Foran B. A material history of Australia: evolution of material intensity and drivers of change [J]. Journal of Industrial Ecology, 2009, 13(6): 847~862.

[111] Krausmann F, Gingrich S, Nourbakhch-Sabet R. The metabolic transition in Japan [J]. Journal of Industrial Ecology, 2011, 15(6):

877~892.

[112] Singh S J, Krausmann F, Gingrich S, et al. India's biophysical economy, 1961-2008. Sustainability in a national and global context [J]. Ecological Economics, 2012, 76-341 (100): 60.

[113] Eurostat. Economy wide material flow accounts: compilation guide 2013 [M]. Luxembourg: Statistical Office of the European Union, 2013.

[114] OECD (Organization for Economic Cooperation and Development). Measuring material flows and resource productivity: volume 1 [M]. Paris: OECD, 2008.

[115] Steinberger J K, Krausmann F, Eisenmenger N. Global patterns of materials use: a socioeconomic and geophysical analysis [J]. Ecological Economics, 2010, 69 (5): 1148~1158.

[116] WU. Global Material Flows Database. Material extraction data from 1980 to 2013. [DB/OL]. http://www.materialflows.net/data/datadownload/.

[117] CSIRO And UNEP. Asia-Pacific material flows online database [DB/OL]. http://www.cse.csiro.au/forms/form-mf-start.aspx.

[118] UNEP.UNEP live online data platform [DB/OL]. http://uneplive.unep.org/downloader, 1 月 3 日 .

[119] UNEP International Resource Panel. Global material flows and resource productivity [R]. Pairs: UNEP, 2016.

[120] Barles S. Urban metabolism of Paris and its region [J]. Journal of Industrial Ecology, 2009, 13 (6): 898~913.

[121] Browne D, O Regan B, Moles R. Material flow accounting in an Irish city-region 1992-2002 [J]. Journal of Cleaner Production, 2011, 19 (9): 967~976.

[122] Athanassiadis A, Christis M, Bouillard P, et al. Comparing a territorial-based and a consumption-based approach to assess the local and

global environmental performance of cities [J] . Journal of Cleaner Production, 2016.

[123] Rosado L, Kalmykova Y, Patrício J. Urban metabolism profiles. An empirical analysis of the material flow characteristics of three metropolitan areas in Sweden [J] . Journal of Cleaner Production, 2016, 126 : 206~217.

[124] IPCC. 2006 IPCC guidelines for national greenhouse gas inventories [M] . Paris : OECD, 2006.

[125] Acemoglu, Daron. 2002. "Directed Technical Change." Review of Economic Studies 69 : 781–810.

[126] Acemoglu, Daron, Philippe Aghion, Leonardo Bursztyn, and David Hemous. 2012. "The Environment and Directed Technical Change." American Economic Review 102 : 131–166.

[127] Dosi, G., (1982) Technological paradigms and technological trajectories : A suggested interpretation of the determinants and directions of technical change [J] Research Policy, 11 (3) : 147–162

[128] Hicks, J. (1932) The Theory of Wages, London : Macmillan Kennedy, C. (1964) Induced Bias in Innovation and the Theory of Distribution. Economic Journal, 74 (295) : 541~547.

[129] Popp, D., 2002," Induced Innovation and Energy Prices", American Economic Review, Vol.92 (1) : 160–180

[130] Richard Dobbs, etc, "Resource Revolution : Meeting the world' s energy, materials, food, and water needs", McKinsey Global Institute, November 2011.

[131] Tietenberg, T., (2000) Environmental and Natural Resource Economics [M] . 5th ed, Addison Wesley Longman, Inc.

[132] West J, Schandl H, Heyenga S, et al. Resource efficiency : economics and outlook for China [R] . United Nations Environment Programme : Bangkok,

2013.

[133] Zeng X, Gong R, Chen W Q, et al. Uncovering the Recycling Potential of "New" WEEE in China [J]. Environmental Science & Technology, 2016, 50 (3): 1347-1358.

[134] Liu J.China's Road to Sustainability [J]. Science 2010, 328 (5974): 50.

[135] Yang X J. China's Rapid Urbanization [J]. Science 2013, 342 (6156): 310-310.

[136] Ali S H, Giurco D, Arndt N, et al. Mineral supply for sustainable development requires resource governance [J]. Nature 2017, 543 (7645): 367-372.

[137] Li, X (2015), China' s Frugal Oil Companies, The Wall Street Journal, 21 May.

附录数据

1. 国民经济指标

附表 1.1 国内生产总值

指标＼年份	2001	2002	2003	2004	2005	2006	2007	2008	2009	2010	2011	2012	2013	2014	2015	2016
国内生产总值（十亿人民币）	11086	12172	13742	16184	18732	21944	27023	31951	34908	41303	48930	54037	59524	64397	68905	74413
国内生产总值：第一产业（十亿人民币）	1550	1619	1697	2090	2181	2332	2779	3275	3416	3936	4616	5090	5533	5834	6086	6367
国内生产总值：第二产业（十亿人民币）	4966	5411	6270	7429	8808	10436	12663	14996	16017	19163	22704	24464	26196	27757	28204	29624
国内生产总值：第二产业：工业（十亿人民币）	4386	4778	5536	6578	7796	9224	11169	13173	13810	16513	19514	20891	22234	23386	23651	24786
国内生产总值：第二产业：建筑业（十亿人民币）	595	648	751	872	1040	1245	1535	1881	2268	2726	3293	3690	4090	4488	4663	4952
国内生产总值：第三产业（十亿人民币）	4570	5142	5775	6665	7743	9176	11581	13681	15475	18204	21610	24482	27796	30806	34615	38422
人均国内生产总值（人民币）	8717	9506	10666	12487	14368	16738	20505	24121	26222	30876	36403	40007	43852	47203	50251	53980

数据来源：国家统计局，CEIC 数据库，OECD 数据库，世界银行，www.materialflows.net。

附表 1.2 分省国内生产总值

单位：十亿人民币

地区\年份	2004	2005	2006	2007	2008	2009	2010	2011	2012	2013	2014	2015	2016
北京	606	697	812	985	1112	1215	1411	1625	1788	1950	2133	2301	2567
天津	311	391	446	525	672	752	922	1131	1289	1437	1573	1654	1789
河北	848	1001	1147	1361	1601	1725	2039	2452	2658	2830	2942	2981	3207
山西	348	410	479	573	699	744	920	1124	1211	1260	1276	1277	1306
内蒙古	304	391	494	642	850	974	1167	1436	1588	1683	1777	178	1813
辽宁	667	805	930	1116	1367	1521	1846	2223	2485	2707	2863	2867	2225
吉林	301	376	496	560	678	763	913	1116	1269	1394	1463	1551	1478
黑龙江	475	551	621	710	831	859	1037	1258	1369	1438	1528	1508	1539
上海	807	925	1057	1249	1407	1505	1717	1920	2018	216	2357	2512	2818
江苏	1500	1860	2174	2602	3098	3446	4146	4911	5406	5916	6509	7012	7739
浙江	1165	1342	1572	1875	2146	2299	2772	3232	3466	3757	4017	4289	4725
安徽	476	535	611	736	885	1006	1236	1530	1721	1904	2085	2201	2441
福建	576	657	782	943	1157	1278	1493	1793	1970	2176	2406	2598	2881
江西	346	406	481	579	697	766	945	1170	1295	1434	1441	1672	1850
山东	1502	1837	2190	2578	3093	3390	3917	4536	5001	5468	5943	6300	6802
河南	855	1059	1236	1501	1802	1948	2309	2693	2960	3216	3494	3700	4047
湖北	563	652	797	955	1173	1324	1618	2017	2266	2543	2873	3123	3267
湖南	564	657	769	944	1156	1306	1604	1967	2215	2450	2704	2890	3155
广东	1886	2256	2659	3178	3680	3948	4601	5321	5707	6216	6781	7281	8085
广西	343	398	475	582	702	776	957	1172	1304	1438	1567	1680	1832
海南	80	90	104	125	150	165	206	252	286	315	350	370	405

续表

地区 \ 年份	2004	2005	2006	2007	2008	2009	2010	2011	2012	2013	2014	2015	2016
重庆	277	315	357	430	665	653	793	1001	1141	1266	1426	1572	1774
四川	638	739	869	1056	1260	1415	1719	2103	2387	2626	2854	3005	3293
贵州	168	201	234	288	356	391	460	570	685	801	927	1050	1178
云南	308	346	399	477	569	617	722	889	1031	1172	1281	1362	1479
陕西	318	393	474	576	731	817	1012	1251	1445	1605	1769	180.19	1940
西藏	22	25	29	34	40	44	51	61	70	81	92	103	115
甘肃	169	193	228	270	317	339	412	502	565	627	684	679	720
青海	47	54	65	80	102	108	135	167	189	210	230	242	257
宁夏	54	61	73	92	120	135	169	210	234	257	275	291	317
新疆	221	260	305	351	418	428	544	661	751	836	927	932	965

2. 资源基本情况

附表 2.1　中国矿产基础储量

指标 \ 年份	2002	2003	2004	2005	2006	2007	2008	2009	2010	2011	2012	2013	2014	2015
石油（百万吨）	2425	2431.94	2490.98	2489.72	2758.57	2832.54	2890.43	2949.20	3174.35	3239.68	3332.58	3367.33	3433.35	3496.11
天然气（十亿立方米）	2017	2228.87	2529.26	2818.54	3000.92	3212.36	3404.96	3707.42	3779.32	4020.64	4378.99	4642.88	4945.18	5193.95
煤炭（百万吨）	331760	334203	337343	332635	333480	326126	326144	318960	279393	215790	229886	236290	239993	244010
铁矿（百万吨）	21360	21238	21760	21604	22092	22364	22640	21300	22232	19280	19477	19917	20656	20760
锰矿（百万吨）	201	207.09	296.59	215.40	228.56	224.44	234.40	185.77	195.16	182.41	209.38	215.48	214.15	276.26
铬矿（百万吨）	5.68	5.50	5.37	5.21	5.21	5.82	5.77	5.23	4.42	4.13	4.05	4.01	4.20	4.20
铜矿（百万吨）	29.67	30.03	29.29	28.56	30.70	29.32	28.91	29.51	28.71	28.12	27.34	27.52	28.36	27.22
铅矿（百万吨）	12.51	12.48	13.15	13.93	13.51	13.46	13.60	13.40	12.72	12.92	14.55	15.78	17.21	17.39
锌矿（百万吨）	37.56	37.63	41.51	42.69	42.27	42.51	42.82	38.39	32.51	31.24	34.91	37.66	40.34	41.03
铝土矿（百万吨）	715.57	694.54	720.69	730.58	741.67	750.73	735.14	839.24	897.33	1050.64	905.90	983.24	983.22	997.58
镍矿（百万吨）	3.00	2.94	2.78	2.71	2.73	2.99	2.87	2.82	3.12	2.72	2.61	2.54	2.53	2.87
钨矿（百万吨）	2.93	2.87	2.92	2.60	2.41	2.41	2.35	2.29	2.21	1.57	2.34	2.35	2.33	2.33
锡矿（百万吨）	1.67	1.79	1.77	1.55	1.54	1.52	1.46	1.44	1.38	1.39	1.18	1.16	1.11	1.09

续表

指标 \ 年份	2002	2003	2004	2005	2006	2007	2008	2009	2010	2011	2012	2013	2014	2015
钼矿（百万吨）	3.30	3.46	2.63	3.63	3.81	4.32	4.36	4.45	4.63	5.86	6.51	8.07	8.37	8.33
金矿（吨）	1983.70	1981	2075	1956.60	1995	1859.74	1868.40	1909.70	1863.40	1790.40	1866.74	1865.50	2016.66	1986.70
银矿（吨）	34177	38214	37430	59791	45277	43942	40531	38449	36364	36042	37034	37496	38504	39387
硫铁矿（百万吨）	2107	1960	1950	1903	1849	1794	1772	1621	1592	1369	1343	1302	1339	1311
磷矿（百万吨）	4054	3902	3894	3697	3696	3673	3564	3170	2963	2890	3074	3024	3073	3310
钾盐（百万吨）	275.43	273.23	272.29	288.92	273.15	337.52	363.68	358.41	438.86	608.00	577.75	534.92	594.76	575.82

附表 2.2　中国矿产查明储量

指标＼年份	2010	2011	2012	2013	2014	2015
煤炭（亿吨）	13408.3	13778.9	14208	14842.9	15317	15663.1
石油（亿吨）	31.7	32.4	33.3	33.7	34.3	35
天然气（万亿立方米）	3.8	4	4.4	4.6	4.9	5.2
页岩气（亿立方米）				254.6	1301.8	
铁矿（矿石亿吨）	727	743.9	775.3	798.5	843.4	850.8
铜矿（金属万吨）	8040.7	8612.1	9036.9	9111.9	9689.6	9910.3
铅矿（金属万吨）	5509.1	5602.8	6173.5	6737.2	7384.9	7766.9
锌矿（金属万吨）	11596.2	11568	12355.8	13727.7	1.4	1.5
铝土矿（矿石亿吨）	37.5	38.7	38.2	40.2	41.5	47.1
钨矿（三氧化钨万吨）	591	620	696.9	701.4	720.5	985.8
锡矿（金属万吨）	431.9	441	411.7	425.5	418.9	418
钼矿（金属万吨）	1401.8	1935.9	2131.9	2620.2	2826	2917.6
金矿（金属吨）	6964.8	7419.4	8196.2	8974.7	9816	11563.5
硫铁矿（矿石亿吨）	56.9	56.8	56.9	56.9	58.3	58.8
磷矿（矿石亿吨）	186.3	193.6	200.7	205.7	214.5	231.1

附表 2.3　森林资源统计

指标 \ 年份	2004	2005	2006	2007	2008	2009	2010	2011	2012	2013	2014	2015
林业用地面积（万公顷）	28492.6	28492.6	28492.6	28492.6	28492.6	31259	31259	31259	31259	31259	31259	31259
森林面积（万公顷）	17490.9	17490.9	17490.9	17491	19545	20769	20769	20768.7	20769	20769	20769	20769
人工林面积（万公顷）	5364.99	5364.99	5364.99	5364.99	5364.99	6933.38	6933.38	6933.38	6933.38	6933.38	6933.38	6933.38
森林覆盖率（%）	18.2	18.2	18.2	18.2	20.4	21.6	21.6	21.6	21.6	21.6	21.6	21.6
活立木总蓄积量（亿立方米）	136.18	136.18	136.18	136.18	136.18	164.33	164.33	164.33	164.33	164.33	164.33	164.33
森林蓄积量（亿立方米）	124.56	124.56	124.56	124.56	124.56	151.37	151.37	151.37	151.37	151.37	151.37	151.37

附表 2.4　草原资源统计

指标 \ 年份	2010	2011	2012	2013	2014
草原总面积（千公顷）	392832.7	392832.7	392832.7	392832.7	392832.7
可利用草原面积（千公顷）	330995.4	330995.4	330995.4	330995.4	
累计种草保留面积（千公顷）	21349.97	19510.97	19812.61	20867.09	23083.6
当年新增种草面积（千公顷）	7502.29	7439.91	6945.12	6915.29	7569.87

附表 2.5　造林面积统计

指标 \ 年份	2004	2005	2006	2007	2008	2009	2010	2011	2012	2013	2014	2015
造林总面积（千公顷）	5598.08	3647.94	2717.93	3907.71	5354.39	6262.33	5910	5996.61	5600	6100	5549.61	7683.7
当年人工造林面积（千公顷）	5018.88	3231.56	2446.12	2738.52	3684.91	4156.29	3872.76	4065.69	3820.7	4209.69	4052.91	4362.59
经济林当年造林面积（千公顷）	456.69	337.82	403.32	478.42	850.77	1002.56	1110.9	1218.28	1101.05	1233.68	1139.19	
防护林当年造林面积（千公顷）	4210.77	2678.21	1824.69	2790.17	3697.81	4407.65	3943.43	3688.83	3650.84	3748.41	3238.66	

附表 2.6 水资源统计

指标＼年份	2004	2005	2006	2007	2008	2009	2010	2011	2012	2013	2014	2015
水资源总量（亿立方米）	24129.56	28053.1	25330.14	25255.16	27434.3	24180.2	30906	23256.7	29529	27958	27266.9	27963
地表水资源量（亿立方米）	23126.4	26982.37	24358.05	24242.47	26377	23125.21	29797.62	22213.6	28371.35	26839.47	26263.91	26900.8
地下水资源量（亿立方米）	7436.3	8091.12	7642.91	7617.17	8122	7267.03	8417.05	7214.5	8416.12	8081.11	7745.03	7797
地表水与地下水资源重复量（亿立方米）	6433.1	7020.4	6670.82	6604.49	7064.7	6212.07	7308.25	6171.4	7260.64	6962.75	6742.04	6735.2
人均水资源量（立方米/人）	1856.29	2151.8	1932.09	1916.34	2071.05	1816.18	2310	1730.2	2186	2059.7	1998.64	2039.2

注：2006 年以前年份人均资源量类指标按城市人口计算。2006 年起修改为按城区人口与城区暂住人口之和计算，以公安部门的户籍统计和暂住人口统计为准。

3. 资源利用情况

附表 3.1　全国土地利用现状

单位：万公顷

指标＼年份	2003	2004	2005	2006	2007	2008	2009	2010	2011	2012	2013	2014	2015
农用地	65706.14	65701.85	65704.74	65718.84	65702	65687.7	64777.53	64727.78	64686.52	64646.56	64616.84	64574.11	64545.68
其中：耕地	12339.22	12244.43	12208.23	12177.59	12174	12171.6	13538.46	13526.83	13523.86	13515.85	13516.34	13505.73	13499.87
建设用地	3106.47	3155.12	3192.24	3236.48	3272	3305.7	3499.96	3567.86	3631.76	3690.7	3745.64	3811.42	3859.33

附表 3.2　分省土地利用现状（2015 年）

指标 地区	农用地（千公顷）	建设用地（千公顷）	指标 地区	农用地（千公顷）	建设用地（千公顷）
北京市	1147.83	357.05	湖北省	15765.83	1696.05
天津市	696.38	411.88	湖南省	18193.97	1619.89
河北省	13084.28	2187.43	广东省	14972.90	2004.61
山西省	10029.58	1026.01	广西壮族自治区	19557.01	1217.67
内蒙古自治区	82897.30	1621.95	海南省	2973.87	340.72
辽宁省	11535.62	1623.53	重庆市	7080.37	659.79
吉林省	16606.24	1089.95	四川省	42180.57	1809.05
黑龙江省	39922.73	1621.97	贵州省	14759.08	681.17
上海市	314.58	307.13	云南省	32943.98	1065.20
江苏省	6497.01	2270.76	西藏自治区	87240.11	145.03
浙江省	8613.26	1282.05	陕西省	18613.15	941.43
安徽省	11153.83	1980.82	甘肃省	18549.53	895.71
福建省	10880.25	819.67	青海省	45101.47	343.76
江西省	14437.00	1272.42	宁夏回族自治区	3809.87	313.71
山东省	11528.51	2820.10	新疆维吾尔自治区	51689.50	1580.29
河南省	12681.17	2586.49			

附表 3.3 全国供水和用水情况

指标 \ 年份	2004	2005	2006	2007	2008	2009	2010	2011	2012	2013	2014	2015
供水总量（亿立方米）	5547.8	5632.98	5794.97	5818.67	5909.95	5965.15	6021.99	6107.2	6141.8	6183.45	6094.88	6103.2
其中：地表水供水总量（亿立方米）	4504.2	4572.19	4706.8	4723.9	4796.42	4839.47	4881.57	4953.3	4963.02	5007.29	4920.46	4971.5
其中：地下水供水总量（亿立方米）	1026.4	1038.83	1065.52	1069.06	1084.79	1094.52	1107.31	1109.1	1134.22	1126.22	1116.94	1069.2
其中：其他供水总量（亿立方米）	17.2	21.96	22.7	25.7	28.74	31.16	33.12	44.8	44.55	49.94	57.46	62.5

指标 \ 年份	2004	2005	2006	2007	2008	2009	2010	2011	2012	2013	2014	2015
用水总量（亿立方米）	5547.8	5632.98	5794.97	5818.67	5909.95	5965.15	6022	6107.2	6131	6183.4	6094.86	6103.2
其中：农业用水总量（亿立方米）	3585.7	3580	3664.45	3599.51	3663.46	3723.11	3689.1	3743.6	3903	3921.5	3868.98	3852.2
其中：工业用水总量（亿立方米）	1228.9	1285.2	1343.76	1403.04	1397.08	1390.9	1447.3	1461.8	1381	1406.4	1356.1	1334.8
其中：生活用水总量（亿立方米）	651.2	675.1	693.76	710.39	729.25	748.17	765.8	789.9	740	750.1	766.58	793.5
其中：生态用水总量（亿立方米）	82	92.68	93	105.73	120.16	102.96	119.8	111.9	108	105.4	103.2	122.7
人均用水量（立方米／人）	428	432.07	442.02	441.52	446.15	448.04	450.17	454.4	454.71	455.54	446.75	445.09

注：2006 年以前年份人均资源量类指标按城市人口计算。2006 年起修改为按城区人口与城区暂住人口之和计算，以公安部门的户籍统计和暂住人口统计为准。

附表 3.4　分省用水情况（2015 年）

指标 地区	用水总量（亿立方米）	农业用水总量（亿立方米）	工业用水总量（亿立方米）	生活用水总量（亿立方米）	生态用水总量（亿立方米）	人均用水量（立方米 / 人）
北京市	38.2	6.4	3.8	17.5	10.4	176.77
天津市	25.7	12.5	5.3	4.9	2.9	167.77
河北省	187.2	135.3	22.5	24.4	5	252.82
山西省	73.6	45.1	13.7	12.3	2.3	201.31
内蒙古自治区	185.8	140.1	18.8	10.4	16.4	740.85
辽宁省	140.8	88.8	21.4	25	5.6	320.97
吉林省	133.6	90.2	23.2	12.8	7.4	485.32
黑龙江省	355.3	312.5	23.8	16.2	2.6	929.53
上海市	103.8	14.3	64.6	24.1	0.8	428.84
江苏省	574.5	279.1	239	54.4	2	720.99
浙江省	186.1	84.7	51.6	44.3	5.5	336.92
安徽省	288.7	157.5	93.5	32.8	4.9	472.25
福建省	201.3	93.3	72.5	32.2	3.3	526.62
江西省	245.8	154.1	61.6	27.9	2.1	539.76
山东省	212.8	143.3	29.6	33	6.9	216.74
河南省	222.8	125.9	52.5	35.4	9.1	235.57
湖北省	301.3	158.1	93.3	49.2	0.8	516.48
湖南省	330.4	195.2	90.2	42.2	2.7	488.75
广东省	443.1	227	112.5	98.3	5.3	410.79
广西壮族自治区	299.3	201.7	55.5	39.7	2.4	626.81
海南省	45.8	34.4	3.2	8	0.3	504.88

续表

指标 地区	用水总量（亿立方米）	农业用水总量（亿立方米）	工业用水总量（亿立方米）	生活用水总量（亿立方米）	生态用水总量（亿立方米）	人均用水量（立方米/人）
重庆市	79	25.8	32.5	19.6	1	262.98
四川省	265.5	156.7	55.4	48.3	5.1	324.89
贵州省	97.5	54.3	25.5	17	0.7	277.09
云南省	150.1	104.6	23	20.2	2.3	317.48
西藏自治区	30.8	27.2	1.4	2	0.1	960.22
陕西省	91.2	57.9	14.2	16.1	2.9	241.01
甘肃省	119.2	96.2	11.6	8.2	3.1	459.32
青海省	26.8	20.9	2.9	2.6	0.5	457.4
宁夏回族自治区	70.4	62	4.4	1.8	2.2	1059.11
新疆维吾尔自治区	577.2	546.4	11.8	13.2	5.8	2478.21

附表 3.5　石油生产与消费

年份 指标	2004	2005	2006	2007	2008	2009	2010	2011	2012	2013	2014	2015
石油消费量（亿吨）	3.17	3.25	3.49	3.65	3.6	3.84	4.34	4.69	4.91	5.02	5.2	5.41
原油产量（亿吨）	1.76	1.81	1.84	1.87	1.9	1.89	2.03	2.03	2.07	2.1	2.11	2.15

附表 3.6　全国能源生产总量

年份 指标	2004 年	2005 年	2006 年	2007 年	2008 年	2009 年	2010 年	2011 年	2012 年	2013 年	2014 年	2015 年
能源生产总量（万吨标准煤）	206107.7	229036.7	244762.9	264172.6	277419.4	286092.2	312124.8	340177.5	351040.8	358783.8	361866	361476
原煤生产总量（万吨标准煤）	158084.6	177274.4	189691.2	205526.3	213058.1	219718.8	237839.1	264658.1	267493.1	270523	266333.4	260985.7
原油生产总量（万吨标准煤）	25145.14	25881.15	26434.39	26681.43	27187.1	26892.67	29027.6	28915.09	29838.46	30137.84	30396.74	30725.46
天然气生产总量（万吨标准煤）	5564.91	6642.06	7832.41	9246.04	10819.36	11443.69	12797.11	13947.28	14392.67	15786.49	17007.7	17350.85
水电、核电、风电生产总量（万吨标准煤）	17313.05	19239.08	20804.84	22718.84	26354.84	28037.04	32460.97	32657.04	39316.56	42336.48	48128.18	52414.02

附表 3.7 全国能源消费总量

指标 \ 年份	2004	2005	2007	2008	2009	2010	2011	2012	2013	2014	2015
能源消费总量（万吨标准煤）	230281	261369	311442	320611	336126	360648	387043	402138	416913	425806	429905
煤炭消费总量（万吨标准煤）	161657.3	189231.2	225795.5	229236.9	240666.2	249568.4	271704.2	275464.5	280999.4	279328.7	273849.5
石油消费总量（万吨标准煤）	45825.92	46523.68	52945.14	53542.04	55124.66	62752.75	65023.22	68363.46	71292.12	74090.24	78672.62
天然气消费总量（万吨标准煤）	5296.46	6272.86	9343.26	10900.77	11764.41	14425.92	17803.98	19302.62	22096.39	24270.94	25364.4
水电、核电、风电消费总量（万吨标准煤）	17501.36	19341.31	23358.15	26931.32	28570.71	33900.91	32511.61	39007.39	42525.13	48116.08	52018.51

附表 3.8　分省主要能源产品消费量（2015 年）

指标 地区	煤炭消费量（万吨）	原油消费量（万吨）	天然气消费量（亿立方米）	电力消费量（亿千瓦小时）
北京市	1165.18	991.54	146.88	952.72
天津市	4538.83	1616.72	63.98	800.6
河北省	28943.13	1666.82	72.97	3175.66
山西省	37115.1		64.92	1737.21
内蒙古自治区	36499.76	383.67	39.15	2542.87
辽宁省	17336.36	6439.87	55.35	1984.89
吉林省	9805.31	960.34	21.34	651.96
黑龙江省	13432.85	2123.9	35.82	868.97
上海市	4728.13	2526.11	77.41	1405.55
江苏省	27209.12	3823.2	165.02	5114.7
浙江省	13826.07	2846.84	80.35	3553.9
安徽省	15671.32	690.59	34.83	1639.79
福建省	7659.94	2164.85	45.38	1851.86
江西省	7698.24	555.96	18.02	1087.26
山东省	40926.94	8607.02	82.32	5117.05
河南省	23719.94	847.26	78.77	2879.62
湖北省	11765.91	1299.01	40.26	1665.16
湖南省	11142.26	878.46	26.51	1447.63
广东省	16587.32	4899.6	145.16	5310.69
广西壮族自治区	6046.71	1428.77	8.37	1334.32
海南省	1071.92	1116.11	46	272.36

续表

指标 地区	煤炭消费量（万吨）	原油消费量（万吨）	天然气消费量（亿立方米）	电力消费量（亿千瓦小时）
重庆市	6047.19		88.37	875.37
四川省	9288.9	989.56	170.98	1992.4
贵州省	12833.49	0.02	13.32	1174.21
云南省	7712.85	0.03	6.34	1438.61
西藏自治区				40.53
陕西省	18373.61	2101.1	82.69	1221.73
甘肃省	6557.06	1446.5	26.04	1098.72
青海省	1508.12	154.33	44.38	658
宁夏回族自治区	8907.37	477.12	20.65	878.33
新疆维吾尔自治区	17359.28	2489.49	145.84	2160.34

附表 3.9　各国能源强度

单位：吨油当量

国家＼年份	1990	1995	2000	2001	2002	2003	2004	2005	2006	2007	2008	2009	2010	2011	2012	2013
中国	0.75	0.84	0.91	0.92	0.97	1.10	1.25	1.35	1.46	1.53	1.55	1.67	1.82	1.96	2.04	2.18
日本	3.55	3.94	4.09	4.01	4.01	3.97	4.09	4.07	4.07	4.03	3.88	3.70	3.90	3.61	3.54	3.57
美国	7.67	7.76	8.06	7.83	7.84	7.79	7.88	7.85	7.70	7.76	7.49	7.06	7.16	7.03	6.81	6.91
经合组织国家	4.24	4.38	4.59	4.55	4.55	4.57	4.63	4.62	4.59	4.58	4.49	4.26	4.37	4.27	4.20	4.22
世界	1.65	1.61	1.64	1.63	1.65	1.68	1.74	1.76	1.79	1.81	1.81	1.78	1.85	1.86	1.87	1.89

注：人均基础能源供应总量。

附表 3.10　全国发电设备容量

指标＼年份	2004	2005	2006	2007	2008	2009	2010	2011	2012	2013	2014	2015	2016
发电设备容量（万千瓦）	44239	51718	62370	71822	79273	87410	96641	106253	114676	125768	137887	152527	165051
其中：火电（万千瓦）	32948	39138	48382	55607	60286	65108	70967	76834	81968	87009	93232	100554	106094
其中：水电（万千瓦）	10524	11739	13029	14823	17260	19629	21606	23298	24947	28044	30486	31954	33207
其中：核电（万千瓦）	696	696	696	908	908	908	1082	1257	1257	1466	2008	2717	3364
其中：风电（万千瓦）	82	106	207	420	839	1760	2958	4623	6142	7652	9657	13075	14747
其中：太陽能光伏						3	26	212	341	1589	2486	4218	7631

附表 3.11　分来源电力生产

指标 \ 年份	2004	2005	2006	2007	2008	2009	2010	2011	2012	2013	2014	2015
电力可供量（亿千瓦小时）	21972.3	24940.8	28588.4	32712.4	34540.8	37032.7	41936.5	47002.7	49767.7	54204.1	56381.8	58021.3
电力生产量（亿千瓦小时）	22033.1	25002.6	28657.3	32815.5	34668.8	37146.5	42071.6	47130.2	49875.5	54316.4	56495.8	58145.7
水电生产电力量（亿千瓦小时）	3535.4	3970.2	4357.9	4852.6	5851.9	6156.4	7221.7	6989.5	8721.1	9202.9	10643.4	11302.7
火电生产电力量（亿千瓦小时）	17955.9	20473.4	23696	27229.3	27900.8	29827.8	33319.3	38337	38928.1	42470.1	42686.5	42841.9
核电生产电力量（亿千瓦小时）	504.7	530.9	548.4	621.3	683.9	701.3	738.8	863.5	973.9	1116.1	1325.4	1707.9
风电生产电力量（亿千瓦小时）							446.2	703.3	959.8	1412	1560.8	1857.7

附表 3.12 农村水电建设和发电情况

指标＼年份	2004	2005	2006	2007	2008	2009	2010	2011	2012	2013	2013	2014	2015
农村水电建设本年完成投资额（万元）	3762995	4343826	4604296	5117926	4568884	4563240	4398453	4243988	3671548	3457047	3457047	3171306	3082737
农村发电设备容量（千瓦）	38655048	43090145	47196651	53855597	51274371	55121211	59240191	62123430	65686071	71186268	71186268	73221047	75829591
农村新增发电设备容量（千瓦）	4363322	4964672	6403520	6578193	4194106	3807072	3793551	3277465	3399616	2460601	2460601	2553873	2412664
农村在建电站规模（千瓦）	16652425	17727677	20653424	20944545	21239258	12890100	13700560	10309266	9947388	9477045	9477045	9666971	8038846
农村当年新开工电站规模（千瓦）	5362090	4284511	4501575	4498420	3787365	2194445	2425973	1585709	1658258	1357859	1357859	939855	929005
农村发电量（万千瓦时）	11045527	13571702	14835889	16346041	16275902	15672471	20444256	17566867	21729246	22327712	22327712	22814929	23512814

注：农村水电建设数据由水利部农村水电及电气化发展局提供。农村水电是以小水电为主体，直接为农村经济社会发展服务的水电站及其供电网络。2008年起，对农村水电统计范围进行了调整，有关数据作了相应调整。

附表 3.13　各国可再生能源供应占基础能源供应的比例

年份＼国家	日本	美国	经合组织国家	中国	世界
1990	3.45	5.02	5.93	24.27	12.74
1995	3.19	5.07	6.11	21.30	13.09
2000	3.18	4.49	6.00	19.35	12.82
2001	3.12	4.00	5.71	19.35	12.71
2002	3.13	4.05	5.73	18.40	12.66
2003	3.41	4.30	5.85	16.14	12.53
2004	3.27	4.39	5.98	14.44	12.36
2005	3.15	4.54	6.24	13.68	12.44
2006	3.33	4.77	6.44	12.77	12.43
2007	3.17	4.67	6.59	12.46	12.49
2008	3.23	5.07	6.98	12.73	12.74
2009	3.34	5.44	7.45	12.20	13.12
2010	3.83	5.60	7.75	11.59	13.01
2011	4.18	6.09	8.17	10.86	13.11
2012	4.14	6.03	8.60	11.05	13.33
2013	4.45	6.45	9.02	10.76	13.49

附表 3.14　各国可再生能源占最终总能源消费的比例

国家 / 年份	澳大利亚	巴西	中国	印度	日本	俄罗斯	美国	世界
1997	9.08	43.73	30.12	52.49	4.07	3.75	4.51	17.79
1998	8.60	43.86	29.86	52.71	4.05	3.59	4.53	17.96
1999	8.51	44.10	30.70	51.72	3.83	3.82	5.71	18.17
2000	8.42	42.80	30.25	51.58	3.92	3.50	5.43	17.98
2001	8.37	41.48	29.70	51.79	3.74	3.62	4.68	17.78
2002	8.74	43.02	28.51	50.57	3.70	3.46	4.84	17.82
2003	7.14	45.31	25.81	50.84	4.08	3.28	5.33	17.71
2004	6.67	45.39	22.51	49.72	4.01	3.55	5.48	17.45
2005	6.71	46.35	20.78	48.58	3.65	3.62	5.84	17.47
2006	6.86	46.91	19.66	47.44	4.03	3.48	6.40	17.57
2007	6.95	47.42	18.62	45.87	3.75	3.67	6.30	17.50
2008	6.80	47.26	18.47	43.63	3.98	3.31	6.85	17.74
2009	6.77	49.11	18.16	40.77	4.04	3.60	7.35	18.30
2010	8.55	47.01	17.41	39.48	4.59	3.34	7.51	18.12
2011	8.47	45.47	16.39	38.93	4.70	3.23	8.16	18.15
2012	8.44	43.62	16.83	38.39	4.54	3.35	8.48	18.47
2013	9.32	42.45	16.90	37.73	4.91	3.67	8.93	18.76
2014	9.50	41.81	17.10	36.54	5.53	3.46	8.91	18.90

附表 3.15 各国可再生能源电力比例

国家 年份	日本	美国	经合组织国家	中国	世界
1990	12.07	11.53	17.34	20.41	19.46
1995	10.08	10.80	17.10	19.21	19.92
2000	9.93	8.21	15.64	16.63	18.41
2001	9.82	6.78	14.85	18.95	17.95
2002	9.59	8.65	15.17	17.61	17.87
2003	11.03	8.89	14.98	15.03	17.48
2004	10.75	8.63	15.21	16.21	17.88
2005	9.33	8.58	15.25	16.16	18.05
2006	10.36	9.24	15.67	15.57	18.20
2007	8.99	8.37	15.49	15.24	17.95
2008	9.60	9.00	16.43	17.66	18.61
2009	9.96	10.29	17.51	17.74	19.37
2010	11.24	10.12	17.82	18.62	19.63
2011	12.26	12.23	19.18	16.85	19.98
2012	12.00	12.01	20.13	20.04	20.93
2013	13.03	12.63	21.27	20.33	21.65

4. 物质投入和消耗情况

附表 4.1　各国国内物质开采量

单位：千吨

国家/年份	澳大利亚	巴西	中国	德国	印度	日本	俄罗斯	美国
1980	2425738	1662433	3858594	5530436	2537719	1023685		11157280
1981	2734147	1655854	4009891	5545703	2711134	982941.4		11357414
1982	2794021	1687131	4405850	5521316	2840559	947972.1		10751966
1983	3026530	1745729	4735291	5484129	2966744	931014.5		10204922
1984	3300152	1846395	5131862	5741755	3080594	955964.5		11376664
1985	3526594	1981819	5354773	5833844	3163075	903610.6		11640216
1986	3804560	2022967	5674708	5778411	3318705	926597.7		11764856
1987	4246832	2146142	6029626	5682131	3430585	926962.1		12258348
1988	3963203	2203947	6406695	5741114	3642957	966417.3		12638099
1989	4413897	2266818	6624208	5695547	3797227	968694.6		13077503
1990	4710275	2268492	6816451	5125957	3969688	1007056		13478456
1991	4945331	2287087	7203892	4257974	4153375	1022514		13030003
1992	5097049	2308570	7848489	3927502	4275142	981261.8	5014192	13559590
1993	5136595	2285768	8546342	3694933	4336595	949410.9	4514200	13130209
1994	5135154	2444544	9267010	3631744	4454485	966495.4	3977526	14104504
1995	5484000	2543437	10139459	3463821	4705152	953099.3	3883908	13969468
1996	5702259	2547448	10479799	3364420	4943795	989705.9	3700268	14442805
1997	6038577	2668297	10570056	3250580	5070323	956582.5	3613114	14876327
1998	6404611	2742629	10861777	3100314	5106973	890095.7	3440226	15224706
1999	6443071	2771345	11134981	3121485	5289481	880468.5	3647043	14853908
2000	6825544	2839933	11484467	3126981	5386069	894203.7	3776070	14674762

续表

年份＼国家	澳大利亚	巴西	中国	德国	印度	日本	俄罗斯	美国
2001	7262717	2894891	12227988	3108931	5577258	844543.6	3946897	14790545
2002	7400515	3009930	13094942	3131674	5731748	775948.9	3991394	14215892
2003	7530264	3195360	14748059	3080190	6017648	741670.8	4242819	14114885
2004	7706031	3332991	16464467	3135791	6181174	730475.4	4438440	14632214
2005	8197991	3415601	17879510	3054040	6568909	742962.2	4666061	14751617
2006	8193375	3621958	19899082	3056812	7022750	746849.1	4773818	15045122
2007	8583647	3886990	21652694	3118465	7541318	730246.1	4934736	14783273
2008	8654798	4157832	22725051	3036123	7923882	675176.2	5072170	14601817
2009	9030281	4158781	25265133	2917017	8244604	602421.5	4611688	13631878
2010	9465797	4462006	27809304	2899246	8451200	568752.2	4846046	13360642
2011	9203777	4768790	31264105	3061496	8818007	569471.6	5080076	13474372
2012	9839765	4694280	32643638	3111756	9102210	594330.8	5342375	13103385
2013	10672968	4708146	35286721	3064353	9254733	615959.2	5490221	13257094

附表 4.2　各国人均物质直接投入

单位：吨 / 人

年份＼国家	日本	美国	经合组织国家	中国
1990	16.26	25.83	20.77	4.49
1991	15.91	24.26	20.24	4.61
1992	14.98	25.60	20.51	4.84
1993	14.58	24.93	20.19	5.14
1994	14.72	26.71	20.94	5.47
1995	14.81	25.79	20.64	5.91
1996	15.03	26.58	21.02	6.22
1997	14.61	27.20	21.38	6.36
1998	13.89	28.73	21.83	6.53
1999	13.88	28.00	22.06	6.59
2000	14.59	28.13	22.22	6.72
2001	14.70	27.97	22.02	7.24
2002	13.93	26.48	21.41	7.81
2003	13.33	26.93	21.55	8.85
2004	12.65	28.03	22.29	9.78
2005	12.32	28.66	22.52	10.75
2006	12.27	28.96	22.50	11.88
2007	12.19	27.43	22.33	12.89
2008	12.09	25.91	21.83	13.35
2009	10.21	22.84	19.70	15.01
2010	10.63	22.93	20.16	16.84
2011	10.59		23.73	18.51

附表 4.3 各国国内物质消耗

单位：千吨

年份 \ 国家	澳大利亚	巴西	中国	德国	印度	日本	俄罗斯	美国
1980	591330	1337220	2919943	1689411	1706952	1417952		5658532
1981	601832	1316261	3068663	1595520	1819841	1334566		5655785
1982	596829	1344923	3370937	1518796	1910775	1290066		5234784
1983	588892	1390136	3626935	1503551	1965702	1260673		5134536
1984	595508	1429207	3918725	1551530	2014451	1335273		5672047
1985	597376	1529816	4145305	1544945	2081605	1288479		5847514
1986	628101	1613904	4403771	1564263	2157502	1337988		5958153
1987	660406	1691369	4675313	1547312	2203377	1350408		6171184
1988	668060	1698294	5013301	1586643	2295082	1456824		6274390
1989	744274	1732855	5140820	1607904	2395042	1487014		6325114
1990	785201	1752736	5233879	1574210	2492251	1550734		6423688
1991	757121	1778890	5570002	1528283	2576227	1576955		6059846
1992	778226	1795871	6175569	1562765	2641926	1517405	2346703	6425077
1993	793899	1766681	6855477	1507739	2646701	1483968	2088837	6431763
1994	777020	1884791	7417295	1600255	2723875	1523296	1747349	6944907
1995	822922	1970014	8105596	1562374	2878537	1534352	1688043	6811298
1996	892102	2013971	8368555	1519108	3022989	1573424	1525972	7075488
1997	892756	2092626	8516809	1499292	3094288	1567789	1480047	7350776
1998	947206	2142684	8794938	1473330	3168646	1458010	1378049	7673176
1999	943083	2151407	9125981	1489614	3305460	1465108	1440892	7676623
2000	972505	2184666	9447987	1452294	3331799	1519925	1502359	7695837

续表

国家 / 年份	澳大利亚	巴西	中国	德国	印度	日本	俄罗斯	美国
2001	988608	2211099	10103355	1369934	3421691	1449918	1594975	7732998
2002	955784	2286931	10852566	1335174	3525360	1381686	1619996	7538006
2003	1006731	2396835	12349076	1305568	3617815	1376602	1679634	7612181
2004	983356	2460723	13852661	1323909	3644607	1375288	1762709	7935764
2005	1033121	2502508	14989564	1278219	3881809	1372523	1704118	8054931
2006	982871	2636753	16688279	1314025	4179154	1385668	1823960	8165524
2007	1009874	2818558	18220739	1300876	4530884	1366258	1869241	7861057
2008	1006432	3058679	19084190	1288260	4769928	1307183	1976211	7332250
2009	984955	3095466	21895885	1226968	4885612	1116819	1722998	6806627
2010	978016	3300862	23904081	1242457	5105083	1153413	1795657	6517571

附表 4.4 各国国内人均物质消耗

单位：千吨

年份＼国家	澳大利亚	巴西	中国	德国	印度	日本	俄罗斯	美国
1980	40.2046	10.9429	2.97	21.6148	2.4482	12.233		24.6465
1981	40.3969	10.5211	3.078	20.458	2.5504	11.4239		24.403
1982	39.5225	10.5027	3.3349	19.5188	2.6164	10.9598		22.3753
1983	38.4445	10.6106	3.5376	19.3614	2.6301	10.6339		21.7416
1984	38.2988	10.6696	3.7645	20.0024	2.6344	11.1908		23.7917
1985	37.8302	11.1799	3.9168	19.9168	2.6616	10.7383		24.2946
1986	39.1413	11.5555	4.0865	20.1393	2.6982	11.0989		24.5159
1987	40.4785	11.8745	4.256	19.872	2.6961	11.1584		25.1449
1988	40.2785	11.7003	4.4756	20.3033	2.7488	11.9969		25.3137
1989	44.1732	11.7242	4.5048	20.4789	2.8087	12.2055		25.266
1990	45.9262	11.6544	4.509	19.9373	2.8627	12.685		25.4053
1991	43.6985	11.633	4.7261	19.2276	2.8995	12.8518		23.7299
1992	44.3737	11.558	5.169	19.516	2.9145	12.3186	15.8217	24.9123
1993	44.757	11.1948	5.6688	18.6888	2.8629	12.0005	14.0723	24.6875
1994	43.3315	11.7608	6.0673	19.7059	2.8897	12.2745	11.7733	26.3763
1995	45.4026	12.1042	6.5665	19.1437	2.9957	12.3258	11.3832	25.5798
1996	48.7008	12.1835	6.7222	18.5549	3.0869	12.6081	10.3052	26.2558
1997	48.2232	12.464	6.7913	18.2854	3.1011	12.5375	10.0157	26.9375
1998	50.6284	12.5659	6.9677	17.9652	3.1175	11.6393	9.35	27.7658
1999	49.8801	12.4249	7.1868	18.1736	3.1938	11.6759	9.8071	27.4429
2000	50.8979	12.428	7.3975	17.7334	3.1627	12.0902	10.2619	27.2038

续表

年份＼国家	澳大利亚	巴西	中国	德国	印度	日本	俄罗斯	美国
2001	51.1993	12.3927	7.8658	16.7455	3.1922	11.5097	10.9381	27.0578
2002	48.9794	12.6318	8.4021	16.3424	3.2337	10.944	11.1573	26.1309
2003	51.0125	13.0527	9.5082	16.0057	3.2641	10.8802	11.6171	26.1582
2004	49.2047	13.2214	10.608	16.2606	3.2356	10.8484	12.2373	27.0355
2005	50.9579	13.2774	11.417	15.7325	3.3922	10.8091	11.8652	27.1997
2006	47.6983	13.8269	12.6432	16.2113	3.5962	10.899	12.7249	27.3221
2007	48.1442	14.6202	13.7308	16.089	3.8408	10.7368	13.0552	26.0597
2008	47.0955	15.7041	14.3048	15.9703	3.9847	10.2671	13.8078	24.0818
2009	45.2416	15.7369	16.3246	15.2381	4.0238	8.7703	12.0382	22.1547
2010	44.1283	16.6195	17.7265	15.4467	4.1472	9.0592	12.5432	21.0328

附表 4.5　各国每单位 GDP 国内物质消费

单位：千克 / 美元

指标 \ 国家	澳大利亚	巴西	中国	德国	印度	日本	俄罗斯	美国
1980	1.7585	2.6127	10.6564	0.9304	8.5877	0.5792		0.9537
1981	1.7322	2.6859	10.5615	0.8741	8.5941	0.5233		0.9291
1982	1.757	2.7218	10.7594	0.8353	8.6948	0.4893		0.8767
1983	1.657	2.8982	10.5308	0.8141	8.3264	0.464		0.8218
1984	1.592	2.827	9.9657	0.817	8.2301	0.4704		0.8464
1985	1.5366	2.8058	9.4853	0.7951	8.0635	0.4269		0.8371
1986	1.5769	2.7538	9.2296	0.787	7.9695	0.4311		0.824
1987	1.5705	2.7875	8.757	0.7677	7.7684	0.4179		0.8249
1988	1.5281	2.8006	8.4746	0.7591	7.3613	0.4208		0.8049
1989	1.6346	2.7701	8.3732	0.7404	7.2081	0.4076		0.7826
1990	1.7266	2.9293	8.2071	0.6887	7.0988	0.4026		0.7798
1991	1.6596	2.9427	8.0435	0.6361	7.3071	0.3963		0.7362
1992	1.6381	2.9842	7.8914	0.6382	7.1081	0.3782	3.4224	0.7538
1993	1.6063	2.8003	7.7675	0.6217	6.7848	0.3692	3.3367	0.7344
1994	1.5155	2.8223	7.4995	0.644	6.4977	0.3758	3.1972	0.7622
1995	1.5442	2.8304	7.4654	0.6183	6.3789	0.3713	3.2208	0.7277
1996	1.6104	2.8326	7.0547	0.5965	6.2378	0.3711	3.0205	0.7283
1997	1.5432	2.8472	6.6013	0.5781	6.1112	0.3639	2.8897	0.7242
1998	1.5593	2.9142	6.4155	0.5572	5.9045	0.3454	2.8425	0.7237
1999	1.4946	2.9187	6.2172	0.5524	5.7496	0.3477	2.7946	0.6916
2000	1.5121	2.8415	5.9407	0.5229	5.5709	0.3528	2.6478	0.6661

续表

指标＼国家	澳大利亚	巴西	中国	德国	印度	日本	俄罗斯	美国
2001	1.4799	2.8386	5.9063	0.485	5.4375	0.3354	2.6749	0.6629
2002	1.3881	2.8599	5.8498	0.4727	5.3989	0.3186	2.5938	0.6348
2003	1.4037	2.9634	6.0815	0.4655	5.1125	0.3122	2.5064	0.6236
2004	1.3283	2.8779	6.1982	0.4666	4.7558	0.3047	2.4543	0.6263
2005	1.3551	2.8372	6.0427	0.4473	4.635	0.3002	2.2305	0.6152
2006	1.2424	2.8756	5.9922	0.4434	4.567	0.298	2.2074	0.6074
2007	1.231	2.8974	5.7561	0.4251	4.5093	0.2876	2.0843	0.5746
2008	1.2058	2.9899	5.5253	0.4166	4.5695	0.278	2.0937	0.5375
2009	1.1574	3.0359	5.8446	0.4204	4.3144	0.2514	1.9803	0.5132
2010	1.124	3.0105	5.7856	0.409	4.0782	0.2481	1.9748	0.4793

续表

附表 5.1 全国人均能源生产与消费

指标 \ 年份	2004	2005	2006	2007	2008	2009	2010	2011	2012	2013	2014	2015
人均能源生产量（千克标准煤）	1517.3	1658.5	1770.9	1876.3	1967	2062.7	2219.6	2366	2456.8	2643	2652	2636
人均原煤生产量（千克）	1637.7	1802.2	1928.7	2042.4	2115.3	2233	2418.3	2616	2698.6	2928	2839.6	2732
人均原油生产量（千克）	135.7	139	140.9	141.4	143.8	142.3	151.8	151	153.6	155	155	156
人均电力生产量（千瓦小时）	1700	1918	2180.6	2482.2	2607.5	2781.8	3145.1	3506	3692.6	4002	4141	4240
人均能源消费量（千克标准煤）	1646.9	1810.2	1973.1	2128.5	2200.2	2303.2	2429.1	2589	2678	3071	3121	3135
人均煤炭消费量（千克）	1601.5	1778.4	1945.6	2069.6	2122	2222	2334.1	2551	2610.9	3127	3017	2895
人均石油消费量（千克）	244.6	249.6	266	278.2	281.6	288.3	323.3	338	352.8	368	379.8	402
人均电力消费量（千瓦小时）	1695.2	1913	2180.6	2482.2	2607.6	2781.7	3134.8	3497	3684.2	3993	4132.9	4231

注：人均能源生产量和消费量按年平均人口数计算。

5. 能源效率

附表 5.2 各国人均能源消费

国家 年份	澳大利亚	中国	巴西	俄罗斯	德国	印度	日本	美国
1997	5469.6	871.7563	1064.048	4069.689	4203.357	398.7705	4041.168	7828.581
1998	5553.653	869.3586	1072.764	3981.502	4177.294	400.8788	3955.628	7803.698
1999	5610.345	878.5245	1080.641	4136.762	4079.933	416.374	4011.225	7923.224
2000	5644.065	898.9873	1069.337	4224.286	4094.06	418.6843	4083.832	8056.864
2001	5446.973	928.8114	1072.917	4288.394	4209.796	417.382	4008.268	7827.886
2002	5569.641	984.8107	1086.637	4288.207	4108.401	422.6273	3991.978	7843.345
2003	5568.765	1118.432	1090.389	4461.316	4084.503	425.6328	3953.185	7794.236
2004	5598.088	1268.133	1136.968	4493.695	4114.39	441.0648	4078.211	7881.579
2005	5564.087	1393.691	1152.016	4540.917	4086.503	451.1383	4062.979	7846.5
2006	5709.345	1515.174	1178.851	4688.395	4204.655	467.5458	4053.883	7697.653
2007	5868.347	1630.171	1232.602	4709.846	3985.812	486.5505	4012.654	7758.166
2008	5964.666	1672.904	1288.117	4823.127	4036.831	503.0356	3858.435	7488.082
2009	5862.552	1778.434	1233.754	4531.287	3790.501	546.1767	3678.511	7056.784
2010	5793.116	1954.723	1351.029	4819.041	3997.079	563.1593	3893.267	7160.939
2011	5745.232	2086.487	1359.122	5049.428	3869.816	579.4087	3610.812	7028.153
2012	5576.565	2155.165	1404.755	5167.012	3876.948	600.4432	3537.363	6869.385
2013	5470.94	2213.759	1451.168	5078.629	3939.53	606.8743	3567.629	6902.433
2014	5338.091	2236.73	1484.927	4942.876	3779.462	637.4286	3470.763	6956.814

附表 5.3 全国万元生产总值能耗

单位：千克油当量 / 人

指标 \ 年份	2000	2001	2002	2003	2004	2005	2006	2007	2008	2009	2010	2011	2012	2013	2014	2015
单位生产总值能源消费总量（千克标准煤）	1466	1403	1393	1434	1423	1395	1305	1152	1003	963	873	791	744	700	661	624
单位生产总值煤炭消费总量（千克标准煤）	1004	954	954	1007	999	1010	945	836	717	689	604	555	510	472	434	397
单位生产总值石油消费总量（千克标准煤）	322	297	293	288	283	248	228	196	168	158	152	133	127	120	115	114

附表 5.4　分省万元生产总值能耗（2015 年）

地区	能耗（千克标准煤）	地区	能耗（千克标准煤）
北京	298	河南	626
天津	499	湖北	525
河北	986	湖南	535
山西	1518	新疆	1678
内蒙古	1061	宁夏	1856
辽宁	756	青海	1710
吉林	525	甘肃	1108
黑龙江	804	陕西	650
上海	453	云南	760
江苏	431	贵州	947
浙江	457	四川	662
安徽	560	重庆	568
福建	469	海南	523
江西	505	广西	581
山东	602	广东	414

附表 5.5　全国万元生产总值用水量

指标＼年份	2004	2005	2006	2007	2008	2009	2010	2011	2012	2013	2014	2015
万元生产总值水耗（立方米）	343	301	264	215	185	171	146	125	113	104	95	89

附表 5.6　全国分省万元生产总值用水量（2015 年）

指标	地区	用水量（立方米）	指标
北京市	17	湖北省	96
天津市	16	湖南省	114
河北省	63	广东省	61
山西省	58	广西壮族自治区	178
内蒙古自治区	104	海南省	124
辽宁省	49	重庆市	50
吉林省	86	四川省	88
黑龙江省	236	贵州省	93
上海市	41	云南省	110
江苏省	82	西藏自治区	17
浙江省	43	陕西省	889
安徽省	131	甘肃省	176
福建省	77	青海省	111
江西省	147	宁夏回族自治区	242
山东省	34	新疆维吾尔自治区	619
河南省	60		

附表 6.1 废水排放

指标 年份	废水排放（百万吨）	其中：生活污水（百万吨）	其中：工业污水（百万吨）
1998	39，500.000	19，500.000	20，063.310
1999	40，100.000	20，400.000	19，730.360
2000	41，500.000	22，100.000	19，424.050
2001	43，300.000	23，000.000	20，262.820
2002	43，900.000	23，200.000	20，718.850
2003	45，926.420	24，701.150	21，225.270
2004	48，240.000	26，126.690	22，114.250
2005	52，500.000	28，100.000	24，300.000
2006	53，700.000	29，700.000	24，000.000
2007	55，684.940	31，020.010	24，664.930
2008	57，168.010	33，002.900	24，165.110
2009	58，908.780	35，470.210	23，438.570
2010	61，725.620	37，978.300	23，747.320
2011	65，919.224	42，791.590	23，087.430
2012	68，476.121	46，268.970	22，158.570
2013	69，544.327	48，510.580	20，983.980
2014	71，617.505	51，027.875	20，534.296
2015	73，532.268	53，520.380	19，949.830

6. 废弃物排放情况

附表 6.2　废水中主要污染物排放

指标 \ 年份	2004	2005	2006	2007	2008	2009	2010	2011	2012	2013	2014	2015
废水排放总量（万吨）	4824094	5245089	5144802	5568494	5716801	5890877	6172562	6591922	6847612	6954433	7161751	7353227
化学需氧量排放量（万吨）	1339.18	1414.2	1428.2	1381.8	1320.7	1277.5	1238.1	2499.86	2424	2352.7	2294.6	2223.5
氨氮排放量（万吨）	133.01	149.78	141.33	132.34	126.97	122.61	120.29	260.44	253.59	245.66	238.53	229.91

附表 6.3　分省废水中主要污染物排放（2015 年）

地区	废水排放总量（万吨）	化学需氧量排放量（万吨）	氨氮排放量（万吨）	地区	废水排放总量（万吨）	化学需氧量排放量（万吨）	氨氮排放量（万吨）
北京市	151733.34	16.15	1.65	河南省	433486.68	128.72	13.43
天津市	93008.03	20.91	2.38	湖北省	313784.76	98.61	11.43
河北省	310567.56	120.81	9.73	湖南省	314107.41	120.77	15.11
山西省	145252.2	40.51	5.01	广东省	911522.63	160.69	19.97
内蒙古自治区	110861.37	83.56	4.69	广西壮族自治区	220066.33	71.12	7.67
辽宁省	260044.58	116.75	9.63	海南省	39123.49	18.79	2.1
吉林省	126908.02	72.42	5.14	重庆市	149798.54	37.98	5.01
黑龙江省	148594.83	139.27	8.13	四川省	341607.41	118.64	13.14
上海市	224147.22	19.88	4.25	贵州省	112803.12	31.83	3.64
江苏省	621302.8	105.46	13.77	云南省	173333.44	51.03	5.49
浙江省	433822.46	68.32	9.85	西藏自治区	5883.3	2.88	0.34
安徽省	280626.24	87.11	9.68	陕西省	168121.98	48.91	5.56
福建省	256868.17	60.94	8.51	甘肃省	67071.51	36.57	3.72
江西省	223232.28	71.56	8.46	青海省	23662.83	10.43	1
山东省	559907.67	175.76	15.22	宁夏回族自治区	32024.56	21.1	1.62
河南省	433486.68	128.72	13.43	新疆维吾尔自治区	99952.06	66.03	4.56

附表 6.4　废气排放

年份 \ 指标	工业废气排放（十亿立方米）	氮氧化物排放量（千吨）	二氧化硫排放（千吨）	二氧化硫排放：生活（千吨）	二氧化硫排放：工业（千吨）
1998	12 120.300		20 910.000	4 970.000	15 940.000
1999	12 680.700		18 570.000	3 970.000	14 600.949
2000	13 814.500		19 950.000	3 830.000	16 153.200
2001	16 086.300		19 470.000	3 810.000	15 660.000
2002	17 525.700		19 270.000	3 650.000	15 619.806
2003	19 890.600		21 590.000	3 670.000	17 915.620
2004	23 769.600		22 549.000	3 635.000	18 914.000
2005	26 898.800		25 490.000	3 810.000	21 684.000
2006	33 099.200		25 888.000	3 539.000	22 348.000
2007	38 816.900		24 680.805	3 281.000	21 399.805
2008	40 386.600		23 212.290	3 298.598	19 913.692
2009	43 606.385		22 144.018	3 484.594	18 659.424
2010	51 916.800		21 851.494	3 207.293	18 644.201
2011	67 450.930	24 042.745	22 179.082	2 003.949	20 172.265
2012	63 551.906	23 377.617	21 176.320	2 056.646	19 117.055
2013	66 936.089	22 273.587	20 439.218	2 085.373	18 351.904
2014	69 419.044	20 780.015	19 744.160	2 338.651	17 403.523
2015	68 519.000	18 510.242	18 591.194	2 968.659	15 567.353

附表 6.5　分省废气中主要污染物排放（2015 年）

地区	二氧化硫排放量（吨）	氮氧化物排放量（吨）	烟（粉）尘排放量（吨）	地区	二氧化硫排放量（吨）	氮氧化物排放量（吨）	烟（粉）尘排放量（吨）
北京市	71171.67	137627.14	49386.55	湖北省	551358	514460.61	446974
天津市	185900.43	246800.02	100685.72	湖南省	595473.42	496928.11	454499.38
河北省	1108370.93	1350808.34	1575417.12	广东省	678341.35	996899.19	347785.72
山西省	1120643.18	930750.79	1448903.7	广西壮族自治区	421198.7	373435.2	355865.28
内蒙古自治区	1230945.68	1139013.23	878752.73	海南省	32300.06	89518.24	20400
辽宁省	968766.93	828123.64	1000038.37	重庆市	495801.96	320717.13	209078.14
吉林省	362928	501664	447329.49	四川省	717584.45	525880.33	412571.66
黑龙江省	456331.21	644811.4	644064.47	贵州省	852964.5	419137.2	285588.72
上海市	170843.52	300621.06	120668.29	云南省	583739.22	449365.61	312563.29
江苏省	835058.81	1067642.49	654500.71	西藏自治区	5373.02	52727.45	17084.92
浙江省	537826.34	607699.72	330248.84	陕西省	735017.21	627366.16	603648.92
安徽省	480072.79	721008.59	545916.71	甘肃省	570621.39	387271.54	295439.86
福建省	337881.74	379021.84	341663.62	青海省	150766	117855	246020.04
江西省	528064.92	492693.36	480624.27	宁夏回族自治区	357596.19	367633.87	229909.47
山东省	1525670.1	1423884.03	1082461.03	新疆维吾尔自治区	778330.32	736504.76	595916.68
河南省	1144252.03	1262371.87	846125.01				

附表 6.6 二氧化碳排放

	澳大利亚	巴西	中国	德国	印度	日本	俄罗斯	美国	世界
1997	305794.8	300547.3	3469510	862276.7	917685.1	1200788	1526011	5368715	23975007
1998	316883.8	312289.1	3324345	855364.4	936221.8	1157830	1495505	5401011	24114192
1999	325343.6	320173.1	3318056	822460.4	995766.5	1196516	1531130	5504669	24059187
2000	329443.3	327983.8	3405180	829977.8	1031853	1220528	1557899	5693685	24689911
2001	324844.9	337433.7	3487566	853662.9	1041153	1203377	1557507	5595794	25276631
2002	341353.7	332266.9	3850269	829724.8	1054259	1220048	1557085	5641309	25646998
2003	336271.2	321621.6	4540417	822812.5	1099598	1242094	1604243	5675702	27047792
2004	342699.5	337826	5233539	816802.2	1154320	1266010	1602116	5756075	28393581
2005	350172.8	347308.9	5896958	797180.1	1222563	1239255	1615090	5789727	29490014
2006	365346.9	347668.3	6529292	816472.2	1303718	1231496	1669262	5697286	30568112
2007	372090.5	363212.7	7030798	780546.6	1407607	1252229	1666886	5789031	31180501
2008	385904.1	387631.2	7553070	780565	1568380	1210136	1714979	5614111	32181592
2009	394792.9	367147.4	8001009	722263.3	1738646	1103870	1574045	5263505	31891899
2010	390861.9	419754.2	8776040	758860	1719691	1171625	1670531	5395532	33472376
2011	391819	439412.9	9733538	732497.9	1841776	1191075	1763405	5289681	34847501
2012	388126.3	470028.7	10028574	739861.3	2018504	1230168	1830830	5119436	35470891
2013	372266.5	503677.1	10258007	757312.5	2034752	1246516	1778561	5159161	35837591
2014	361261.8	529808.2	10291927	719883.4	2238377	1214048	1705346	5254279	36138285

附表 6.7　工业固废排放

单位：千吨

指标 年份	工业固体废物排放（百万吨）	工业固体废物产生（百万吨）	工业固体废物产生：危险废物（百万吨）	工业固体废物综合利用（百万吨）
1998	70.480	800.430	9.740	333.870
1999	38.805	784.420	10.150	357.559
2000	31.862	816.077	8.300	374.512
2001	28.938	888.400	9.520	472.900
2002	26.352	945.090	10.010	500.610
2003	19.409	1 004.280	11.700	560.400
2004	17.620	1 200.300	9.950	677.960
2005	16.547	1 344.490	11.620	769.930
2006	13.021	1 515.410	10.840	926.010
2007	11.967	1 756.316	10.790	1 103.115
2008	7.818	1 901.270	13.570	1 234.820
2009	7.105	2 039.434	14.299	1 381.858
2010	4.982	2 409.435	15.868	1 617.720
2011	4.333	3 262.040	34.312	1 952.146
2012	1.442	3 325.090	34.652	2 024.619
2013	1.293	3 308.588	31.569	2 059.163
2014	0.594	3 256.200	36.335	2 043.302
2015	0.558	3 270.787	39.761	1 988.074

附表 7.1　主要矿产品进口量

指标 \ 年份	2004	2005	2006	2007	2008	2009	2010	2011	2012	2013	2014	2015
铁矿砂及其精矿进口数量（万吨）	20808	27523	32629	38309	44356	62778	61863	68608	74360	81910	93234.18	95272.29
锰矿砂及其精矿进口数量（万吨）	465	458	621	663	757	962	1158	1297	1235	1660	1620.68	1575.74
铜矿砂及其精矿进口数量（万吨）	287	406	361	452	519	613	647	638	783	1007	1180.7	1328.92
铬矿砂及其精矿进口数量（万吨）	217	302	432	609	684	676	866	944	929	1209	938.33	1039.27
氧化铝进口数量（万吨）	587	702	691	512	459	514	431	188	502	383	527.64	465.38

7. 资源进出口情况

附表 7.2　主要矿产品出口量

指标 \ 年份	2004	2005	2006	2007	2008	2009	2010	2011	2012	2013	2014	2015
天然石墨出口数量（吨）	451735	493747	465608	670000	600000	460000	590000	440000	260000	250000	282602.6	250672.5
天然碳酸镁；氧化镁出口数量（万吨）	194	184	210	227	233	131	249	207	213	193	228.43	214.09
天然硫酸钡出口数量（万吨）	239	308	359	311	384	177	257	289	295	206	267.3	207.17
滑石出口数量（万吨）	64	56	65	66	69	40	59	67	75	66	67.4	62.53
氧化铝出口数量（万吨）				3.19	4.41	6.86	5.7	7.63	4.33	18.63	11.8	29.26
氧化锌及过氧化锌出口数量(吨)	67063	62205	65116	54425	32779	16423	16581	17608	11567	9617	12443.66	13414.04

附表 7.3　主要能源品种进口量

指标＼年份	2004	2005	2006	2007	2008	2009	2010	2011	2012	2013	2014	2015
煤进口量（万吨）	1861	2617	3811	5102	4034	12584	16310	22220	28841	32702	29120	20406
焦炭进口量（万吨）	1	1				16	11	12	8	3	0	
原油进口量（万吨）	12272	12682	14517	16316	17888	20365	23768	25378	27103	28174	30837	33550
汽油进口量（万吨）			6	23	199	4	133	3		0	3	17
柴油进口量（万吨）	275	53	71	162	624	184	180	233	91	669	414	348
煤油进口量（万吨）	282	328	561	524	648	612	487	618	621	27	47	43
燃料油进口量（万吨）	3059	2609	2799	2417	2186	2407	2299	2684	2683	2347	1785	1540
液化石油气进口量（万吨）	641	617	536	405	259	408	327	350	359	452	739	1244
其他石油制品进口量（万吨）	384	443	443	689	666	1153	1731	1648	1548	1924	1677	2063
天然气进口量（亿立方米）			10	40	46	76	165	312	421	525	591	611
电力进口量（亿千瓦小时）	34	50	54	43	38	60	56	66	69	75	68	62

注：进出口资料来源于海关总署。

附表 7.4 主要能源品种出口量

指标 \ 年份	2004	2005	2006	2007	2008	2009	2010	2011	2012	2013	2014	2015
煤出口量（万吨）	8666	7172	6327	5317	4543	2240	1910	1466	928	751	574	533
焦炭出口量（万吨）	1501	1276	1447	1530	1221	54	335	330	102	467	851	985
原油出口量（万吨）	549	807	634	389	424	507	303	252	243	162	60	287
汽油出口量（万吨）	541	560	351	464	203	492	517	406	292	469	508	589
柴油出口量（万吨）	64	148	78	66	63	451	464	202	185	917	1067	1237
煤油出口量（万吨）	205	269	371	448	536	594	605	656	745	278	410	716
燃料油出口量（万吨）	182	230	258	380	732	862	990	1227	1162	1135	948	1052
液化石油气出口量（万吨）	3	3	15	34	68	85	93	119	128	35	144	144
其他石油制品出口量（万吨）	361	473	473	416	419	305	386	459	328	315	343	348
天然气出口量（亿立方米）	24	30	29	26	32	32	40	32	29	27	26	33
电力出口量（亿千瓦小时）	95	112	123	146	166	174	191	193	177	187	182	187

附表 8.1　城市生活垃圾处理

指标 \ 年份	2004	2005	2006	2007	2008	2009	2010	2011	2012	2013	2014	2015
生活垃圾清运：城市（百万吨）	155	156	148	152	154	157	158	164	171	172	179	191
无害化处理厂数（座）	559	471	419	460	509	567	628	677	701	765	818	890
生活垃圾无害化处理率（%）	52.1	51.7	52.2	62	66.8	71.4	77.9	79.7	84.8	89.3	91.8	94.1

8. 资源回收利用情况

附表 8.2　分省生活垃圾处理（2015 年）

指标 地区	生活垃圾清运量（万吨）	无害化处理厂数（座）	生活垃圾无害化处理率（%）
北京市	790.3	26	78.8
天津市	240.7	9	92.7
河北省	635.9	47	96
山西省	447	24	97.2
内蒙古自治区	329.1	28	97.7
辽宁省	933.2	31	95.2
吉林省	490.3	25	84.7
黑龙江省	523	33	78.2
上海市	613.2	12	100
江苏省	1456.1	61	100
浙江省	1332.6	59	99.2
安徽省	491.9	27	99.6
福建省	608.1	27	99.2
江西省	329.3	17	94.5
山东省	1377.5	62	100
河南省	891.8	45	96
湖北省	832.2	41	91.5
湖南省	638.2	32	99.8
广东省	2320.4	73	91.6
广西壮族自治区	385.5	21	98.7
海南省	160.1	11	99.8

续表

指标 地区	生活垃圾清运量（万吨）	无害化处理厂数（座）	生活垃圾无害化处理率（%）
重庆市	440	18	98.6
四川省	823.6	45	96.8
贵州省	268.3	17	93.8
云南省	371	24	90
西藏自治区	32.9		
陕西省	522.7	20	98
甘肃省	262.7	18	64.2
青海省	82.2	6	87.2
宁夏回族自治区	132.2	8	89.9
新疆维吾尔自治区	380	23	80.9

附表 8.3　九大类再生资源回收量

指标 \ 年份	2009	2010	2011	2012	2013	2014	2015
废钢铁回收量	7620	8310	9100	8400	8383	8830	8330
废有色金属回收量	361	405	455	530	650	798	876
废塑料回收量	1000	1200	1350	1600	1850	2000	1800
废纸回收量	3423	3695	4347	4472	4675	4419	4832
废橡胶轮胎回收量	306.9	334.7	329	370.3	395	430	500.6
废家电回收量	280	284.3	370.6	190.7	150	313.5	348
废机动车回收量	437	473	285	249	273	322	871.9
报废船舶回收量	323	187.9	225.2	255	260	109	91
废玻璃回收量	45	76	97	135	164	855	850
合计（质量）	14349	14966	16558.8	16202	16800	18061.1	18490.4

附表 8.4　生活垃圾无害化处理

指标 \ 年份	2003	2004	2005	2006	2007	2008	2009	2010	2011	2012	2013	2014
卫生填埋（万吨）	6404	6889	6857	6408	7633	8424	8899	9598	10063	10513	10493	10744
焚烧（万吨）	370	449	791	1138	1435	1570	2022	2317	2599	3584	4634	5330
堆肥等其他方式（万吨）	7171	730	345	288	250	174	179	181	427	393	268	320

附表 8.5　工业固体废物利用情况

单位：万吨

年份	工业固废综合利用量（万吨）	工业固废处置量（万吨）	工业固废贮存量（万吨）	其他（万吨）
2000	37451	9152	28921	3186
2001	47290	14491	30183	2894
2002	50061	16618	30040	2635.21
2003	56040	17751	27667	1940.9096
2004	67796	26635	26012	1761.951
2005	76993	31259	27876	1654.6848
2006	92601	42883	22399	1302.0919
2007	110311	41350	24119	1196.7191
2008	123482	48291	21883	781.7522
2009	138185.8	47487.7	20929	710.4521
2010	161772	57264	23918	498.2
2011	196987.67	71381.82	61200.28	433.31
2012	204466.56	71443.03	60633.23	144.21
2013	207616.42	83670.69	43445.04	129.28
2014	206392.05	81316.56	45723.81	59.38

注：指标“其他”在 2011 年前定义为工业固废排放量，201 年后定义为一般工业固废倾倒丢弃。